21 世纪全国高等院校汽车类创新型应用人才培养规划教材

# 汽车空调技术

主　编　麻友良
副主编　丁礼灯　席　敏

## 内 容 简 介

本书主要介绍了汽车空调系统的组成与工作原理、主要部件的结构、空调的使用与维修等，内容包括汽车空调概述、汽车空调基础知识、汽车空调制冷系统、汽车空调采暖系统、汽车空调的通风与空气净化装置、汽车空调的布置与操控、汽车空调的控制电路与保护装置、汽车空调的使用与故障检修、典型汽车空调的检修等。为了更具实践指导的作用，本书较为系统地介绍了两种典型汽车空调的组成与故障检修。

本书以实用性为主导，通俗易懂，图文并茂，可作为本科车辆工程、汽车服务工程、交通运输等汽车类专业教材，也适用于高职高专汽车维修技术、汽车电子技术、汽车技术服务与营销及其他汽车类专业教材，也可作为汽车维修技术培训教材和从事汽车使用与维修工作工程技术人员、工人的参考用书。

#### 图书在版编目(CIP)数据

汽车空调技术/麻友良主编．—北京：北京大学出版社，2014.4
（21世纪全国高等院校汽车类创新型应用人才培养规划教材）
ISBN 978-7-301-23996-4

Ⅰ.①汽… Ⅱ.①麻… Ⅲ.①汽车空调—高等学校—教材 Ⅳ.①U463.85

中国版本图书馆 CIP 数据核字(2014)第 041688 号

| | |
|---|---|
| 书　　　名： | 汽车空调技术 |
| 著作责任者： | 麻友良　主编 |
| 策划编辑： | 童君鑫 |
| 责任编辑： | 宋亚玲 |
| 标准书号： | ISBN 978-7-301-23996-4/TH·0387 |
| 出版发行： | 北京大学出版社 |
| 地　　　址： | 北京市海淀区成府路205号　100871 |
| 网　　　址： | http://www.pup.cn　新浪官方微博：@北京大学出版社 |
| 电子信箱： | pup_6@163.com |
| 电　　　话： | 邮购部 62752015　发行部 62750672　编辑部 62750667　出版部 62754962 |
| 印　刷　者： | 北京富生印刷厂 |
| 经　销　者： | 新华书店 |
| | 787毫米×1092毫米　16开本　17.5印张　405千字 |
| | 2014年4月第1版　2014年4月第1次印刷 |
| 定　　　价： | 36.00元 |

未经许可，不得以任何方式复制或抄袭本书之部分或全部内容。
**版权所有，侵权必究**
举报电话：010-62752024　电子信箱：fd@pup.pku.edu.cn

# 前　言

现代汽车对安全性及舒适性的要求逐渐提高，从而对汽车安全性和舒适性提高均有重要意义的汽车空调的应用也逐渐普及，已成为汽车不可分割的一部分。因此，汽车空调课程已经成为汽车类专业本科和高职高专学生必修或选修的专业课程。为适应汽车类专业汽车空调技术课程的教学需要，我们在总结多年汽车空调技术教学经验的基础上，编写了本书。

本书面向非空调专业的学生，在内容组织上以实用性为主导，没有过多地涉及空调的基础理论，重点放在了汽车空调的结构原理和故障检修方面。文字叙述力求深入浅出、通俗易懂，以便使本书在适用于本科汽车类专业"汽车空调"课程教学的同时，也可作为高职高专汽车类专业学生学习汽车空调技术课程的教材。

为了能满足不同教学对象、不同教学目标的需要，本书的内容选取尽可能做到系统、全面，内容编排也与已有的各类汽车空调教材有所不同，各章节的安排充分考虑到了不同层次教学对象的取舍方便、学习内容与难度的循序渐进。本书前8章介绍了汽车空调概述、空调基础知识、汽车空调制冷系统、汽车空调采暖系统、汽车空调的通风与空气净化、汽车空调的布置与操控、汽车空调的控制电路与保护装置及汽车空调的使用与故障检修。在此基础上，又精选了两种典型的汽车空调（手动空调和自动空调各一例）为实例，简明扼要地介绍了这两种汽车空调的结构特点及故障检修方法，以方便读者通过实例加深理解前面所学的内容，同时，也可使本书更具实践指导意义。

本书由武汉科技大学麻友良主编，丁礼灯、席敏任副主编。编写分工为：麻友良编写第1～3章、第9章，丁礼灯编写第5章、第6章，席敏编写第8章，游彩霞编写第7章，汤富强编写第4章。

在编写本书的过程中，我们参阅了大量的书籍和资料，从中得到了许多启发和帮助，借此，向这些作者表示感谢。

由于编者水平所限，书中难免会有不妥和错误之处，恳望读者予以指正。

编　者
2013年8月

# 目 录

## 第1章 汽车空调概述 ......1
### 1.1 汽车空调的定义与质量评价 ......2
#### 1.1.1 汽车空调的定义 ......2
#### 1.1.2 衡量汽车空调质量的指标 ......3
#### 1.1.3 汽车空调的工作环境及要求 ......4
### 1.2 汽车空调的发展概况 ......5
#### 1.2.1 汽车空调技术的发展历程 ......5
#### 1.2.2 我国汽车空调技术发展概况 ......6
#### 1.2.3 汽车空调技术的发展趋势 ......6
### 1.3 汽车空调系统的组成与类型 ......9
#### 1.3.1 汽车空调系统的基本组成 ......9
#### 1.3.2 汽车空调的类型 ......11
### 本章小结 ......13
### 思考题 ......13

## 第2章 汽车空调基础知识 ......14
### 2.1 空调的热力学参数 ......15
#### 2.1.1 温度 ......15
#### 2.1.2 热量与热容 ......16
#### 2.1.3 湿度 ......19
#### 2.1.4 压力 ......20
### 2.2 空调的常用术语 ......21
#### 2.2.1 汽化与冷凝 ......21
#### 2.2.2 饱和温度和饱和压力 ......21
#### 2.2.3 过冷与过热 ......23
#### 2.2.4 节流 ......23
#### 2.2.5 制冷能力与制冷负荷 ......23
### 2.3 制冷剂与冷冻机油 ......24
#### 2.3.1 制冷剂 ......24
#### 2.3.2 冷冻机油 ......27
### 本章小结 ......31
### 思考题 ......31

## 第3章 汽车空调制冷系统 ......32
### 3.1 汽车空调制冷系统的组成与工作原理 ......33
#### 3.1.1 汽车空调制冷系统的基本组成 ......33
#### 3.1.2 汽车空调制冷系统的工作原理 ......34
### 3.2 压缩机 ......36
#### 3.2.1 汽车空调压缩机的要求与类型 ......36
#### 3.2.2 往复活塞式压缩机结构原理 ......37
#### 3.2.3 旋转式压缩机的结构原理 ......43
#### 3.2.4 变排量压缩机的结构原理 ......50
#### 3.2.5 压缩机电磁离合器 ......54
### 3.3 冷凝器 ......55
#### 3.3.1 冷凝器的传热方式与工作过程 ......55
#### 3.3.2 冷凝器的结构 ......56
### 3.4 蒸发器 ......58
#### 3.4.1 蒸发器的传热方式与工作过程 ......58
#### 3.4.2 蒸发器的结构 ......59
### 3.5 节流装置 ......61
#### 3.5.1 节流装置的作用与类型 ......61
#### 3.5.2 热力膨胀阀 ......62
#### 3.5.3 节流孔管 ......65
#### 3.5.4 电子节流装置 ......66
### 3.6 制冷系统其他辅件 ......67

3.6.1 储液干燥器 …………… 67
3.6.2 气液分离器 …………… 68
3.6.3 油分离器 ……………… 68
3.7 典型制冷系统 …………………… 69
    3.7.1 离合器恒温膨胀阀制冷系统 …………………… 69
    3.7.2 离合器节流管制冷系统 … 71
    3.7.3 恒温膨胀阀-吸气节流阀控制的制冷系统 ……… 72
    3.7.4 储液器-阀组合制冷系统 …………………… 73
    3.7.5 热气旁通阀制冷系统 … 74
本章小结 …………………………… 74
思考题 ……………………………… 74

## 第4章 汽车空调采暖系统 …………… 76

4.1 汽车采暖系统的作用与类型 …… 77
    4.1.1 汽车采暖装置的作用 … 77
    4.1.2 汽车采暖系统的类型 … 77
4.2 水暖式采暖系统 ………………… 79
    4.2.1 水暖式采暖系统的工作原理及工作过程 ……… 79
    4.2.2 水暖式采暖装置部件 … 80
4.3 气暖式采暖系统 ………………… 82
    4.3.1 气暖式采暖系统的工作原理 …………………… 82
    4.3.2 废气热水式暖气系统 … 84
4.4 燃烧式采暖装置 ………………… 85
    4.4.1 燃烧直接加热式采暖系统 …………………… 85
    4.4.2 燃烧间接加热式采暖系统 …………………… 87
本章小结 …………………………… 88
思考题 ……………………………… 88

## 第5章 汽车空调的通风与空气净化装置 …………………………… 90

5.1 汽车空调通风装置 ……………… 91
    5.1.1 汽车空调的通风 ……… 91
    5.1.2 汽车空调通风系统的送风方式 ……………………… 94

5.2 空气净化装置 …………………… 98
    5.2.1 对粉尘的净化 ………… 98
    5.2.2 空气的除臭、去毒与清新 …………………… 100
    5.2.3 空气净化器 …………… 101
本章小结 …………………………… 103
思考题 ……………………………… 103

## 第6章 汽车空调的布置与操控 ……… 104

6.1 汽车空调系统的布置 …………… 105
    6.1.1 轿车空调系统的布置 … 105
    6.1.2 客车空调系统的布置 … 106
    6.1.3 其他用途汽车空调系统的布置 …………………… 111
6.2 汽车空调系统的操控方式 ……… 114
    6.2.1 汽车空调手动操控系统 …………………… 114
    6.2.2 汽车空调半自动操控系统 …………………… 117
    6.2.3 汽车空调全自动操控系统 …………………… 122
本章小结 …………………………… 124
思考题 ……………………………… 124

## 第7章 汽车空调的控制电路与保护装置 ………………………… 126

7.1 汽车空调的电气控制 …………… 127
    7.1.1 汽车空调常用电气控制器件 …………………… 127
    7.1.2 汽车空调基本控制电路 …………………… 132
7.2 汽车空调的保护装置 …………… 134
    7.2.1 汽车空调的压力保护开关 …………………… 134
    7.2.2 汽车空调的过热保护装置 …………………… 137
    7.2.3 汽车空调其他保护装置 …………………… 138
    7.2.4 独立式汽车空调的安全保护装置 …………… 140
7.3 微处理器控制的自动汽车空调 … 142

7.3.1 自动汽车空调电子控制系统的基本组成与控制原理 …………… 142
7.3.2 汽车空调电子控制系统部件结构原理 …………… 143
7.4 汽车空调系统电路实例 …… 150
7.4.1 手动汽车空调系统电路 …………………… 150
7.4.2 自动汽车空调系统电路 …………………… 153
本章小结 …………………………… 155
思考题 ……………………………… 155

## 第8章 汽车空调的使用与故障检修方法 …………………… 156

8.1 汽车空调的使用与维护 …… 157
8.1.1 汽车空调的正确使用方法 …………………… 157
8.1.2 汽车空调使用过程中的日常检查与维护 …… 160
8.1.3 汽车空调的定期维护 …… 161
8.2 汽车空调的故障分析 ……… 162
8.2.1 非独立式汽车空调常见故障现象与原因分析 …… 162
8.2.2 独立式汽车空调常见故障现象与原因分析 …… 166
8.3 汽车空调的故障检测方法 … 169
8.3.1 汽车空调的直观检查 …… 169
8.3.2 汽车空调的仪器与仪表检测 ……………… 171
8.3.3 制冷系统温度与压力检测 ………………… 171
8.4 汽车空调常见故障诊断程序 …… 173
8.4.1 汽车空调故障诊断的一般原则 …………… 173
8.4.2 手动空调系统故障诊断程序 ……………… 174
8.4.3 自动空调的故障诊断程序 ………………… 177
8.5 汽车空调制冷系统的维修 … 180
8.5.1 汽车空调制冷系统的检修设备与工具 …… 180
8.5.2 汽车空调制冷系统维修基本操作 ………… 184
8.5.3 汽车空调制冷系统主要部件的检修 ……… 190
本章小结 …………………………… 197
思考题 ……………………………… 198

## 第9章 典型汽车空调的结构与检修 ………………………… 199

9.1 雪铁龙车系紧凑型轿车空调系统 ……………………… 200
9.1.1 雪铁龙车系紧凑型轿车空调系统的基本组成 …… 200
9.1.2 雪铁龙车系紧凑型轿车空调系统故障检测 …… 207
9.1.3 雪铁龙车系紧凑型轿车空调系统部件故障维修 ………………… 209
9.2 广州本田雅阁轿车空调系统 …… 226
9.2.1 广州本田雅阁轿车空调系统的组成 ……… 226
9.2.2 广州本田雅阁轿车空调系统故障自诊断 … 229
9.2.3 广州本田雅阁轿车空调系统故障检修 …… 233
本章小结 …………………………… 267
思考题 ……………………………… 267

**参考文献** ……………………………… 269

# 第 1 章 汽车空调概述

教学目标

了解汽车空调的作用与性能评价指标,以及汽车空调的发展过程;并了解汽车空调的类型,对汽车空调的工作环境和性能特点有一定的认识。

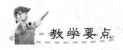教学要点

| 知识要点 | 能力要求 | 相关知识 |
| --- | --- | --- |
| 汽车空调的基本概念 | 了解汽车空调的基本功能以及汽车空调系统的基本组成 | 空调的定义、汽车空调的发展过程 |
| 汽车空调的性能评价 | 了解汽车空调性能评价的方法 | 空气的温度、湿度、流速及清新程度对人体的影响 |
| 汽车空调的特点、汽车空调的类型 | 了解汽车空调的使用环境及性能特点,了解其他类型的汽车空调的组成原理 | 汽车使用、热负荷、制冷能力、汽车结构、蒸气压缩式汽车空调 |

## 1.1　汽车空调的定义与质量评价

### 1.1.1　汽车空调的定义

1. 空调的定义

空调实际上就是空气调节的简称，人们对"空调"一词是再熟悉不过了，因为在家里、商场、办公室等场所都装有各种类型的空调（也称空调器）。空气调节，就是在一封闭空间内，对空气的温度、湿度、清新度等进行调节，使封闭空间的空气环境达到对人体最适宜的状态。

汽车空调是指在汽车上使用的空调，即对车内空气的温度、湿度及清新度进行调节，使车内乘员拥有一个最适宜的空气环境。

2. 汽车空调的功能

从汽车空调的定义我们已经明确了其作用是调节车内的温度、湿度、空气清新度，用以提高汽车乘坐的舒适性。对于现代汽车来说，所配置的空调系统功能包括了制冷、采暖、通风与空气调节，功能完整的自动空气系统还配有空气净化及自动空气调节等功能。汽车空调各种功能的意义如下：

1）制冷功能

制冷功能是指通过汽车空调的制冷系统对车内空气或车外进入车内的新鲜空气进行冷却、除湿，以降低车内空气的温度和湿度，使车内达到"凉爽"的舒适程度。

2）采暖功能

采暖功能则是利用汽车空调的采暖系统对车内空气或车外进入车内的新鲜空气进行加热、除湿，以提高车内空气的温度，并适当降低车内空气的湿度，使车内达到"温暖"的舒适程度。

3）通风与空气调节功能

通风功能是通过汽车空调的通风系统将车外的新鲜空气引进车内，以达到通风、换气的目的；空气调节功能则是将冷风、热风、新鲜空气有机地混合，形成适宜的气流供给车内。

4）空气净化功能

空气净化功能是通过汽车空调所配置的空气净化装置，除去进入车内空气中的尘埃、异味，使车内空气变得清洁。普通汽车上所用的空调系统通常不具备空气净化功能，或只具备简单的除尘过滤功能。在一些高级轿车或豪华大客车上，为进一步提高车内空气的质量，其空调系统配备了空气净化装置。

5）自动控制功能

自动控制功能是通过汽车空调的电子控制系统自动实现制冷、采暖和换气的协调工作，向车内提供冷暖适宜、风量与风向适当的空气。具有自动控制功能的汽车空调可自动对车内环境进行全季节、全方位、多功能的最佳控制，这种自动空调系统在中、高级轿车上已有广泛的应用。

汽车空调使用危险性提示：如果车辆停在密闭的车库或其他通风条件很差的环境，在停车状态下长时间使用汽车空调，车内乘员有可能会中毒身亡。因为开启空调后，发动机处于怠速运转状态，其排出的尾气包含CO等有毒气体，在通风差的较小空间，这些有毒气体会越积越多，并通过车身通气孔进入车内，使车内乘员吸入过量的CO而导致死亡。

### 1.1.2 衡量汽车空调质量的指标

汽车空调的作用是使车内空气环境达到人体最适宜的状态，因此，人体对空气质量的舒适感觉就是衡量汽车空调质量的标准。人对车内空气环境的舒适感觉与车内空气的温度、湿度、风速及空气的清新度等因素有关，其舒适性指标见表1-1。

表1-1 汽车空调环境参数对舒适性的影响

| 参数<br>影响 | 温度/℃ | | 相对湿度/% | 换气量/$m^3/h$ | 风速/(m/s) | $CO_2$含量/% | CO含量/% |
| --- | --- | --- | --- | --- | --- | --- | --- |
| | 冬季 | 夏季 | | | | | |
| 舒适指标 | 16～18 | 22～28 | 50～70 | 20～30 | 0.2 | <0.03 | <0.01 |
| 不舒适指标 | 0～14 | 30～35 | 15～30<br>90～95 | 5～10 | <0.075<br>>0.3 | >0.03 | >0.015 |
| 有害指标 | <0 | >40 | <15<br>>95 | <5 | >0.4 | >10 | >0.03 |

各个衡量空气质量参数对人体的具体影响说明如下：

1. 空气温度

车内空气的温度是衡量汽车空调质量最重要的指标。人体感觉最适宜的空气温度：夏季为22～28℃，冬季为16～18℃。

在夏季，如果空气温度高于28℃，人体就会感觉到热，温度越高，人感觉头昏脑涨、精神不集中、思维迟钝的情况就会越严重，这也容易造成行车安全事故；如果空气温度高于40℃，就会对人体健康造成伤害。

在冬季，如果空气温度低于14℃，人体就会有冷的感觉，空气温度越低，手脚动作越容易僵硬，操作灵活性会越差，对行车安全也会有影响；当空气温度下降到0℃时，会使人产生冻伤。

除了车内空气温度的高低对人体舒适性的影响外，车内空气温度的分布对人体舒适度的感觉也会有影响。人体感觉较为适宜的空气温度分布是头凉足暖，头部的舒适温度比足部要低1.5～2℃，温差在2℃左右。

2. 空气湿度

车内空气湿度是汽车空调质量的另一项指标，人们通常用空气潮湿、空气干燥来表示空气湿度过高或过低。人体适宜的相对湿度，夏季为50%～60%，冬季为40%～50%，在此湿度范围内，人会感觉舒畅、皮肤光滑、柔嫩。

空气的湿度过低(15%～30%)，人体皮肤会干燥，衣服与皮肤摩擦产生静电而使人感觉很不舒服；如果空气湿度太低，则会使人体皮肤因缺水而造成干裂。

空气湿度过高(90%～95%)，会使人体皮肤中的水分蒸发不出去，干扰了人体正常的新陈代谢;空气湿度太高时,人还会有"闷"的感觉,对人体健康造成不利的影响。

**3. 空气流速**

空气流速也是反映汽车空调质量的参数之一。空气的流动可促进人体内外散热,适宜的空气流速应在 0.075~0.2m/s 之内。空气低速流动会使人感觉"轻风拂面",较为舒适,如果风速过高,人就会感觉不太舒适。

**4. 空气清新度**

空气清新度是反映汽车空调质量的另一项指标。清新的空气应该是富氧、少 $CO_2$($<0.03\%$)和 CO($<0.01\%$)、少粉尘。由于汽车内空间较小,当人员相对较为密集时,很容易造成空气混浊。污浊的空气会使人感觉不适,如果 $CO_2>1.0\%$、$CO>0.03\%$,则会严重影响乘员的身体健康。

### 1.1.3 汽车空调的工作环境及要求

相比于在家庭、商场、办公室等场所使用的室内空调,汽车空调的工作环境较差,条件也较特殊。因此,对汽车空气系统有特殊的要求。汽车空调工作环境的特殊性及对其的要求主要有如下几方面。

**1. 承受频繁的振动及冲击**

汽车在行驶过程中,车身不免颠簸振动,汽车在加减速和紧急制动时,会产生较大的惯性力,这些振动和惯性冲击力均会传递给汽车空调系统,致使汽车空调系统的总成与部件承受激烈而又频繁的振动与冲击。因此,汽车空调系统的各个零部件的材料及总成的安装均需有足够的强度和抗振能力,并且要求汽车空调系统制冷和采暖管路接头处的连接牢固,具有很强的防泄漏的能力。

**2. 空调制冷系统的热负荷大**

汽车车内空间的容积较小,当人员相对较为密集时,人体散发的热量相对较多。此外,由于车身的隔热较差,加之透光的前后风窗玻璃和门窗玻璃的面积大,车外的热量很容易通过热传导和热辐射传入车内。因此,汽车空调的热负荷远比室内空调大,且气流分布难以均匀。在这样的热负荷下,要确保车内的空气保持在适宜的温度,就要求汽车空调的制冷量要大,有迅速降温的能力。

**3. 需由汽车发动机承担空调动力源**

汽车空调不能像室内空调那样使用电网的电力,需要用车载发动机作为空调制冷系统的动力源。对于汽车上广泛使用的非独立式汽车空调来说,发动机不仅要为空调制冷系统提供动力,也是汽车唯一的动力源。为尽可能节约发动机有限的动力,降低汽车的油耗,要求汽车空调的效率要高。

非独立式汽车空调系统由于其压缩机由发动机驱动,其制冷能力受发动机转速变化的影响很大。发动机在怠速或低转速工况下,压缩机的转速也低,其制冷能力小,而汽车高速行驶,发动机处于高速运转时,压缩机的转速高,其制冷能力相对较强。这样的工作条件就要求汽车空调从设备功率大小的选择,以及空调系统工作过程的控制均要十分合理,以使空调工作时既能够满足汽车怠速或低速行驶时的制冷需要,又能避免在汽车正常或高速行驶时造成浪费。

4. 汽车结构空间有限

由于汽车本身结构非常紧凑，可供安装空调设备的位置和空间极为有限。因此，要求汽车空调的结构要紧凑，各部件的体积小、质量轻，以便能在有限的空间顺利安装，且安装了空调后，不至于使汽车增重太多，影响其动力性和经济性。现代汽车空调较多地采用了全铝、薄壁结构、多元平流式冷凝器及多缸化新型压缩机，其质量已经比20世纪60年代下降了60%，而制冷能力却增加了50%。

## 1.2 汽车空调的发展概况

### 1.2.1 汽车空调技术的发展历程

随着汽车的日益普及以及人们对汽车的舒适性、安全性越来越高的要求，汽车空调也经历了从无到有，从单一到多功能的发展过程。通常将汽车空调的发展过程划分为五个阶段，即单一取暖→单一冷气→冷暖一体化→自动控制→微处理器控制。

1. 单一取暖阶段

在1925年，美国首先出现了利用汽车发动机冷却液循环采暖的加热器，这种空调的结构形式和工作原理与室内使用的通过热水循环取暖的暖气片相似。到1927年，发展为由加热器、风机和空气滤清器等组成较为完整的供热系统。在欧洲，直到1948年才开始在汽车上使用这种供热系统，而在日本的汽车上，开始出现供热系统的时间是1954年。目前，在寒冷的北欧、亚洲的北部地区仍在使用这种单一取暖功能的空调系统。

2. 单一冷气阶段

在1939年，美国首先在轿车上安装机械式制冷降温空调。这种只提供冷气的空调装置只能在夏天时起降温的作用。在1950年，美国石油产地的炎热天气，使得这种只能提供冷气来降温的汽车空调得以迅速发展。到了1957年，欧洲和日本也开始在汽车上加装能制冷降温的空调。这种单一冷气功能的空调系统目前仍然在热带、亚热带地区使用。

3. 冷暖一体化阶段

在1954年，美国通用汽车公司率先在轿车上安装了冷暖一体化空调器，自此，汽车空调才开始具有按人们的意愿调控车内温度和湿度的功能。目前的冷暖一体化汽车空调基本上都具有调温、除湿、通风、过滤、除霜等功能，并在各种类型的汽车上得到了广泛的应用。

4. 自动控制阶段

人工操纵的冷暖一体化汽车空调需要由驾驶员来调节空调出风的温度、风量、风向及空气循环的方式等，这不仅增加了驾驶员的工作量，并且人工调节不容易实现最佳的空气质量的调节。因此，自从冷暖一体化汽车空调出现以后，人们就着手研究汽车空调的自动控制。1964年，美国通用汽车公司率先在轿车上安装了由模拟电子控制器进行自动控制的自动空调器,实现了汽车空调温度及通风的自动控制。日本和欧洲的各大汽车公司则是从1972年开始,在其生产的高级轿车上装备自动空调器。这种自动空调系统可预先设置温度,空调能自动地将车内空气的温度控制在设定的范围之内。

5. 微处理器控制阶段

在1973年,美国和日本联合研究由微处理器控制的汽车空调系统,并在1977年安装于汽车。相比于模拟控制器控制的自动空调器,微处理器控制的自动空调系统其控制功能提高了,并可实现空调运行与汽车运行的相关统一,从而进一步提高了汽车的整体性能和乘坐的舒适性。现在,这种以微处理器为控制核心的自动空调系统已在中高档轿车及豪华客车上得到了广泛的使用,并逐渐向普通汽车推广应用。

### 1.2.2 我国汽车空调技术发展概况

我国汽车工业的发展较晚,从20世纪50年代开始的汽车工业发展初期,主要是以发展载货汽车为主,而汽车空调技术的发展在较长的一段时间处于空白。从20世纪60年代开始,我国的汽车空调大致经历了三个发展阶段。

1. 单一采暖阶段

从20世纪60年代初到70年代末,我国的汽车空调主要还是单一的采暖技术,就是在一些载货汽车上利用发动机冷却液或发动机排出的废气来提供热量,用于提高冬季车内的温度。

2. 引进空调技术阶段

在20世纪80年代初到90年代初,我国主要从日本购进能制冷降温的汽车空调系统,装备于红旗、上海牌等国产小轿车,以及一些豪华大客车上。90年代中后期,中国第一汽车集团公司(原第一汽车制造厂)以及其他许多汽车生产厂家纷纷引进日本、德国的空调技术,利用进口的空调生产线生产汽车空调,装备于国产的各类汽车上。

3. 迅速壮大阶段

从20世纪90年代以来,我国汽车空调生产企业迅速成长,除了引进国际上最先进的平流式冷凝器和层叠式蒸发器的生产技术外,还致力于R134a空调器替代R12空调器的研究与开发,使得我国的汽车空调技术在较短的时间内接近了国际先进水平。目前,国内有多家汽车空调生产企业已进入国际汽车零部件OEM市场体系,具备与国际竞争的实力。

### 1.2.3 汽车空调技术的发展趋势

汽车空调已经成为现代汽车的标准装备,未来汽车空调技术的发展趋势是更加高效、节能和智能化。

1. 自动空调系统日趋普及化

目前,汽车上普遍采用冷暖一体化的空调中,手动操控的汽车空调还占有多数。手动汽车空调需要驾驶员通过操控相应的开关来调节空调温度、风量及风向等,这种调节方式仅凭人的感觉来调节,空调温度、湿度及风量等很难控制在最佳状态。

已经在部分中高档汽车上使用的微处理器控制空调系统，是通过传感器将车内温度、车外温度及蒸发器温度、日光照度等参数变成电信号，输送给电子控制器，由电子控制器对传感器的信号进行分析处理后，输出控制信号，控制空调各系统自动协调地工作，将空调各项指标控制在理想范围之内。随着人们对汽车舒适性要求的进一步提高和汽车电子控制技术的进一步成熟，汽车空调自动控制技术会更加完善，其应用也将迅速普及。

2. 空调系统智能化

为提高汽车的舒适性和安全性，汽车空调技术在微机化控制的基础上，进一步向着智能化的方向发展。

智能化汽车空调系统采用模糊控制技术，除了能分析判断车内空气的温度、湿度、清新度等参数，并自动将车内的空气调整到人体感觉最适宜的状态外，还可根据车内外的温差及车外的气候等情况自动控制空调相关系统工作，以防止汽车风窗玻璃产生雾或霜而影响驾驶员的视线。如果汽车风窗玻璃已产生了霜冻，控制器可自动开启空调相关系统工作迅速除霜，并使车内的温度、湿度等仍保持在最佳状态。

3. 高效节能、小型轻量化

部件结构更加紧凑、效率更高、系统布局更加合理，是汽车空调高效节能、小型轻量化的关键。

压缩机是汽车空调高效节能及小型轻量化的关键。目前，还有往复式空调压缩机在汽车上使用，而往复式空调压缩机及一些回转式压缩机将会逐渐被制冷效率更高、体积更小的涡旋式压缩机所取代。

在热交换器方面，为提高热交换效率，管片式已逐渐被管带式所取代，进一步的发展是冷凝器采用平流式，蒸发器采用层流式，散热翅片采用超级条缝片，且翅片表面进行亲水膜处理。

在节流装置方面，节流机构将越来越多地采用电子膨胀阀，以使结构更紧凑，并可与汽车空调系统智能控制相匹配。在制冷管路方面，通过优化设计使管路更为合理，并在管路上装配防震橡胶块以防共振等。

4. 采用空调新技术

目前汽车空调制冷基本上都是蒸气压缩式，而实际上制冷方式有多种，如吸收式、吸附式、蒸气喷射式、空气压缩式等。世界各国在优化完善蒸气压缩式空调制冷系统的同时，也在研究与开发其他的汽车空调制冷技术，如氢化物制冷、固体吸附制冷、吸收式制冷等汽车空调系统，充分利用发动机排气余热或冷却液的热量来驱动制冷系统，以达到节能的目的。

1）氢化物制冷技术

氢化物制冷技术最早由以色列发明，这种汽车空调利用汽车发动机废气余热作为热源（动力），采用金属氢化物作制冷剂，其组成及工作原理如图1.1所示。

氢化物汽车空调系统的关键部件是金属氢化物高、低温反应器。这种汽车空调的制冷是通过金属氢化物与氢气之间可逆反应的热效应实现的，利用汽车尾气中的废热作为高温热源，外界大气环境作为中温热源来驱动金属氢化物制冷循环。两个氢化物容器中，高温

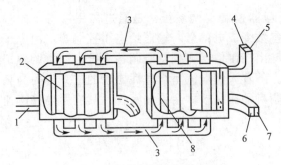

图 1.1　氢化物汽车空调制冷系统

1—热空气；2—高温氢化物；3—氢气；
4—车内热空气进口；5—冷空气出口；
6—外部空气进口；7—外部空气进口；
8—低温氢化物

容器的导管内充满了高温氢化物，低温容器的导管内则充满了粒状低温氢化物导管，两个容器的内导管与外导管相连。

工作时，发动机废气进入高温容器而使其温度升高，在高温下（240℃左右），高温容器导管内的粉状高温氢化物会释放出氢气（$H_2$），氢气通过外导管进入低温容器；氢气进入低温容器导管内后，被低温粒状氢化物吸收而使容器温度升高，由外面进入低温容器的空气进行降温。当高温容器停止进入发动机废气时，其导管内的氢化物因停止废气加热而温度下降，就会吸收低温容器的氢气，而低温容器释放氢气的过程中会吸收热量，使空气冷却降温。

氢化物汽车空调系统通过控制发动机废气对高温容器间歇加热，使氢化物制冷剂进行释放氢气和吸收氢气的循环过程，实现了对空气的冷却，并将冷风送入车内，从而降低了车内的温度。

氢化物汽车空调系统无腐蚀、无磨损，运动部件少，承受行车过程中的振动与冲击能力较强；采用氢气作为热量的载体，属于天然工质，不存在对大气臭氧层的破坏作用，属于环保型汽车空调。

2）固体吸附制冷技术

固体吸附制冷是利用一些固体物质在一定的温度和压力状态下，可吸附某种气体和水蒸气，而在另一种温度和压力状态下，又可释放出来的特性，通过吸附和释放过程导致压力变化，起到了压缩机的抽吸、压缩和循环泵的作用。

固体吸附制冷系统主要由发生器、蒸发器、冷凝器及节流装置等组成，其组成与工作原理如图 1.2 所示。

从蒸发器出来的低温、低压制冷剂经真空阀进入发生器，被发生器内的固

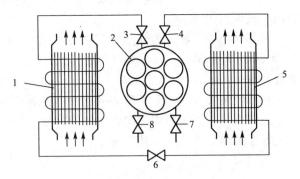

图 1.2　固体吸附式汽车空调制冷系统

1—蒸发器；2—发生器；3—真空阀；
4—高压阀；5—冷凝器；6—节流阀；
7—冷水阀；8—热水阀

体物质吸附，由发生器内的固体物质解吸的制冷剂则是通过高压阀进入冷凝器。制冷剂在管路中节流阀的作用下产生压差，使制冷剂在蒸发器侧低压蒸发，在冷凝器侧高压冷凝。为实现发生器的间歇加热和冷却，通过冷水阀和热水阀来调节冷水和热水。目前，固体吸附制冷系统应用较为成功的制冷剂（工质对）有碱金属氯化物-氨、沸石-水及活性炭-甲醇等。

3）吸收式制冷技术

吸收式制冷技术通常以发动机冷却液的热量作为动力，利用溶液（由两种沸点不同的

物质组成)的气液平衡特性来完成制冷循环过程。吸收式制冷系统的组成与工作原理如图 1.3 所示。

工作时,发动机冷却液加热发生器,使发生器内一定浓度的溶液温度上升。溶液中,沸点较低,且用作制冷剂的液体蒸发,进入冷凝器后又凝结成液体。液态制冷剂从冷凝器出来后,经节流阀 5 进入蒸发器,在蒸发器中完成蒸发制冷过程。

从蒸发器出来的低温制冷剂蒸气直接进入吸收器,同时,在发生器内已降低了浓度的液体经节流阀 8 的节流作用,压力降至蒸发压力,在吸收器中与从蒸发器出来的制冷剂蒸气混合,并吸收这些蒸气,溶液恢复到原来的浓度。吸收器内的溶液通过溶液泵进入溶液热交换器,进行热交换(放热)后再进入发生器,完成吸收式制冷循环过程。

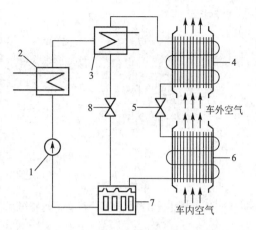

图 1.3 吸收式汽车空调制冷系统
1—溶液泵;2—溶液热交换器;3—发生器;
4—冷凝器;5、8—节流阀;
6—蒸发器;7—吸收器

吸收式空调制冷系统应用较多的是工质对是水($H_2O$)-溴化锂(LiBr),这是因为溴化锂的沸点高达 1265℃,与水的沸点相差很大,且化学性质稳定,又有较好的吸湿性。水-溴化锂工质对的缺点是水蒸气的单位容积制冷量较小,这样,制冷系统的体积相对较大,因此,对于空间有限的汽车来说,这种空调工质就不太适用了。以氨($NH_3$)-水为制冷剂的工质对,由于氨的单位容积制冷量较大,且随温度变化氨与水的溶解度的变化也较大,是一种较为理想的工质对。对于吸收式汽车空调制冷系统,氨-水制冷剂也是一种可行的选择。

## 1.3 汽车空调系统的组成与类型

### 1.3.1 汽车空调系统的基本组成

冷暖一体化的汽车空调由制冷系统、采暖系统、通风与空气调节系统及相应的操控装置组成,对于应用越来越多的自动空调系统,还包括空气净化装置及电子控制系统。

1. 制冷系统

制冷系统用于产生冷气,是汽车空调的冷源。目前普遍采用的蒸气压缩式制冷装置,是通过压缩机的压缩和抽吸作用,使制冷剂在制冷管路中循环,通过其气液转换,实现热量的"搬移",完成制冷过程。典型的制冷系统的组成及在车上的布置如图 1.4 所示。

制冷系统在制冷过程中,制冷剂在低压端(蒸发器)汽化吸热,以降低蒸发器周围空气的温度,并通过鼓风机将冷空气送入车内;制冷剂在高压端(冷凝器处)液化散热,并通过汽车行进时的空气流动和冷却风扇工作形成的空气强制对流,将吸收了热量的热空气散发到车外大气中。制冷系统通过制冷剂将不断汽化和液化的气态与液态相互转换,进行着吸热和放热循环过程,将车内的热量"搬"到了车外,从而降低了车内空气的温度。

2. 采暖系统

采暖系统用于产生暖气,是汽车空调的热源。汽车采暖系统是利用汽车发动机冷却液或废气的余热(非独立采暖系统),或利用燃烧器燃烧产生热量(独立式采暖系统),通过加热器进行热交换来加热空气,被加热了的热空气通过鼓风机送入车内,以提高车内的温度。在汽车上应用最为广泛的非独立式水暖系统的组成原理如图1.5所示。

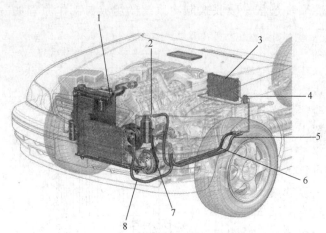

图1.4 汽车空调制冷系统基本组成
1—冷凝器;2—储液干燥器;3—蒸发器;
4—节流装置;5—低压软管(蒸气);
6—高压软管(液体);7—压缩机;8—高压软管(蒸气)

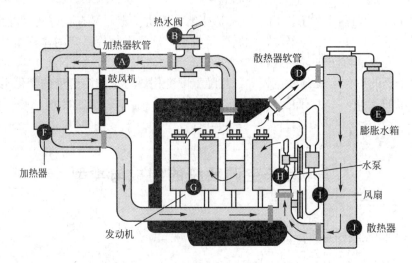

图1.5 水暖式采暖系统的组成与工作原理

3. 通风与空气调节系统

通风与空气调节系统由鼓风机、各个风门及风道、操控装置等组成,用于空调的通风和空气温度、风量及风速的调节。

通风系统将车外的新鲜空气引入车内,达到通风、换气之目的;空气调节系统则是通过相应的控制开关和风门控制进风量,并将冷风、热风、新鲜空气有机地混合,形成温度适宜、风量适当的气流送入车内。在轿车上应用最为广泛的混合式通风与空气调节系统的组成与工作原理如图1.6所示。

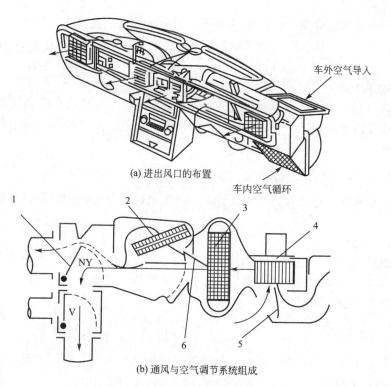

图 1.6　汽车通风与空气调节系统组成与工作原理
1—出风口风门；2—加热器；3—蒸发器；4—鼓风机；
5—进气口风门；6—冷暖空气混合风门

4. 空气净化装置

空气净化装置通过某种方式将车内空气中的尘埃、异味及其他有害气体清除掉，以使车内空气变得清新。目前，配备空气净化装置的汽车空调系统还只是在高级轿车和豪华大客车上有较多的应用。

5. 自动控制系统

自动汽车空调系统配备了电子控制系统，其由传感器、控制器及执行机构组成，用于自动调节车内空气的温度、湿度、空气流量和流向，使车内形成冷暖适宜的气流，实现车内环境在各个季节、全方位多功能的最佳调节。

## 1.3.2　汽车空调的类型

现代汽车空调有多种类型，在不同类型、不同级别的汽车上使用，现以不同的分类方法予以概括。

### 1. 按空调压缩机驱动方式分类

如果按压缩机的驱动方式不同分类，可将汽车空调分为独立式汽车空调和非独立式汽车空调两大类。

1）独立式汽车空调

独立式汽车空调由专用空调发动机来驱动制冷压缩机。独立式空调系统的制冷量大，工作稳定，但成本高，体积及质量大。独立式汽车空调多用于制冷量较大的大、中型客车上。

2）非独立式汽车空调

非独立式汽车空调由汽车发动机直接驱动制冷压缩机。这种汽车空调结构紧凑，其缺点是制冷性能受汽车发动机工作的影响，工作稳定性较差。小型客车和轿车都采用了非独立式汽车空调。

2. 按空调的功能分类

按空调降温和升温的工作方式不同分类，汽车空调又有单独功能型和冷暖一体型两种形式。

1）单独功能型汽车空调

单独功能型汽车空调也可以有制冷和采暖两种功能，但是这种类型的汽车空调是将制冷系统、采暖系统、强制通风系统各自安装、单独操作，互不干涉。单独功能型汽车空调多用于大型客车和载货汽车上。

2）冷暖一体型汽车空调

冷暖一体型汽车空调的制冷、取暖和通风共用一台鼓风机及一个风道，冷风、暖风和通风在同一控制板上进行控制。冷暖一体型汽车空调结构紧凑，操作方便，轿车上普遍采用冷暖一体型汽车空调。

3. 按空调系统的操控方式分类

按照操控的方式不同分，汽车空调可分为手动汽车空调和自动汽车空调两大类。

1）手动汽车空调

由驾驶员通过控制板的功能键或旋钮完成对空调的温度、通风机构和风向、风速的调节。目前，手动汽车空调在普通的汽车上还有广泛的应用。

2）自动汽车空调

由电子控制器根据各相关传感器的电信号，自动对空调的温度、风量及风向等进行调节，可实现对车内空气环境的全季节、全方位、多功能的最佳调节和控制。

4. 按空调控制系统的结构与工作方式分类

自动汽车空调系统按电子控制器的结构与工作方式分类，则有模拟控制式汽车空调和数字控制式汽车空调两大类。

1）模拟控制式汽车空调

模拟控制式汽车空调的控制器由模拟电子电路构成，相关传感器连接在模拟控制电路中，通过模拟工作方式实现空调的自动控制。模拟控制式自动空调在现代汽车上已很少见。

2）数字控制式汽车空调

电子控制器的核心是微处理器，相关传感器的电信号输入空调控制器后，由微处理器进行分析与计算，再输出控制信号，控制执行器工作，实现空调的自动控制。数字控制式自动空调在汽车上的应用已逐渐增多。

## 本 章 小 结

本章主要介绍汽车空调的定义与质量评价指标，以便于读者对汽车空调的作用与性能评价方法有较为系统的了解。本章对汽车空调的发展概况、汽车空调的使用环境及要求、基本组成及类型、新型汽车空调等也做了简要的介绍，以使读者通过本章的学习，能获得汽车空调的发展过程和未来发展的趋势、汽车空调的性能特点及类型等知识。

## 思 考 题

1. 何谓汽车空调？
2. 如何评价汽车空调的质量？
3. 现代汽车空调有哪些基本功能？
4. 根据汽车空调的工作环境，对其有哪些要求？
5. 汽车空调发展过程大致可分为哪几个阶段？
6. 汽车空调未来发展的趋势是什么？
7. 现代汽车空调通常由哪几部分组成，各组成部分的作用是什么？
8. 按不同的分类方式区分，汽车空调有哪些类型？

# 第2章 汽车空调基础知识

 教学目标

熟悉与汽车空调相关的热力学基础知识，并对制冷剂与冷冻机油有较全面的了解。

 教学要点

| 知识要点 | 能力要求 | 相关知识 |
| --- | --- | --- |
| 温度、湿度及压力的基本概念 | 熟悉温度、湿度及压力的物理意义及度量标准，了解特定温度的意义 | 温度的物理意义，温标、湿度的定义，压力的定义 |
| 热的定义与热的传递 | 熟悉热的基本概念，熟知热量的定义及热的传递方式，清楚热与温度的关系 | 热力学基本知识、热的传递方式、热量传递与温度及传热介质的关系 |
| 制冷剂及冷冻机油的作用与特性 | 了解制冷剂的作用，了解现代汽车所用制冷剂的特性及要求；了解冷冻机油的作用及要求 | 制冷剂的力学参数、制冷剂的物理特性、冷冻机油的使用环境及物理特性 |

## 2.1 空调的热力学参数

空调涉及许多热力学基本概念，熟悉这些热力学基本概念，充分了解与空调相关的热力学参数的物理含义，对更好地理解汽车空调原理，提高空调制冷系统故障分析能力均有极大的帮助。

### 2.1.1 温度

**1. 温度的物理意义**

温度用于衡量物体的冷热程度，它是一个抽象的物理量。什么是温度？目前还没有一个明确的定义，但可以从宏观和微观的不同角度去揭示温度的物理意义。

从宏观上看，当两物体处于热平衡状态时，其某个物理性质完全一样，表征这个物理性质的量就是温度。也就是说，处于热平衡状态的两个物体具有相同的温度。如果两个物体的温度不同，则必然会有热交换，热量会从温度高的物体向温度低的物体传递。

从微观上看，温度是物体内部分子运动平均动能大小的度量。物体的温度高，则表示其内部分子动能大，分子运动的激烈程度高。

**2. 温标**

我们知道，各种物理量均有相应的度量标准，例如，长度用米来度量、电压的度量单位是伏特，温度也需要有一个标准来度量。温标就是指度量温度的标尺，有摄氏温标、华氏温标和热力学温标等。我国法定计量单位规定采用的温标为摄氏温标和热力学温标，而欧美国家则采用华氏温标。

1) 摄氏温标

摄氏温标习惯上称其为摄氏温度，通常用符号 $t$ 表示。摄氏温度的单位符号为℃，是将标准大气压(101.325kPa)下水的冰点定为0℃，水的沸点定为100℃，两点之间均分100等份，每1等份即为1摄氏度，记作1℃。

2) 华氏温标

华氏温标通常称其为华氏温度，用符号 $F$ 表示，其单位符号为℉。华氏温度是将标准大气压下的冰点定为32℉；水的沸点定为212℉，两点之间均分180等份，每1等份即为1华氏度，记作1℉。

根据摄氏温度与华氏温度的定义，可知两者之间有如下的关系：

$$F = 1.8t + 32 (℉)$$
$$t = (F - 32)/1.8 (℃)$$

3) 热力学温标

热力学温标习惯上称其为热力学温度、绝对温度、开氏温度等，热力学温度常用的符号为 $T$，单位用符号 K 表示。热力学温度以自然界最低的温度为零点，该温度称为绝对零度。热力学温度的分度与摄氏温度相等，并以水三相点(纯冰、纯水和水蒸气彼此处于平衡共存状态的温度)为基准点，到绝对零度之间的间隔为273.16份，每一份称为1开尔文(1K)。水的三相点高于水的冰点0.1K，因此，水的冰点用绝对温度表示时，应为

273.15K，而沸点为 373.5K。

根据绝对温度的定义，可知绝对温度与摄氏温度之间的关系应为

$$T = 273.15 + t \text{ (K)}$$

3. 各种特定的温度

1) 干球温度与湿球温度

干球温度是指用干球温度计测量的空气温度，而湿球温度是指用湿球温度计测量的空气温度。干球温度计和湿球温度计如图 2.1 所示。

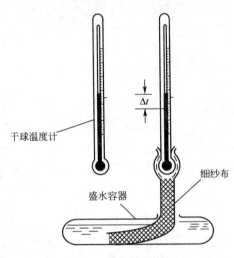

图 2.1　干湿球温度计

在干球温度计的感温球上包裹纱布，将纱布的一端置于盛有水的容器中，利用纱布毛细管的吸水性可使感温球呈湿润状态，这就构成了湿球温度计。由于湿纱布水分蒸发时会吸收汽化潜热，因而湿球温度计测得的湿球温度要低于干球温度计测得的温度值。标准湿球温度测量条件是风速在 3~5m/s 范围之内。

通过干、湿球温度计测得的温差可反映空气的干燥程度。干、湿球温差越大，表示空气越干燥，而当干、湿球温差为 0℃时，表示空气中所含的水蒸气处于饱和状态（相对湿度为 100%）。

2) 露点温度

含有一定量水蒸气的空气在冷却时，其湿度会增加，当空气中的水蒸气达饱和状态（空气的湿度为 100%）时，再进一步冷却，空气中的部分水蒸气就会凝结成露水。所谓露点温度就是指空气开始凝结成露水时的温度。

3) 冷凝温度

在空调制冷系统中，进入冷凝器的气态制冷剂在适当的温度和高压（饱和温度和饱和压力）下，会转化为液态制冷剂，这一过程称为冷凝。在一定的压力下，制冷剂开始由气态转变为液态的温度称为冷凝温度。

4) 蒸发温度

在空调制冷系统中，进入蒸发器的液态制冷剂在适当的温度（饱和温度）和低压下会转变为气态，制冷剂在蒸发器中通过沸腾完成汽化过程。在一定的压力下，制冷剂开始沸腾，由液态转变为气态的温度称为蒸发温度。

2.1.2　热量与热容

1. 热量的定义

物质内部分子进行着无规则的运动，这种运动称为热运动。当物质内部分子无规则运动的速度加快（平均动能增加）时，物质的温度就会升高，这说明温度与热有密切的关系。热的出入会使温度有变化，温度变化的大小与出入热的量成正比，这种热的量称为热量，单位为焦耳(J)。

2. 热量的传递方式

人的皮肤有热的感觉是因为空气中的热量传入了皮肤,而当人皮肤感到冷时,则说明皮肤有热量散发出去了;点燃的炉灶使锅内食物变熟,是因为炉灶中火焰的热通过锅传给了食物和水;在阳光下人体会有温暖或燥热的感觉,这是因为太阳通过阳光将热传给了人体。可见,热是可以传递的,热的传递方式有热传导、热对流和热辐射三种。

1) 热传导

同一个物体或彼此接触的两个物体的两点间有温差时,热会通过物体内部从高温点向低温点转移,直到两点间温度达到一致为止,此种热量移动方式称之为热传导。物体两点之间传导的热量的多少与这两点的温度差成正比,并且与物体的导热性有关,关系如下:

$$Q = \lambda \frac{A}{L}(t_1 - t_2) = qA$$

式中：$Q$——导热量(kcal/h);

$\lambda$——物体材料的导热系数(kcal/mh℃);

$A$——包括两点在内的壁面积($m^2$);

$L$——两点之间的间距(m);

$q$——单位面积上的导热量(kcal/$m^2$h);

$t_1$、$t_2$——两点的温度(℃)。

金属具有良好的导热性,汽车空调系统中的热交换器需要其有良好的导热性能,所以,蒸发器、冷凝器、加热器等均用导热性好的铜、铝等金属材料制成。一些非金属的导热性较差,属不良导热材料。木头、石棉等几乎不导热,属绝热材料,可用于隔热和保温。一些材料的导热系数见表2-1。

表2-1 几种材料的导热系数 $\lambda$

| 材料 | $\lambda$/(kcal/mh℃) | 材料 | $\lambda$/(kcal/mh℃) |
|---|---|---|---|
| 铜 | 330 | 玻璃 | 0.68 |
| 金 | 270 | 水 | 0.51 |
| 铝 | 175 | 玻璃丝棉 | 0.03 |
| 钢 | 48 | 发泡塑料 | 0.02 |
| 水银 | 7 | 空气 | 0.02 |

2) 热对流

(1) 流体内部的热传递。气体和液体通过流动使热量转移,这种热传递方式称之为热对流。当流体中的一部分被加热而温度升高时,流体内部出现了温差,高温处流体膨胀而密度降低,然后上升,与顶部的低温流体交替而形成对流。这种由密度差引起的对流称之为自然对流,而通过机械方式搅拌形成的流体热转移称之为强制对流。

(2) 液体与固体表面的热传递。接近固体壁面的流体如果与壁面有温度差,就会有热量传递,这种导热过程称之为物体表面放热。设流体的温度为$t_f$(℃),固体壁面的温度为$t_w$(℃),壁的面积为$A$($m^2$),那么传递的热量$Q$为

$$Q = \alpha A(t_f - t_w)$$

式中$\alpha$为放热系数(kcal/$m^2$h℃),与流体的种类、流体流动的状态及物体壁面的状态

等有关。不同换热条件下的放热系数见表2-2。

表2-2 不同换热条件下的放热系数 $\alpha$

| 对流换热条件 | | $\alpha/(kcal/m^2 h℃)$ | 对流换热条件 | $\alpha/(kcal/m^2 h℃)$ |
|---|---|---|---|---|
| 空气自由流动 | | 5.8～11.6 | R12蒸气凝结 | 1160～1856 |
| 空气强迫流动 | | 23～116 | R22蒸气凝结 | 1392～2204 |
| 水在管内强迫流动 | 流速 1～2m/s | 2320～6960 | R12蒸气蒸发 | 1392～1972 |
| 盐水在管内强迫流动 | | 928～2320 | R22蒸气蒸发 | 1856～2900 |

3) 热辐射

热源通过辐射波直接将热量传递给其他物体，这种热传递方式称之为热辐射。热辐射传递热量时，热量以光(电磁波)的形式连续发射，以光速传播，可不依靠其他物质。这种热辐射电磁波遇到其他物体时，热量会被物体吸收，一部分则会被物体反射。如遇透明物体时，部分热能透过物体，其余的被物体吸收而使该物体表面温度升高。热辐射传递给物体的热量与物体表面的颜色有关，颜色越深，吸收热量的比例就越高。

3. 热容

不同的物质，尽管吸收或放出的热量相同，但其温度的变化却有所不同，这说明不同物质其容热的能力(热容量)是不同的。各种物质的热容大小通常用比热容(简称比热)来表示，比热就是单位质量的物质其温度升高1K所需的热量，比热的单位是J/kg·℃。热容大的物质，加热时不容易升温，而冷却时也不容易降温。不同物质的比热见表2-3。

表2-3 不同物质的比热

| 物质名称 | | 比热/(kJ/kg·℃) | 物质名称 | 比热/(kJ/kg·℃) | 物质名称 | 比热/(kJ/kg·℃) |
|---|---|---|---|---|---|---|
| 氢 | | 14.3 | 酒精 | 2.4 | 陶瓷 | 0.84 |
| 氦 | | 5.2 | 聚乙烯 | 2.2 | 石墨 | 0.72 |
| 水 | 液态 | 4.2 | 煤油 | 2.1 | 玻璃 | 0.6 |
| | 固(0℃) | 2.1 | 蓖麻油 | 1.8 | 铁、钢 | 0.46 |
| | 气态 | 1.9 | 砂石 | 0.92 | 铜 | 0.39 |
| 锂 | | 3.6 | 铝 | 0.88 | 汞 | 0.14 |
| 乙醇 | | 2.5 | 石棉 | 0.84 | 铅 | 0.13 |

4. 显热与潜热

1) 显热

物体在吸热或放热过程中，只是其分子热运动的动能增加或减少，即物体的吸热或放热只是使物体温度有升高或降低，其物态(固态、液态、气态)不发生改变，那么，物体吸收或放出的这部分热量就称之为显热。例如，水还未沸腾(100℃)时对其所加的热只能改变水的温度，因此，水所吸收的热量为显热；热水慢慢变冷过程中，水所释放出的热量也称之为显热。

2) 潜热

物体在吸热或放热过程中，只是其分子的热位能增加或减少，也就是说，物体的吸热或放热只是改变了物态，而其温度没有改变，这物质吸收或放出的这部分热量称之为潜热。例如，水在沸腾时转变为水蒸气，水的沸腾过程不断吸热，但其温度则保持在100℃，因此，水沸腾(水汽化过程)所吸收的热称其为潜热。物态不同的变化所吸收或放出热的称谓见表2-4。

表2-4 物态不同的变化所吸收或放出热的称谓

| 物态的变化 | 潜热的称谓 | 物态的变化 | 潜热的称谓 |
| --- | --- | --- | --- |
| 气态变为液态所吸收的热 | 液化潜热 | 液态变为固态所放出的热 | 凝固潜热 |
| 液态变为气态所吸收的热 | 蒸发潜热 | 固态变为液态所吸收的热 | 熔解潜热 |
| 固态变为气态所吸收的热 | 升华潜热 | | |

显热、潜热与物态之间的关系如图2.2所示。

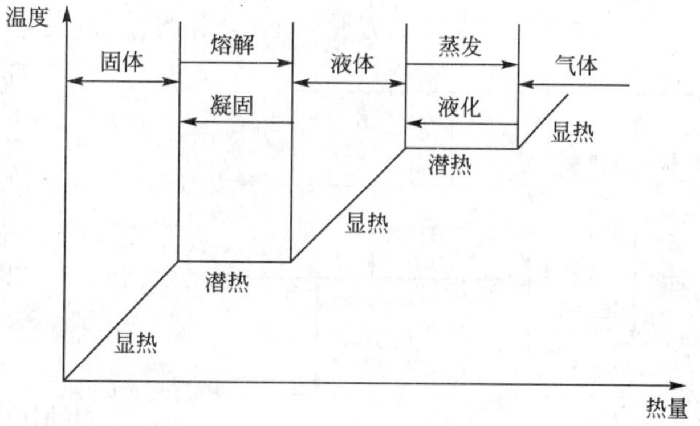

### 2.1.3 湿度

湿度是表示空气中所含水蒸气程度的物理参量，有绝对湿度和相对湿度两种表示方式。

1. 绝对湿度

绝对湿度是指一立方米的空气中所含水蒸气的质量，单位为$kg/m^3$。

图2.2 显热与潜热

2. 相对湿度

相对湿度是指空气相对于饱和湿空气的湿度，数值上等于空气实际所含水蒸气与相同温度下的饱和湿空气的比值：

$$相对湿度 = \frac{空气中实际所含水蒸气量}{相同温度下的饱和湿空气所含水蒸气量} \times 100\%$$

饱和湿空气是指空气在某一温度下其水蒸气已达到了饱和，再也不能吸收水蒸气了。相对相对湿度也可以如下表示：

$$相对湿度 = \frac{空气的绝对湿度}{饱和空气的湿度} \times 100\% = \frac{空气中水蒸气的分压}{饱和湿空气中的水蒸气分压} \times 100\%$$

根据相对湿度的定义可见，相对湿度为0，表示空气是不含水蒸气的干燥空气；相对湿度值越大，表示空气越潮湿；当空气的相对湿度为100%时，则表示空气中水蒸气的含量已经达到了100%，为饱和湿空气。

当空气的温度发生改变，有水分蒸发或有水蒸气凝结等情况时，空气的绝对湿度会随之改变。

## 2.1.4 压力

**1. 压力的定义**

压力是指垂直作用于物体表面单位面积上的力,用 $p$ 表示,即

$$p=\frac{F}{S}$$

式中:$F$——垂直作用于物体表面的力;

$S$——力的作用面积

$p$ 实际上就是物理学中所定义的压强,工程上习惯以压力相称。压力的单位为 $N/m^2$(帕斯卡,简称 Pa)。

地球表面包围着一层几百千米厚的空气层,这层厚厚的空气就是我们通常所说的大气层。大气层的质量对地球表面物体的压力称之为大气压力,简称大气压。标准大气压是指纬度 45°,温度 0℃时,大气对海平面的压力,相当于绝对压力 101.325kPa。工程上常采用工程大气压,以每平方厘米上作用的公斤力表示($kgf/cm^2$),$1kgf/cm^2=9.81×10^4Pa$。

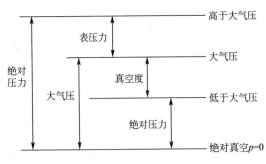

图 2.3 压力的各种表示方式

**2. 压力的表示方式**

压力有多种表示方式,其含义如图 2.3 所示。

各种压力表示方式的实际意义如下:

(1)绝对压力:即实际压力值,以绝对真空为 0 值。

(2)表压力:表压力是指压力表上读出的压力值,以标准大气压为 0 值。

(3)真空度:真空度是指低于大气压力的数值,压力越低于大气压,真空度就越大。

各种压力之间的关系如下:

表压力=绝对压力-大气压力

真空度=大气压力-绝对压力

压力的单位除了用帕斯卡(Pa)外,还有其他几种,各种压力单位之间的换算关系见表 2-5。

表 2-5 各种压力单位的换算

| 帕/Pa | 千帕/kPa | 巴/bar | 毫巴/mbar | 标准大气压/atm | 约定毫米汞柱/mmHg |
| --- | --- | --- | --- | --- | --- |
| 1 | $10^{-3}$ | $10^{-5}$ | $10^{-2}$ | $9.86923×10^{-6}$ | $7.50062×10^{-3}$ |
| $10^3$ | 1 | $10^{-2}$ | 10 | $9.86923×10^{-3}$ | 7.50062 |
| $10^5$ | $10^2$ | 1 | $10^3$ | $9.86923×10^{-1}$ | $7.50062×10^2$ |
| $10^2$ | $10^{-1}$ | $10^{-3}$ | 1 | $9.86923×10^{-4}$ | $7.50062×10^{-1}$ |
| 101325 | 101.325 | 1.01325 | 1013.25 | 1 | 760 |
| 133.332 | $1.33332×10^{-1}$ | $1.33332×10^{-3}$ | 1.33332 | $1.31579×10^{-3}$ | 1 |

## 2.2 空调的常用术语

### 2.2.1 汽化与冷凝

**1. 汽化**

液体通过吸热,由液态变为气态的过程称之为汽化。液体的汽化过程为吸热过程,汽化有两种方式,一种是蒸发,另一种是沸腾。

1) 蒸发

液体的蒸发是指任何温度、压力下在液体表面上所发生的汽化现象。例如,盆中水逐渐减少并最终消失的过程就属于水的蒸发。液体蒸发时汽化的分子需要吸收液体中或外界的热量,因此,液体蒸发的快慢与液体的温度、液体蒸发面积、液体表面气体的流速等都有关系。

2) 沸腾

液体沸腾是指液体的温度达到了沸点,液体的表面和内部同时进行的汽化现象。液体在沸腾过程中也吸收热量,与液体蒸发不同的是,液体沸腾需要达到一定的压力和温度。例如,对水进行加热,在烧开(沸腾)前,水面会产生蒸气,这时水的汽化就是水的蒸发;当水的温度达到100℃(标准大气压下水的沸点)时,水才开始沸腾,即水的内部产生大量的气泡,这些气泡从水面逸出,放出大量的蒸气。

空调制冷系统工作时,进入蒸发器的液态制冷剂通过汽化转化为制冷剂蒸气,其汽化过程实际上是液态制冷剂的沸腾,但习惯上都将其称之为蒸发。制冷剂在蒸发器中的汽化过程吸收了蒸发器周围空气的热量,产生冷气。

**2. 冷凝**

气态物质经过放热冷却而转变为液态的过程称之为冷凝。冷凝过程为放热过程,冷凝过程首先是蒸气放热后冷却,逐渐变为饱和蒸气,然后由饱和蒸气凝结成饱和液体。在气体凝结过程中继续释放热量。

空调制冷系统工作时,进入冷凝器的气态制冷剂在冷凝器中是气态转变为液态的冷凝过程,制冷剂蒸气通过冷凝,放出热量,并传递给冷凝器周围的空气,通过热对流将热量传到大气中。

### 2.2.2 饱和温度和饱和压力

**1. 饱和温度和饱和压力的定义**

密闭容器中的液体吸收了热量而部分汽化,而部分气体分子因失去能量又凝结成液体(图2.4)。当汽化离开液面的分子数和液化返回液体中的分子数相等时,上部气体和下部液体就处于动平衡状态,上部蒸气的密度不再改变,温度和压力也稳定不变,此时的蒸气称之为饱和蒸气,而液体称之为饱和液体。饱和蒸气具有的压力和相应的温度称为饱和压力和饱和温度。

在谈论空调时,通常所说的蒸发温度和蒸发压力,实际上就是指制冷剂汽化(沸腾)的饱和温度与饱和压力。压力不同,其饱和温度也不同。几种制冷剂的饱和压力与饱和温度的对应关系见表2-6。

2. 液体的沸点

液体加热沸腾时,内部产生大量的气泡,液体向这些气泡内的空间汽化,当气泡内的饱

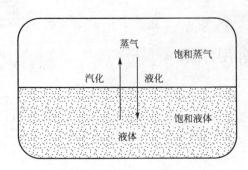

图2.4 饱和温度与饱和压力示意图

和压力等于外界压力时,气泡则上升至液面破裂而放出蒸气,所以,沸点就是该压力下的饱和温度。不同的液体,在相同压力下的饱和温度是不同的,我们通常所说的沸点是指标准大气压下的饱和温度。几种液体在标准大气压下的沸点见表2-7。

表2-6 制冷剂的饱和温度与饱和压力对应值

| 饱和温度 $t$/℃ | 饱和压力 $p/\times 10^5$ kPa | | | |
|---|---|---|---|---|
| | R134a | R12 | R22 | R800a |
| −30 | 0.85 | 1.00518 | 1.64555 | 1.20 |
| −20 | 1.33 | 1.51022 | 2.46147 | 1.60 |
| −10 | 2.01 | 2.19081 | 3.55981 | 2.40 |
| 0 | 2.98 | 3.08615 | 5.00139 | 3.20 |
| 10 | 4.15 | 4.23059 | 6.85484 | 4.73 |
| 20 | 5.72 | 5.66726 | 9.16922 | 6.24 |
| 30 | 7.70 | 7.43442 | 12.02295 | 8.00 |
| 40 | 10.16 | 9.63 | 15.34 | 10.00 |
| 50 | 13.18 | 12.19 | 19.42 | 12.42 |

表2-7 液体在标准大气压下的沸点

| 液体名称 | 沸点/℃ | 液体名称 | 沸点/℃ |
|---|---|---|---|
| 水 | 100 | 氨 | −33.4 |
| 酒精 | 78 | R22 | −40.8 |
| R134a | −26.18 | R13 | −81.5 |
| R12 | −29.8 | R14 | −127.96 |

可见,除了对液体加热可使其沸腾外,对液体降压也可使液体沸腾。将不饱和液体压力降到液体该温度下的饱和压力时,液体即开始沸腾。

3. 压缩机抽吸的作用

在汽车空调制冷系统中,蒸发器内制冷剂的饱和蒸气被压缩机吸走,使之成为不饱和

蒸气，压力低于饱和压力，就有液体制冷剂再吸热汽化，使蒸发器内制冷剂再趋于饱和。压缩机不断从蒸发器吸走制冷剂蒸气，蒸发器内液态制冷剂就不断吸热汽化，从而达到制冷的目的。

### 2.2.3 过冷与过热

**1. 过冷**

过冷是对液体而言。冷凝器中冷凝后的液体在压力不变的情况下继续冷却，使其温度低于冷凝时的饱和温度，这一热力过程称为过冷，这时的液体称为过冷液体，其温度称为过冷温度。饱和温度（即冷凝温度）与过冷温度之差称为过冷度。

**2. 过热**

过热则是对气体而言。让蒸发器中的干饱和蒸气继续定压吸热，使蒸气的温度高于汽化时的饱和温度，这一热力过程称为过热。这时的干饱和蒸气称为过热蒸气，过热蒸气的温度称为过热温度，与干饱和蒸气的饱和温度之间的温度差称为过热度。如果保持蒸气的温度不变，对干饱和蒸气降压，也可使干饱和蒸气变成过热蒸气。

### 2.2.4 节流

所谓节流是指流体的通道突然缩小时，会发生压力和温度下降的现象。节流过程的示意图如图 2.5 所示。

流体流向孔口时，由于孔口附近的流动截面积突然变小，流体的流动形态发生突变，流体的压力降低，流速增大；流体在孔口时的压力降到最低，而流速增到最高；流体流过孔口后，其截面积突然增大，流体的压力逐渐回升，速度逐渐减小，最后达到稳定。由于流体在孔口前后发生强烈的扰动和涡流，造成压力的不可逆损失，因此流体恢复稳定后，压力比以前小很多，但流速基本保持不变。由于节流的时间很短，系统与外界的能量传递可以忽略不计，而压力下降使部分液体汽化，汽化吸取的热量来自液体，所以通过节流后的流体温度会下降许多。

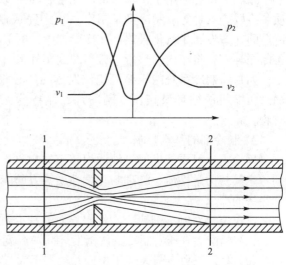

图 2.5 节流示意图

在汽车空调制冷系统中，膨胀阀或节流管的作用是实现节流过程，以降低制冷剂的压力和温度，使制冷剂在蒸发器中能从周围的空气中吸入更多的热量。

### 2.2.5 制冷能力与制冷负荷

**1. 制冷能力**

热量从高温到低温的转移是一种自然的热量传递过程，而要将低温处的热量转移到高温处，就需要通过"制冷"来实现了。所谓制冷就是用制冷设备通过消耗其他形式的能量，将热量从低温物体转移到高温物体的过程。制冷能力则是制冷机将热量不断地从低温物体转移给高温物体的能力，用单位时间内所能移动的热量来度量，制冷能力的单位为 J/h。

2. 制冷负荷

制冷负荷是指将温度和湿度保持在一定的范围内所要搬移的热量。汽车制冷负荷包括车外空气通过车身传导给车内空气的热量、阳光辐射热量和车内人体散发的热量。

显然，要使车内的温度保持在适宜（低于车外空气）的温度，空调制冷系统的制冷能力必须大于制冷负荷，否则就会使汽车空调达不到应有的降温效果。

## 2.3 制冷剂与冷冻机油

### 2.3.1 制冷剂

1. 制冷剂的作用与要求

1) 制冷剂的作用

在制冷系统中用于转移热量，并且循环流动的物质称之为制冷剂。制冷剂又称制冷工质、冷媒、雪种等。制冷剂是制冷系统中完成制冷工作循环的介质，它通过相变实现制冷，即在蒸发器中汽化吸热，在冷凝器中冷凝放热。在压缩机的作用下制冷剂的这种相变不断循环着，将车内的热量"搬移"到车外大气中，从而实现了制冷。

如果将制冷系统的压缩机比作人体的"心脏"，那制冷剂就相当于人体中的"血液"，通过压缩机的循环泵作用，制冷剂在制冷管路中不断流动循环，使制冷系统完成制冷过程。

2) 制冷剂的基本要求

理论上，只要能进行气液两相转换的物质均可用作制冷剂。实际上，用作制冷剂还必须考虑其热力学性质、物理与化学性质等方面能否满足制冷系统工作可靠、效率高、环保和经济的要求。

汽车空调对制冷剂热力学性质方面的基本要求如下：

(1) 标准大气压下制冷剂的蒸发（沸腾）温度要低，这是制冷剂最基本的要求。

(2) 蒸发压力应与大气压相近并稍高于大气压，以避免制冷系统内产生负压而使空气渗入，造成制冷能力下降。

(3) 在工作温度范围内制冷剂的冷凝压力要适中（一般在 1.2~1.5MPa），冷凝压力高，对制冷设备的强度要求也高，压缩机的功耗也大。

(4) 临界温度要高，因为任何气体的温度如果高于其临界温度，则无论压力多高都不能液化。制冷剂的临界温度高，就可使制冷剂在常温或普通的低温下也能液化，且不需太高的压力。

(5) 凝固温度要低，以便取得较低的蒸发温度，更好地吸收蒸发器周围空气的热量。如果制冷剂的凝固温度过高，制冷剂就无法在较低的温度下工作。

(6) 单位容积制冷量大，因为单位容积制冷量大，相同制冷量下的制冷剂循环流量就可减少，从而可减小压缩机和制冷系统的结构尺寸。

(7) 传热性能好，即制冷剂的热导率和传热系数要大，吸热、散热快，以提高蒸发器、冷凝器等热交换设备的传热效率，减少传热面积，减小热交换器的结构尺寸。

汽车空调对制冷剂物理、化学及其他方面的基本要求如下：

(1) 黏度和密度低，以减小制冷剂在制冷系统管路中的流动阻力。

(2) 换热性能好，以提高热交换设备的效率。

(3) 与润滑油的互溶性好，以使润滑油与制冷剂一起渗到压缩机的各个部位，起到良好的润滑作用；在冷凝器和蒸发器中不易形成油膜阻碍传热。制冷剂与润滑油互溶性好的不利因素是会从压缩机中带走较多的润滑油，并使蒸发器的蒸发温度升高。

(4) 具有一定的吸水性，这样，当制冷剂中渗入少量的水分时，水分溶于制冷剂中不容易结冰，制冷系统就不容易产生冰堵而影响系统正常工作。

(5) 具有良好的化学稳定性，不燃烧、不爆炸、在高温下不易分解。

(6) 不腐蚀金属，对密封材料的溶解、膨胀作用小，且与润滑油不起化学反应。

(7) 对人类健康无损害，无刺激性气味，臭氧层破坏潜能值（ODP值）及温室效应潜能值（GWP值）要小。

(8) 易于制取，价格便宜。

3) 制冷剂的使用情况

汽车空调使用最多的制冷剂是R12、R134a，其中"R"是Refrigerant（制冷剂）的缩写，世界各国都统一采用美国制冷工程师协会（ASRE）编制的制冷剂代号系统，R12、R134a就是制冷剂标准编号系统中的两种制冷剂。

原来的汽车空调都使用R12作制冷剂，但由于R12泄漏会对大气臭氧层起破坏作用，因此逐渐被禁止使用。从1990年起欧美各国就在汽车空调上开始了从R12向R134a转换的试验工作，1991年开始在新车上试装R134a空调器；到1994年底，欧洲和日本的新车准备的空调系统已全部转换用R134a空调器；而美国于1994年开始在95款新车上安装了R134a空调器。我国从1994年开始，在桑塔纳轿车上试装了国产R134a空调器，从2000年1月起，我国的全部新车都不再使用R12空调器。现在，中国、美国及日本都以R134a作为R12的替代物，而在欧洲，也有使用天然的碳氢化合物作制冷剂，如CN-01、HR22等。

2. R12制冷剂的特性

R12是以往广泛使用的汽车空调制冷剂，现在基本上已不使用。R12的化学名称为二氟二氯甲烷（$CF_2Cl_2$）。其制冷特性为：中压制冷剂，蒸发温度小于0℃；冷凝压力小于1.5～2.0MPa因此对冷凝器的结构强度要求不高；大气压下的沸点为-29.8℃，凝固点为-158℃，能在低温度下工作；节流后损失小，有较大的制冷系数。

R12其他的主要特性如下：

(1) 无色、无刺激性臭味。

(2) 不具有毒性（一般情况下），对人体无直接危害。

(3) 不燃烧、不爆炸，热稳定性好。

(4) 对一般金属无腐蚀性，但对镁和含镁量超过2%的铝合金则不然；60～70℃时可促使氧化铁、氧化铜分解。

(5) 对密封件有特殊要求：天然橡胶会变软、膨胀、起泡，对氯丁乙烯、氯丁胶制品破坏作用较小；对尼龙和塑料制品破坏作用不明显。

(6) 绝缘性良好，对电气系统绕组的绝缘性无影响。

(7) 对润滑油的溶解度：液态时，溶解度无限制；气态时，压力上升、温度下降都会使溶解度提高。

(8) 对水的溶解度很小，且气态大于液态。因此，R12 的含水量不得超过 0.0025%，如果其含水量高于 0.0025%，会造成如下不良影响：

① 制冷剂循环中，水分热量被吸收而形成冰堵，阻塞制冷剂循环通道。

② 水与 R12 产生化学反应，生成氢氟酸，对系统有腐蚀作用；生成 $CO_2$（不凝气体）引起压缩机排气压力增高、制冷功耗增加、制冷效率下降。

③ 水与系统中的酸、氧化物反应，生成金属盐，会加大运动件的磨损、破坏电气绝缘；分解 R12，使制冷系统效率降低。

④ 水会促使冷冻液老化、腐蚀金属表面、降低润滑效果。

制冷剂的防水措施：

① 使用高纯度的制冷剂。

② 装配、检修制冷系统后，必须抽真空。

③ 选用含水量小于 0.002% 的冷冻油，并防止加油时侵入水分。

(9) R12 如果泄漏在大气层中会破坏臭氧层，引起地球温室效应，危害人类健康和生存环境。

**3. R134a 制冷剂的特性**

R134a 的制冷特性和 R12 相近，也是一种良好的制冷剂，相比于 R12，其最大的优点是泄漏后对大气臭氧层无破坏作用，因此，已在现代汽车空调中完全取代了 R12。下面通过与 R12 对比的方式来了解 R134a 的特性。

R134a 分子式：$CH_2FCF_3$，与 R12 的热物理性能对比见表 2-8。

表 2-8 R134a 与 R12 热物理性参数对比

| 项目 | R134a | R12 |
| --- | --- | --- |
| 分子质量 | 102.031 | 120.92 |
| 沸点/℃ | −26.18 | −29.80 |
| 临界温度/℃ | 101.4 | 111.8 |
| 临界压力/MPa | 4.065 | 4.125 |
| 临界密度/(kg/m³) | 1206 | 1311 |
| 0℃时的饱和蒸气压力/MPa | 293.14 | 308.57 |
| 0℃时的汽化潜热/(kJ/kg) | 197.89 | 154.87 |
| 60℃时的饱和蒸气压力/MPa | 1680.47 | 1518.17 |
| ODP 值（臭氧破坏潜能值） | 0 | 1.0 |

（续）

| 项目 | R134a | R12 |
|---|---|---|
| GWP值（全球变暖潜能值） | 0.11 | 1.0 |
| 与矿物冷冻油的融合性 | 不溶 | 溶 |
| 溶态热导率 | 大 | 小 |

与R12相比，R134a的主要特点如下：
(1) 热物理性与R12相近，具有无色、无臭、不燃烧、不爆炸、基本无毒等特点。
(2) 传热性能优于R12，在制冷量或放热量相等时，可减少热交换器的表面积。
(3) 不与矿物冷冻油相溶，因而必须使用合成润滑油，如PAG或POE润滑油。
(4) 分子直径略小，易通过橡胶外泄，也较易被分子筛吸收。
(5) 吸水性和水溶解性高。

### 2.3.2 冷冻机油

**1. 冷冻机油的作用**

制冷系统中压缩机所用的润滑油通常称其为冷冻机油，这种制冷压缩机专用润滑油与发动机润滑油的作用相似，对压缩机起润滑、密封、冷却和降噪等作用，用以保障压缩机正常工作和延长压缩机的使用寿命。

1) 润滑作用

压缩机是高速运转的机器，冷冻机油用于向压缩机的轴承、活塞等运动件提供润滑，以减少阻力和摩擦、延长使用寿命、减小功耗、提高制冷效率。

2) 密封作用

冷冻机油可形成传动轴油封、活塞环密封，以阻止制冷剂蒸气泄漏。

3) 冷却作用

冷冻机油流经各润滑工作表面，带走运动件摩擦表面产生的热量，使压缩机温度不致过高而损坏或无法工作。

4) 降低噪声

冷冻机油在压缩机相对运动件之间形成油膜，减小了运动机件的冲击振动，降低了压缩机的工作噪声。

**2. 冷冻机油的性能指标**

冷冻机油性能指标主要有黏度、凝固点、闪点、燃点、浊点、酸值、水分、机械杂质等。

1) 黏度

黏度是衡量冷冻机油黏性大小的物理参量，冷冻机油通常运用黏度表示其黏性。由于温度改变时，机油的黏性也会变化，因此在表示冷冻机油黏度时需要同时标明其温度。

2) 凝固点

冷冻机油的黏度随温度的下降而增大，其流动性变差，当冷冻机油冷却到一定的温度时会停止流动，此时的温度称为冷冻机油的凝固点。

3）闪点

将冷冻机油加热，直到其产生的蒸气与火焰接触时能发生跳火，此时的温度称之为冷冻机油的闪点。冷冻机油的闪点应高于压缩机的排气温度。

4）燃点

当测得闪点后，继续加热冷冻机油，直到其蒸气能被接触的火焰点燃，且燃烧不少于5s，此时的最低温度称为冷冻机油的燃点。显然，冷冻机油的燃点要高于闪点。

5）浊点

当冷冻机油的温度降到一定值时，开始析出小块石蜡，使冷冻机油变得浑浊，此时的温度称为浊点。冷冻机油的浊点应低于制冷剂的蒸发温度，否则，随制冷剂一起进入蒸发器的冷冻机油就会变质。

6）酸值

冷冻机油的酸值是指中和1g冷冻机油中的酸性物质所需的氢氧化钾的mg数，用mg（KOH）/g表示。

7）水分

指冷冻机油中所含水分的多少，冷冻机油中水分过多会影响其润滑性能，并导致制冷效果下降。冷冻机油中的水分可用测定微量水分方法测定。

8）机械杂质

冷冻机油的机械杂质通常是来自制冷系统内部的脏物，新的冷冻机油一般无机械杂质。冷冻机油中机械杂质过多同样会影响其润滑性能和制冷效果。

3. 对冷冻机油的性能要求

冷冻机油的工作条件与发动机润滑油完全不同，冷冻机油在工作时完全溶于制冷剂。制冷剂的蒸发温度范围为－30～10℃，而在轴承等处的温度可达120℃。可见，冷冻机油是在温度变化较大的条件下工作。为确保制冷系统正常工作，对冷冻机油有如下要求。

1）较低的凝固点

凝固点低可确保其低温时有良好的流动性。如果冷冻机油的凝固点高，则在低温时的流动性就差，冷冻机油容易沉积在蒸发器内，影响制冷系统的制冷效率和制冷能力，或凝结在压缩机底部，失去润滑作用而损坏压缩机中的运动部件。

2）与制冷剂的溶解性好

由于在汽车空调制冷系统中，制冷剂与冷冻机油混合在一起，工作时冷冻机油随制冷剂一起循环流动，这就要求冷冻机油与制冷剂有良好的溶解性。冷冻机油与制冷剂互溶性差的影响主要有：

（1）容易造成堵塞和产生噪声。如果冷冻机油与制冷剂的互溶性较差，则冷冻机油容易从冷凝器的液态制冷剂中分离出来而形成油塞，阻碍制冷剂的流动，并在通过节流孔（膨胀阀或节流孔管）进入蒸发器时容易造成溅爆，增加噪声。

（2）容易造成沉积。与制冷剂互溶性差的冷冻机油进入蒸发器内，还会沉降在管子底部，阻碍气体流动，并降低热交换能力。

（3）压缩机缺乏润滑。如果冷冻机油与制冷剂的熔解性差，还容易导致其部分或大部分不能随制冷剂返回压缩机，将导致压缩机因缺乏润滑油而加剧磨损，甚至损坏。

因此，冷冻机油与制冷剂的互溶性是确保汽车空调制冷系统正常工作的基本要求。

3）具有适当的黏度

冷冻机油的黏度过大和过小都对压缩机工作不利。

冷冻机油的黏度越大，压缩机克服阻力而损耗的能量就越多（即功耗越大），需要的起动转矩也增大，压缩机部件所承受的压力也要相应增大。

冷冻机油的黏度过小，则压缩机的轴承及有相对运动的摩擦副处不能建立起所需要的油膜，会加速摩擦表面的磨损，并且还会影响机械密封性能。

冷冻机油的黏度过大和过小都会引起汽缸温度升高，造成排气温度升高，影响制冷系统正常工作。

4）要有较好的粘温性能

粘温性能好是指液体黏度受温度变化的影响小。冷冻机油在制冷系统中工作时，在压缩机和冷凝器处会遇到高达120℃以上的高温，在蒸发器处又会遇到0℃以下的低温，所以要求在温度变化时冷冻机油的黏度变化要小，即在各种温度条件下都具有良好的润滑性能。

5）具有较高的热稳定性

冷冻机油在高温下不氧化、不分解、不结胶、不积炭。此外，对金属、橡胶、干燥剂等材料不产生化学作用。

6）吸水性要小

冷冻机油的吸水性小，主要指机油中的自由水分少。如果冷冻机油中的自由水分含量大，当通过膨胀阀等节流装置时，就会因低温而结成冰，造成冰堵，影响制冷系统制冷剂的流动。

此外，冷冻机油中的水分还会造成镀铜现象及某些材料的腐蚀、变质。因而冷冻机油的吸水性是一个重要指标。矿物油中含水量较小，一般不超过0.01%，也较容易干燥。但是，与R134a相适应的POE(ester)冷冻机油吸水性则较强，PAG冷冻机油的吸水性就更大了。

7）具有良好的电气绝缘性

良好的电气绝缘性能是全封闭压缩机用的冷冻机油所需具备的重要性能。一般纯粹的冷冻机油绝缘性能是良好的，但当油中含有水分、灰尘等杂质时，其绝缘性能就会降低。

4. 与R134a相溶的冷冻机油

目前能与R134a相溶的冷冻机油有PAG和POE两类。国外POE的主要品牌有英国的SW冷冻机油和RL冷冻机油及美国的EAL冷冻机油，这些冷冻机油是专为R134a开发的合成机油，国内上海"有机所"等有关单位也正在研制POE冷冻机油。PAG是较早作为高级齿轮润滑用的合成油。

冷冻机油中通常需要加入阻止碳化和酸化的添加剂，因为制冷压缩机轴承表面的润滑油在高温下容易碳化，会造成制冷剂泄漏。含有水分的润滑油在高温下容易发生水解作用，生成酸。制冷部件上会残留清洗切削油的稀盐酸类清洗液，造成冷冻机油总酸值上升。为消除因此而造成的腐蚀和镀铜现象，还需要在冷冻机油中加入盐酸捕捉剂等添加剂。

对与R134a相溶的冷冻机油物理性质的基本要求见表2-9。

表2-9 与R134a相溶冷冻机油物理性质的基本要求

| 项目 | | 汽车空调 | 家用空调 |
| --- | --- | --- | --- |
| 黏度 | 活塞式压缩机 | 10cSt(100℃) | 15~32cSt(40℃) |
| | 回转式压缩机 | 20cSt(100℃) | 32~56cSt(40℃) |
| 与制冷剂的互溶性 | 温度上限 | >80℃ | >80℃ |
| | 温度下限 | <-20℃ | <-40℃ |
| 抗磨损性 | | 与R12/矿物油相同 | 与R12/矿物油相同 |
| 吸水性 | | 低 | 低 |
| 酸值 | | <0.4mg(KOH)/g | <0.4mg(KOH)/g |
| 抗镀铜能力 | | <1 | <1 |
| 与系统材料的相溶性 | | 与R12/矿物油相同 | 与R12/矿物油相同 |
| 电阻率 | | — | >$10^{12}$($\Omega \cdot cm$) |

注：cSt为非法定计量单位，1cSt=$10^{-6}m^2/s$。

**5. 冷冻机油的正确使用**

1) 冷冻机油变质的主要原因

（1）冷冻机油混入了水分。制冷系统中渗入空气，且干燥剂已经饱和，此时空气中的水分进入冷冻机油，不仅会产生膨胀阀冰堵、金属材料受腐蚀等问题，也会使冷冻机油黏度降低，影响其正常的润滑作用。

（2）冷冻油高温氧化。当压缩机排气温度太高时，有可能引起冷冻机油氧化变质，产生残渣乃至结炭，使压缩机轴承等处的润滑状况恶化。有机物、机械杂质等混入冷冻机油中，也会使冷冻机油老化或氧化。

（3）几种不同牌号的冷冻机油混合使用。这不仅会降低冷冻机油的黏度、破坏油膜的形成而使压缩机运动部件（特别是轴承）磨损加快，还会引起化学反应，导致冷冻机油变质。如果将不同类型的冷冻机油混用（如矿物油与合成油混用），情况将会更严重。

2) 冷冻机油使用注意事项

冷冻机油使用不当会影响制冷系统的正常工作。使用时应注意如下：

（1）PAG和POE冷冻机油具有较强的吸湿能力，因此在加注、更换、储存过程中应避免冷冻机油与空气有较长时间接触。

（2）不同牌号的冷冻机油不能混装、混用，使用R134a制冷剂的制冷系统绝对不能加注矿物润滑油，应根据使用说明书或压缩机铭牌上的标注说明加入相应的合成冷冻机油。PAG油与POE油也不能混用。

（3）不能使用已变质的冷冻机油。如果发现冷冻机油的颜色变深、将油滴在白色吸水纸上油滴中央呈现黑色均说明冷冻机油已变质，不能继续使用。

（4）存放在容器中的冷冻机油在使用前应确认其含水量，必要时应送化验部门鉴定，并设法干燥油品。

（5）应按制冷系统或压缩机的规定加入适量的冷冻机油。过多的冷冻机油将影响传热效率，降低系统制冷量；冷冻机油过少则会影响压缩机润滑，使压缩机过热。

（6）排放制冷剂时要缓慢进行，以免冷冻机油和制冷剂一起喷出。

## 本 章 小 结

  本章通过对温度、热量、湿度、压力等热力学参数的简要介绍，以帮助读者系统地复习与空调密切相关的热力学基础知识。再通过对空调常用术语的介绍，可使读者对空调制冷理论基础知识有较系统的了解。本章对制冷剂和冷冻机油的作用、特性及要求做了简要的介绍，这些知识要点也是学习汽车空调制冷技术所必备的。

## 思 考 题

1. 何谓"温度"？温度是如何表示的？
2. 什么是干球温度和湿球温度？它们的差值代表什么含义？
3. 在空调系统中，蒸发温度和冷凝温度是指什么？
4. 何谓"热"？热的传递方式有哪些？
5. 何谓"显热"和"潜热"？根据物态的变化不分，潜热有哪几种？
6. 湿度是指什么？相对湿度为0或100%是什么含义？
7. 压力的定义是什么？压力有哪些表示方法？
8. 液体汽化有哪两种形式？它们有什么不同的物理特征？
9. 何为饱和温度、饱和压力？过冷和过热指的是什么？
10. 何谓"节流"？空调系统中的节流有何作用？
11. 制冷系统中，制冷剂起何作用，对制冷剂有何要求？
12. 冷冻机油起何作用？对冷冻机油有何要求？

# 第3章
# 汽车空调制冷系统

教学目标

熟悉空调制冷系统组成原理，了解压缩机、热交换器、节流装置的类型及工作原理，了解不同形式空调系统的特点及工作原理。

教学要点

| 知识要点 | 能力要求 | 相关知识 |
| --- | --- | --- |
| 制冷系统的组成原理 | 熟悉制冷系统的基本组成及制冷原理 | 蒸气压缩式制冷系统的组成部件与制冷循环过程 |
| 压缩机的类型与工作原理 | 熟悉压缩机的作用，了解压缩机的类型及特点，熟悉各种压缩机的结构与工作原理 | 饱和温度与饱和压力、沸腾与冷凝、往复活塞式压缩机、回转式压缩机 |
| 冷凝器及蒸发器的结构类型 | 熟悉冷凝器、蒸发器的作用与工作过程，了解冷凝器、蒸发器的结构类型 | 温度及热量、热的传递方式、冷凝器及蒸发器的传热过程 |
| 节流装置的作用原理 | 熟悉节流装置的作用及各种类型节流装置的工作原理 | 节流的基本概念、制冷剂循环流量与制冷量及温度的关系 |

## 3.1 汽车空调制冷系统的组成与工作原理

### 3.1.1 汽车空调制冷系统的基本组成

制冷系统的作用是产生冷气,以降低车内的温度。目前汽车空调普遍采用蒸气压缩式制冷系统,由压缩机、冷凝器、节流装置、储液干燥器、蒸发器及相应的连接管等组成,应用于轿车的空调制冷系统的构成如图3.1所示。

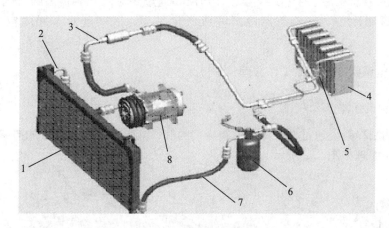

**图 3.1 汽车空调制冷系统基本组成**
1—冷凝器;2—高压管(蒸气);3—低压软管(蒸气);4—蒸发器;5—节流装置;
6—储液干燥器;7—高压软管(液体);8—压缩机

#### 1. 压缩机的作用

压缩机是制冷系统的心脏部件,起抽吸和压缩制冷剂并使其不断循环的作用。

(1) 抽吸作用。压缩机工作时的抽吸与节流装置的节流作用相配合,使蒸发器管内的制冷剂压力下降,完成从液态向气态的转化过程,通过制冷剂的汽化吸热产生冷气,并由制冷剂带走车厢内的热量。

(2) 压缩作用。压缩机工作时将吸入的低压气态制冷剂进行压缩,使其压力和温度升高,并在冷凝器中完成从气态向液态转化过程,通过液化释放热量,将从蒸发器端吸收的热量排放到车外大气中。

(3) 循环泵作用。压缩机是制冷剂循环流动的动力源。压缩机运行时的不断抽吸和压缩,使制冷剂在制冷系统管路中循环流动,通过制冷剂循环流动过程中的气、液两相转换,将车内热量"搬移"到车外而实现制冷。

#### 2. 冷凝器的作用

冷凝器是制冷系统的热交换器,压缩机排出的高温、高压制冷剂蒸气通过冷凝器散热,降低温度,并转化为液态制冷剂。冷凝器通过热传导和热对流将制冷剂液化过程释放出的热量散发到车外空气中。

3. 节流装置的作用

节流装置通过其节流作用将冷凝器输出的液态制冷剂进行降温降压，以使送入蒸发器的制冷剂能完全汽化而吸收更多的热量。

4. 储液干燥器的作用

储液干燥器用于过滤、除湿及临时性地储存一些制冷剂。有的汽车空调制冷系统无储液干燥器，取而代之的是气液分离器，用于制冷剂的气液分离和过滤。

5. 蒸发器的作用

蒸发器也是制冷系统的热交换器，其作用是通过热对流和热传导的方式将周围空气的热量传递给制冷剂，使液态制冷剂完成汽化过程，以实现对车厢内空气的降温和除湿。

### 3.1.2 汽车空调制冷系统的工作原理

1. 汽车空调制冷基本原理

汽车空调制冷系统通过循环流动的制冷剂的气、液转换，实现热量的搬移（制冷），制冷系统的工作原理如图3.2所示。

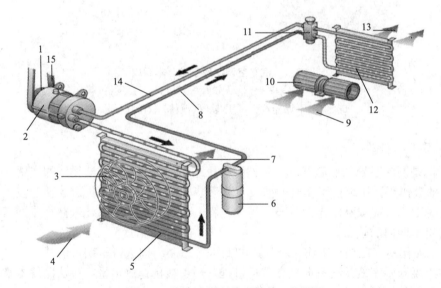

图3.2 汽车空调制冷系统的工作原理

1—电磁离合器；2—压缩机；3—冷却风扇；4—车外冷空气；5—冷凝器；
6—储液干燥器；7—热空气(吸收散热器和冷凝器热量)；8—高压管路；
9—车内热空气；10—鼓风机；11—节流膨胀阀；12—蒸发器；13—冷空气(吹入车内)；
14—低压管路；15—压缩机驱动带

当由发动机驱动的制冷压缩机运转时，压缩机对吸入的制冷剂蒸气进行压缩，并通过高压管路送到冷凝器；进入冷凝器的高温高压制冷剂冷却降温，成为饱和蒸气，并冷凝成高温高压的液体，然后从冷凝器底部流向储液干燥器。

液态制冷剂经过干燥器的过滤、脱水后,再经高压管流到膨胀阀,由膨胀阀节流后形成低温低压且雾状(有少量蒸气)的制冷剂;送入蒸发器的制冷剂在蒸发器内吸热,升温至饱和温度后沸腾,并在汽化过程中吸收蒸发器周围空气的热量;蒸发器周围已被冷却了的空气通过鼓风机风扇吹入车内,实现了车内空气的降温除湿。

在压缩机的抽吸作用下,吸收了大量热量的制冷剂蒸气从蒸发器流出,经过低压管路进入压缩机,再由压缩机压缩成高温高压气体,如此循环制冷。

图 3.2 所示空调制冷系统采用 H 形膨胀阀,从蒸发器流出的制冷剂经膨胀阀内的感温杆后进入压缩机,当蒸发器出口的制冷剂温度改变时,可使膨胀阀的开度改变,以便将蒸发器出口处的制冷剂温度控制在设定的范围之内。使用其他类型膨胀阀的制冷系统,则需要用蒸发器出口处的感温器来控制膨胀阀的开度。

2. 汽车空调制冷过程

蒸气压缩式制冷过程如图 3.3 所示。制冷系统通过制冷剂的气、液两相转换时所形成的吸热和放热过程实现制冷。围绕制冷剂的气、液转换,可以将制冷工作循环分为压缩、放热、节流和吸热四个过程。

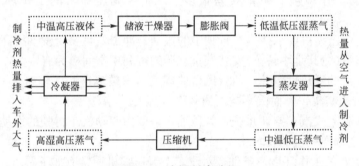

图 3.3 空调制冷过程

(1) 压缩过程。压缩机运转,将来自蒸发器的低压、中温制冷剂蒸气吸入并进行压缩,使其成为高压、高温的制冷剂蒸气,并通过高压管路送入冷凝器。压缩过程可使制冷剂蒸气达到液化所需的压力和温度。

(2) 放热过程。进入冷凝器的是高压、高温气态制冷剂,在冷凝器中,气态制冷剂与车外空气进行热交换(放热),完成气态制冷剂的冷凝过程,成为高温、高压液态制冷剂。这一过程使制冷剂中的热量得以释放,并通过冷凝器的热交换作用将热量传递给了车外的空气。

(3) 节流过程。从冷凝器流出的高压液态制冷剂经储液干燥器除湿、过滤后,流经膨胀阀(或节流孔管),由膨胀阀(或节流孔管)节流降压后送入蒸发器。节流过程降低了制冷剂的压力和温度,并产生部分气态制冷剂,以确保制冷剂在蒸发器中能完全汽化。

(4) 吸热过程。低压、低温的液态制冷剂在蒸发器中与车内空气进行热交换(吸热),完成汽化(沸腾)过程,转变成低压、中温气态制冷剂;在蒸发器中吸收了热量的制冷剂蒸气被压缩机吸走,使蒸发器中制冷剂的汽化吸热过程得以持续进行。

如上所述,汽车空调制冷系统以制冷剂为热载体,通过压缩、放热、节流和吸热四个过程连续不断地循环,将车内的热量转移到车外,实现车内降温和除湿的空气调节作用。

## 3.2 压 缩 机

### 3.2.1 汽车空调压缩机的要求与类型

根据空调制冷系统的工作原理可知,压缩机是制冷系统的"心脏",制冷系统工作时,正是压缩机产生制冷剂循环流动的动力源,使制冷系完成制冷过程。

1. 汽车空调压缩机的要求

1) 汽车空调压缩机的使用环境

除了部分独立式汽车空调采用专门配置的辅助发动机来驱动压缩机外,绝大部分汽车空调压缩机均由汽车发动机来驱动。相比于室内空调压缩机和冰箱制冷压缩机,汽车空调压缩机的工作环境和条件要差很多,汽车空调压缩机的工作环境和条件特点如下:

(1) 汽车空调压缩机要承受汽车行驶中的振动与冲击,且要受发动机高温的影响。

(2) 在汽车上(尤其是小轿车)安装汽车空调的可利用空间极为有限。

(3) 汽车车身的隔热性较差,前后风窗玻璃及车窗玻璃这些可辐射热的面积大,加之车内乘员相对较为密集,因而汽车空调的制冷负荷大。

(4) 对于非独立式汽车空调系统,其压缩机需要由驱动汽车行驶的发动机来驱动。

2) 对汽车空调压缩机的要求

根据汽车空调的工作环境及条件,对汽车空调压缩机通常有如下要求:

(1) 制冷能力强。压缩机的制冷能力要强,因为汽车行驶工况变化频繁,汽车发动机转速变化范围很大,要确保汽车在低速时有良好的制冷效果,就需要压缩机的制冷能力要足够强。

(2) 制冷效率高。压缩机的效率要高,以节省发动机的动力,尤其在汽车高速行驶时,消耗发动机的动力要小,以免影响汽车正常行驶。

(3) 体积小、质量轻。压缩机的体积要小、质量要轻,以减轻车辆自重,提高汽车的动力性和经济性,对小轿车而言,压缩机的体积小、质量轻就更显得重要了。

(4) 承受能力强。压缩机要耐高温、抗振动,在相对较为恶劣的工作条件下能保持稳定的工作特性。

(5) 工作平稳可靠。要求压缩机起动与运转平稳、振动小、噪声低、工作可靠。

2. 汽车空调压缩机的类型

目前在汽车上使用的压缩机有多种形式,按压缩机运行方式分有往复式和旋转式两大类。这两类压缩机按其结构及主要零件形状的不同区分,又有不同的型式。各种类型的汽车空调压缩机归类如下:

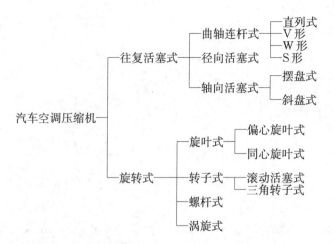

1) 往复式压缩机的特点与使用情况

最早使用的汽车空调压缩机是曲轴连杆式压缩机，这种结构形式的压缩机在汽车上曾得到了广泛的应用。曲轴连杆式压缩机的缺点是结构不紧凑、惯性大、转速低、容积效率低。目前曲轴连杆式压缩机主要应用在一些对结构尺寸要求不高的公共汽车和旅游客车上，而在家用空调器上和冰箱上也还有这种采用电驱动的曲轴连杆式压缩机。

摆盘式和斜盘式压缩机是汽车空调压缩机的第二代产品，由于取消了连杆或对连杆的结构做了改进，压缩机主轴上惯性力较小，其结构较为紧凑。从1953年至今，摆盘式和斜盘式压缩机在中小型客车和轿车上得到了广泛的应用。

径向活塞式压缩机在20世纪70年代就已问世，但由于旋转式压缩机的出现和其显现出的良好性能，使径向活塞式压缩机一直以来并没有得到应有的重视。

以上这些往复活塞式压缩机的共同缺点是活塞需要作往复运动，其运动的惯性力大，使转速的提高受到了限制。因此，在相同体积下，其制冷量较小、振动大，容积效率低。

2) 旋转式压缩机的特点与使用情况

旋叶式、滚动活塞式、三角转子式和螺杆式等旋转压缩机属于汽车空调的第三代产品，这些压缩机共同的结构特点是通过回转体的旋转运动来改变气缸的容积，形成吸气、压缩和排气工作过程。由于无作往复运动的活塞，运动件的惯性力减小，也容易平衡，因此可采用高速，因而增加了制冷能力，减小了体积，噪声也较小。

旋转式压缩机的主要缺点是工作容积密封面积较大，密封结构较复杂。总体上看，旋转式压缩机性能优于往复活塞式，因此，其应用将会逐渐增多。涡旋式压缩机属于汽车空调的第四代产品，以其性能优良、工作可靠、体积小、质量轻等特点，将成为各档次轿车空调压缩机的主要机型，但应用在大型客车上还有许多难题需要解决。

### 3.2.2 往复活塞式压缩机结构原理

#### 1. 往复活塞式压缩机的工作原理

往复活塞式压缩机对制冷剂蒸气的抽吸和压缩作用是通过活塞在气缸内的往复运动来完成的，其工作原理与四行程内燃机的区别是活塞只有上行和下行两个行程，完成压缩、排气、膨胀和吸气四个过程。往复活塞式压缩机的工作原理如图3.4所示。

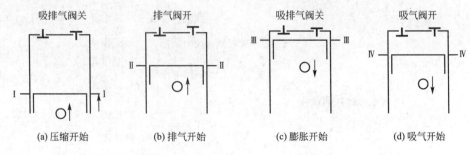

图 3.4　往复活塞式压缩机工作原理

1) 压缩过程

压缩过程开始：活塞处于最下端位置Ⅰ—Ⅰ（称为下止点），进排气阀均关闭，气缸内充满吸气过程从蒸发器吸入的低压制冷剂蒸气。活塞从下止点上行时，气缸内的制冷剂蒸气被压缩，而其压力和温度升高。当压力升至略高于排气管路中的压力时，排气阀就会自动打开而开始排出蒸气。

2) 排气过程

排气过程开始：活塞已上行至Ⅱ—Ⅱ位置，排气阀已打开，气体压力不再升高。活塞继续上行，气缸内的制冷剂经排气阀不断地向排气管（冷凝器）输送，直到活塞运行至上止点。

3) 膨胀过程

膨胀过程开始：活塞已处于最上端位置Ⅲ—Ⅲ（称为上止点），活塞顶部与阀座之间还存留有一部分高压制冷剂蒸气。当活塞从上止点下行时，排气阀关闭，气缸内残存的高压制冷剂蒸气压力下降，体积开始膨胀。当制冷剂蒸气压力降至略低于进气管压力时，吸气阀打开，制冷剂蒸气开始进入。

4) 吸气过程

吸气过程开始：活塞已下行至Ⅳ—Ⅳ位置，吸气阀已打开。活塞继续下行，进气管（蒸发器）中的制冷剂蒸气经吸气阀不断地被吸入气缸，直到活塞运行至下止点。

活塞运行到下至点，吸气过程结束，然后活塞又开始上行，如此循环，从而实现对制冷剂的抽吸和压缩，使其在制冷系统管路中循环流动。

2. 曲轴连杆式压缩机

1) 曲轴连杆式压缩机的组成与原理

曲轴连杆式压缩机主要由曲轴、连杆、活塞、吸排气阀及机体等组成。图 3.5 所示的是一种双缸直立式曲轴连杆式压缩机。

曲轴连杆式压缩机其曲柄连杆机构类似于四行程内燃机，但无内燃机复杂的配气机构，只需单向通气的进、排气阀。当压缩机的曲轴在发动机的驱动下转动时，通过连杆使活塞作往复运动。活塞上行完成压缩与排气过程，活塞下行时则完成膨胀与吸气过程。压缩机的吸气阀和排气阀为片阀，其工作原理如图 3.6 所示。

当活塞下行，气缸内压力下降到略低于进气管内的压力时，吸气阀被打开（图 3.6 (a)），蒸发器中的制冷剂蒸气从吸气阀进入气缸；此时，排气管的压力使排气阀片紧贴于阀板，使排气阀处于关闭状态。当活塞上行时，气缸内压力回升而使吸气阀片紧贴于阀板，吸气阀处于关闭状态；当气缸内压力上升到略高于排气管内的压力时，排气阀被打开

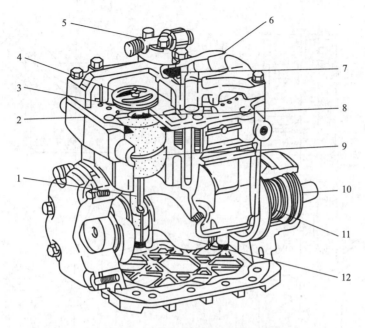

**图 3.5 双缸直立式曲轴连杆式压缩机**
1—连杆;2—配流盘;3—排气阀;4—气阀止动片;5—吸气侧检修阀;6—排气侧检修阀;
7—气门芯;8—吸气阀;9—活塞;10—密封板;11—轴封;12—曲轴

(图3.6(b)),气缸内的高压制冷剂蒸气从排气阀进入冷凝器。

空调压缩机的润滑与发动机的润滑有所不同,发动机既有压力润滑(通过机油泵泵油将具有一定压力的润滑油输送到各润滑工作表面),又有飞溅润滑(利用曲轴、连杆等运动件的运动,将润滑油甩到需润滑表面)。空调压缩机大都不设机油泵,其各个润滑表面的润滑依靠飞溅润滑。

2) 曲轴连杆式压缩机的类型

曲轴连杆式压缩机除了图3.5所示的双缸直立式外,还有三缸压缩机和四缸压缩机,而气缸的布置形式除了直立式,还有V形、W形和S形等不同的形式,如图3.7所示。

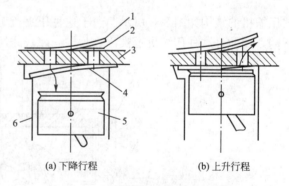

**图 3.6 压缩机进排气阀的工作原理**
1—限位器;2—排气阀片;3—阀板;
4—吸气阀片;5—活塞;6—气缸

3. 轴向活塞式压缩机

曲轴连杆式压缩机的活塞沿曲轴的径向作往复运动,而轴向活塞式压缩机的活塞则是沿气缸轴线方向作往复运动,主要有轴向摆盘式和轴向斜盘式两种结构形式。

1) 轴向摆盘式压缩机

轴向摆盘式压缩机主要组成部件有主轴、摆盘、活塞、缸体及进排气阀等。轴向摆盘

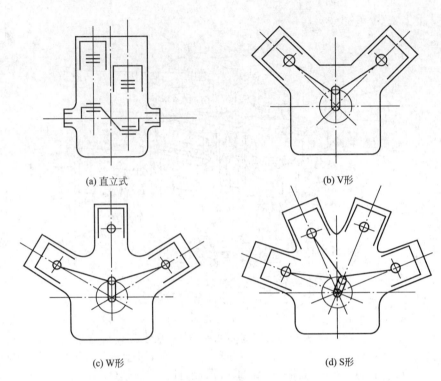

图 3.7　曲轴连杆式压缩机气缸的布置形式

式压缩机的结构如图 3.8 所示。由于这种压缩机工作时其摆盘类似于翘板推动活塞作往复运动，因此，这种压缩机也被称之为轴向翘板式压缩机。

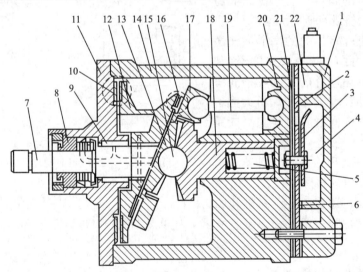

图 3.8　轴向摆盘式压缩机

1—后盖；2—阀板；3—排气阀片；4—排气腔；5—弹簧；6—后盖缸垫；7—主轴；
8—轴封总成；9—滑动轴承；10—轴向滚柱轴承；11—前缸盖；12—楔形传动板；
13、18—圆锥齿轮；14—缸体；15—钢球；16—摆盘滚柱轴承；17—摆盘；19—连杆；
20—活塞；21—阀板垫；22—吸气腔

图 3.8 所示的轴向摆盘式压缩机的特点是将摆盘和楔形传动板的滑动配合面改为滚柱轴承，楔形传动板与前缸盖接触也改为滚柱轴承，并将楔形传动板掏空，且大部分零件为铝合金。因此，这种压缩机的结构更紧凑，质量减轻，使用寿命长，而价格更低。这种形式的压缩机结构说明如下：

主轴 7 与楔形传动板 12 通过键连接，并由滑动轴承 9 和钢球 15 支承。钢球也是摆盘 17 的支点，摆盘用球形万向节与连杆连接。缸体圆周均布着与主轴平行的轴向气缸，摆盘绕钢球摆动时，气缸内的活塞作轴向运动。摆盘滚柱轴承 16 使楔形传动板与摆盘之间成为滚动摩擦，以减小其摩擦阻力和零件的磨损。

轴向摆盘式压缩机工作原理如图 3.9 所示。压缩机工作时，由主轴带动楔形传动板转动，楔形传动板又带动摆盘绕其支点摆动，并推动活塞在气缸内作轴向往复运动，从而完成压缩、排气、膨胀和吸气过程。

2) 轴向斜盘式压缩机

轴向斜盘式压缩机也称斜板式压缩机，主要由主轴、斜盘、活塞、阀板、前后气缸和气缸体等部件组成，其外形和内部结构形式如图 3.10 所示。

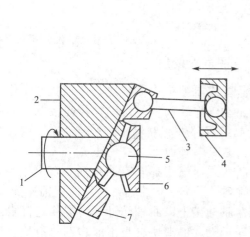

图 3.9 轴向摆盘式压缩机的工作原理
1—主轴；2—楔形传动板；3—连杆；
4—活塞；5—钢球；6—圆锥齿轮；7—摆盘

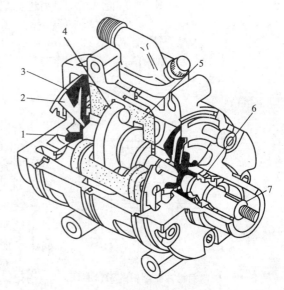

图 3.10 轴向斜盘式压缩机的组成
1—排气阀；2—配流盘；3—进气阀；
4—旋转斜盘；5—活塞；6—轴封；7—轴

斜盘式压缩机结构一例如图 3.11 所示。主轴 1 与斜盘 8 用键连接，斜盘圆周方向均匀地嵌有三个或五个双头活塞 13，斜盘与活塞之间通过钢球 16 和钢球滑靴 17 连接。活塞轴线与主轴平行，并在对应的前、后气缸中作往复运动，各自完成压缩、排气、膨胀和吸气过程。位于主轴后端的机油泵 12 可将底部的冷冻机油泵至各相对运动部件处，对有摩擦的表面进行润滑。

轴向斜盘式压缩机的工作原理如图 3.12 所示。斜盘在主轴的带动下转动，斜盘边缘的两侧通过钢球和钢球滑靴推动活塞沿轴线作往复运动。斜盘每转一圈，每个双向活塞在各自的气缸中完成一次压缩、排气、膨胀和吸气过程。

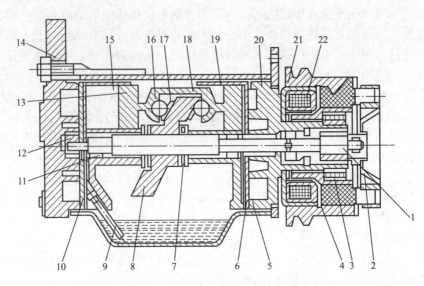

**图 3.11 轴向斜盘式压缩机的结构**

1—主轴；2—驱动盘；3—带轮轴承；4—轴封；5—密封圈；6—前阀板；7—推力轴承；8—斜盘；
9—吸油管；10—后阀板；11—轴承；12—机油泵；13—双头活塞；14—后缸盖；
15—后气缸；16—钢球；17—钢球滑靴；18—前后活塞球套；19—前气缸；
20—前缸盖；21—带轮；22—电磁线圈

**图 3.12 轴向斜盘式压缩机的工作原理**

**4. 径向活塞式压缩机**

径向活塞式压缩机也称辐射式压缩机，工作时活塞沿驱动轴作径向往复运动。径向活塞式压缩机的主要组成部件有曲轴、滑块、活塞、机体及端盖等，如图3.13所示。

径向活塞式压缩机通常有四个活塞，采用径向十字形排列。滑块1与曲轴8通过曲柄销连接，滑块空套在曲轴销上，曲轴转动时，滑块可随曲柄销作回转运动，但滑块自身不能转动。滑块在

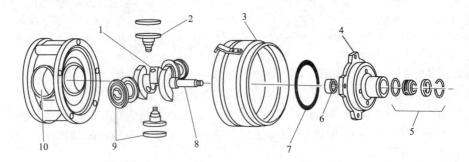

**图 3.13 径向活塞压缩机组成部件**

1—滑块；2—活塞；3—机壳；4—前盖；5—轴密封组件；6—主轴承；
7—密封环；8—曲轴；9—弹簧座；10—机体

作回转运动时形成沿上、下、左、右四个方向的平移运动，可推动四个活塞在各自径向布置的气缸中作往复运动。径向活塞式压缩机其轴向尺寸小、平衡性好、振动小、结构紧凑、低速性能较好、可靠性高。

径向活塞式压缩的工作原理如图3.14所示。曲轴转动时，十字头滑块沿曲柄销的几何中心作回转运动。滑块上、下、左、右的平移过程中，推动四个方向的活塞（$A_1$、$A_2$、$B_1$、$B_2$）沿径向作往复运动，完成吸气、压缩、排气工作过程。

图 3.14　径向活塞压缩机工作原理

$A_1$、$A_2$、$B_1$、$B_2$—活塞；C—滑块；$F_P$—滑块径向推力；$F_{PA}$—滑块 $x$ 方向分力；$F_{PB}$—滑块 $y$ 方向分力；$r_p$—滑块的回转半径

### 3.2.3　旋转式压缩机的结构原理

1. 旋叶式压缩机

旋叶式压缩机也被称为刮片式或滑片式压缩机，主要由转子、叶片、缸体及阀片等组成。叶片有 2～5 片不等，气缸则有圆形和椭圆形（转子与气缸同心）两种，其中圆形气缸的转子与气缸轴心不重合（偏心），而椭圆形气缸的转子与气缸轴心重合（同心）。旋叶式压缩机一例如图 3.15 所示。

1）偏心旋叶式压缩机

有四个叶片的偏心旋叶式压缩机结构如图 3.16 所示。安装后，转子 4 的旋转中心与气缸的圆心不重合，使得转子外表面与气缸内表面有一接触线 3，形成一个月牙形工作腔。转子上有四个开口槽，每个槽内都装有一个可作径向滑动的叶片 7。转子转动时，叶片在离心力作用下向外滑动，使叶片外侧的端面与气缸内表面接触，并与相邻的叶片一起围成一个封闭的容腔。排气阀由排气阀片和四个并排的排气孔构成。

工作时，从转子与气缸的接触线开始，叶片随转子转动逐渐外伸，使所围成的容积逐渐增大而压力随之降低，制冷剂蒸气便从吸气口进入，直到容积增至最大时为止。此后，随着转子的转动，叶片受气缸内表面摩擦力的作用而向内收缩，其所围容积逐渐减小，蒸气的压力逐渐增大，直到排气阀打开，高压蒸气便经排气阀送入高压管路，进入冷凝器。

由于无残留制冷剂高压蒸气膨胀过程的影响，因此这种压缩机在吸气口没有安装吸气

(a) 外型

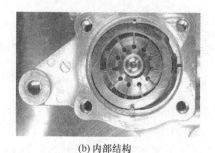

(b) 内部结构

图 3.15　偏心旋叶式压缩机

阀。在压缩腔装有液体单向阀，其作用是防止液击。

2）同心旋叶式压缩机

图3.17为四叶片的同心旋叶式压缩机的结构简图，转子8与气缸同心，但气缸为椭圆形，装配后气缸长轴方向形成两个月牙形工作腔。转子上同样有四个开口槽，四个叶片7可在各自的槽内滑动。

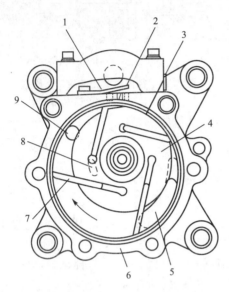 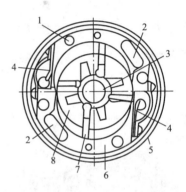

图3.16　偏心旋叶式压缩机结构简图
1—排气阀；2—排气孔；3—转子和气缸接触线；
4—转子；5—吸气口；6—气缸；
7—叶片；8—油孔；9—单向阀

图3.17　同心旋叶式压缩机
1—油孔；2—吸气腔；3—转子轴；
4—排气阀片；5—壳体；6—缸体；
7—叶片（四片）；8—转子

同心旋叶式压缩机的工作原理与偏心旋叶式压缩机相同，只是同心旋叶式有两个月牙形工作腔工作，有两个吸气孔、两个排气阀。

2. 转子式压缩机

转子式压缩机也属于旋转式压缩机，根据转子的结构不同区分，转子式压缩机又可分为滚动活塞式和三角转子式两种。

1）滚动活塞式压缩机

滚动活塞式压缩机也称刮片式压缩机，主要由曲轴、活塞、气缸体及刮片等部件组成，其典型一例如图3.18所示。

曲轴12通过两端的滚动轴承9和15支撑，曲轴尾端的平衡重8起曲轴转动时的动平衡作用。刮片弹簧13的作用是使刮片19与滚动活塞23保持接触，由于活塞在工作时会滚动，因此刮片与活塞之间为滚动摩擦，其摩擦阻力很小。与旋叶式压缩机一样，滚动活塞式压缩机也无需设吸气阀。压缩机的润滑采用压差输油方式，即冷凝的冷冻机油在气缸内润滑滚动活塞与气缸壁接触部位及刮片后，和制冷剂一起排到机体底部，经筛网油气分离，其中蒸气从排气口排出，冷冻机油则留在了底部。在排气高压作用下，冷冻机油又从吸油孔11被送到主轴承、活塞内孔及油封等处，对这些部位进行润滑。

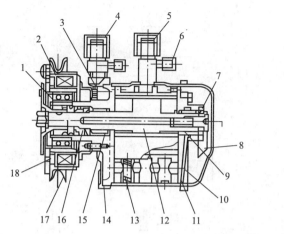 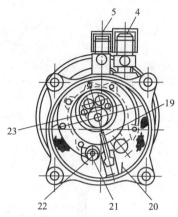

**图 3.18 滚动活塞式压缩机**

1—轴承；2—电磁离合器线圈；3—止推密封；4—吸气口；5—排气口；6—检修备用阀；
7—滚针推力轴承；8—平衡重；9、15—滚针轴承；10—后缸盖；11—吸油孔；12—曲轴；
13—刮片弹簧；14—前缸盖；16—轴封；17—离合器带轮；18—离合器压板；
19—刮片；20—气缸；21—阀限位器；22—排气阀；23—滚动活塞

活塞的滚动原理如图3.19所示。活塞与曲柄之间的间隙充满了润滑油，当曲轴转动时，依靠摩擦力使活塞转动，而离心力的作用使活塞的内表面与曲柄外表面紧紧贴合，这样，活塞的几何中心与曲轴的旋转中心（即气缸的中心）有一偏心距。活塞在曲轴旋转中心与活塞中心连线延长线与气缸壁的交点与气缸接触，该接触线始终与滚动活塞外表面保持接触的刮片将气缸内部空间分隔成两部分(图3.18)。

滚动活塞式压缩机工作原理如图3.20所示。当曲轴旋转时，活塞不但作自身滚动，且以气缸中心为圆心，以偏心距为半径作回转运动。这两种运动合成，使气缸两部分空间容积周期性地扩大与缩小。当吸气腔的容积不断增大时，制冷剂蒸气便不断地被吸入；与此同时，另一侧的压缩腔的容积不断缩小，腔内蒸气被压缩；当压缩蒸气压力略大于排气管压力时，排气阀打开，高压蒸气被排出。曲轴旋转1周，活塞与气缸的接触线也移动1周，通过两侧空间容积的变化完成了吸气、压缩和排气3个过程的工作循环。

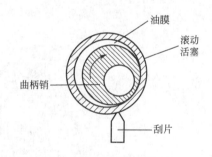

**图 3.19 活塞滚动原理**

滚动活塞式压缩的吸气过程是连续的，其容积效率较高。

2) 三角转子式压缩机

三角转子式压缩机又称汪克尔(Wankel)压缩机，是由汪克尔转子发动机演变而来的。汪克尔压缩机的结构、原理和制造工艺等都与汪克尔发动机相类似，其主要组成部件有气缸体、前后缸盖、三角转子、偏心轴、密封元件等，如图3.21所示。

三角转子在气缸内的运动是由偏心轴通过齿轮传动来实现的，如图3.22所示。当转

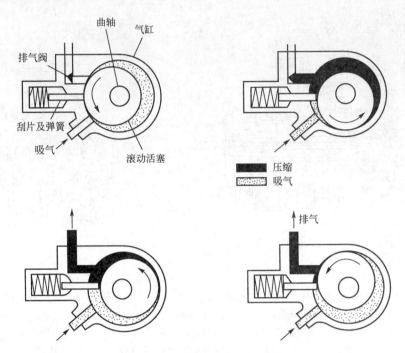

图 3.20 滚动活塞式压缩机工作原理

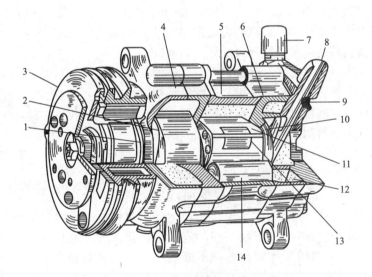

图 3.21 三角转子压缩机

1—轴封总成；2—平衡块；3—离合器；4—前缸盖；5—气缸体；6—后缸盖；
7—排气口；8—进气口；9—检查阀；10—后端吸气口；11—三角转子；
12—排气腔；13—角尖密封条；14—排气阀

子运动时，其三个角顶始终与气缸的曲面相切，能确保密封性。吸气口设在端盖上，其开闭由转子端面密封条的运动轨迹决定。为了提高充气效率，在每个腔进气时，两个端盖上的前后进气口可同时进气。排气阀是一个弹性圆柱阀，安装在气缸体上。圆柱弹性阀的优点是阀口处的余隙容积小，安装方便。

三角转子式压缩机的工作原理如图 3.23 所示。由于三角转子的三个角顶与气缸壁始终接触，这将气缸分成了三个空间。气缸的轮廓线是双弧外次摆线。当偏心内齿轮带动三角转子运动时，三角转子一方面绕小齿轮公转，另一方面又绕自身中心旋转。三角转子的这种运动使得其与气缸壁所围成的三个空间的容积产生增大或缩小的周期变化，形成吸气、压缩和排气过程。

3. 螺杆式压缩机

螺杆式压缩机利用一对螺杆转子的转动实现对制冷剂的抽吸、压缩和排气，其结构如图 3.24 所示。螺杆式压缩机的主要组成部件有阴螺杆、阳螺杆、缸体、前后缸盖、油分离器及单向阀等。螺杆式压缩机采用喷射润滑油来加强润滑和密封，小型机组油气分离器安装在机体的后部，而大型机组则和压缩机分开。单向阀的作用是在压缩机停机时，防止高压排气腔内气体流到低压腔，使压缩机反转而导致事故。

图 3.22 三角转子式压缩机截面图

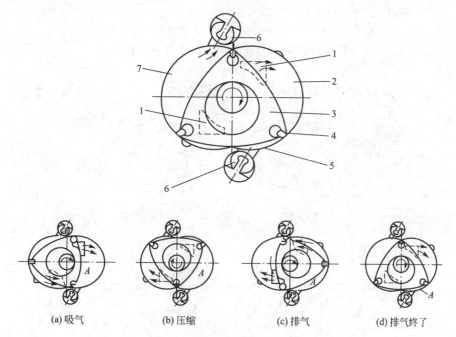

(a) 吸气　　(b) 压缩　　(c) 排气　　(d) 排气终了

图 3.23 三角转子式压缩机工作原理

1—吸气口；2—吸气腔；3—三角转子；4—三角顶密封；
5—排气腔；6—排气阀；7—压缩腔

螺杆式压缩机的工作原理如图 3.25 所示。在这对螺杆形转子中，凹形的称为阴螺杆，凸形的称为阳螺杆。相互啮合的阴、阳螺杆转动时，阴螺杆可视作气缸，而阳螺杆则可当作活塞，其工作过程如同活塞式压缩机。

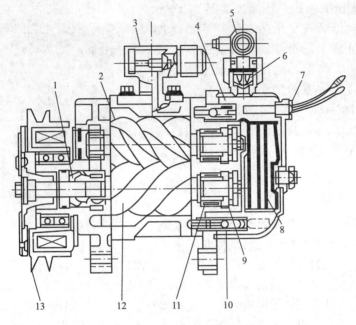

**图 3.24 螺杆式压缩机的结构**

1—轴封；2—阳转子；3—吸气接头；4—卸荷阀；5—排气接头；6—单向阀；
7—排气感温元件；8—油分离器；9—止推轴承；10—油喷射阀；
11—径向轴承；12—阳转子；13—电磁离合器

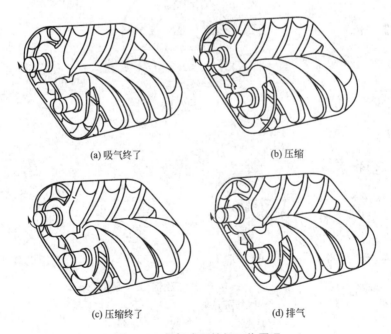

(a) 吸气终了　　　　　　　　(b) 压缩

(c) 压缩终了　　　　　　　　(d) 排气

**图 3.25 螺杆式压缩机工作原理**

在阴、阳螺杆啮合旋转过程中，阳螺杆的凸齿连续不断地离开阴螺杆的凹槽，齿槽空间的容积增大而吸入蒸气，直到容积增到最大时吸气终止（图 3.25(a)）。阳螺杆凸齿插入阴螺杆凹槽过程中，使密封的容积减小，此为压缩过程(图 3.25(b))。随着转子的继续转动，当充满被压缩蒸气的齿槽腔后移到与排气口相通时，压缩过程便结束，排气过程开始(图 3.25(c))。继续转动，则为排气过程(图 3.25(d))，直到齿槽腔中的蒸气排完。此时，阴螺杆凹槽又处于最大容积，因此又开始了新一轮吸气、压缩和排气过程。

螺杆式压缩机的结构与工作方式不用设置吸气阀和排气阀，其压力损失小，没有余隙容积，其容积效率高。工作时，压缩的制冷剂蒸气依赖于阴阳螺杆的啮合来密封，因此，要求螺杆的加工精度高，并且在工作时，需要有大量的冷冻机油来加强啮合线的密封。

4. 涡旋式压缩机

涡旋式压缩机主要由定子、转子、机体、曲轴及防自转机构等组成，其主要的组成部件与结构形式如图 3.26 所示。

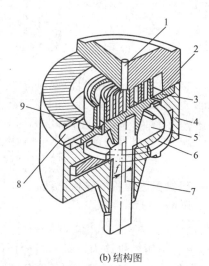

(a) 剖面图　　　　　　　　　　　　(b) 结构图

**图 3.26　涡旋式压缩机的主要组成部件与结构形式**
1—排气口；2—定子；3—转子；4—机体；5—背压腔；6—防自转环；
7—曲轴；8—吸气口；9—背压孔

涡旋式压缩机的定子 2 和转子 3 通常用铝合金制造，其顶端均设有密封件。定子侧面有排气口及舌簧阀，以防止高压蒸气倒流。转子通过带偏心套的旋转机构实现回转运动。旋转机构的组成如图 3.27 所示。

涡旋式压缩机的工作原理如图 3.28 所示。其中，转子与定子上的涡旋线型完全相同，只是装配后互相错开 180°且相切。转子随曲轴进行回转运动，在运动中通过防自转机构使其保持不发生自转，并且使它的中心在以定子为圆心的圆周上作圆周运动。两涡旋形成的不同空间进行着不同的过程，外侧空间与吸气相通，始终处于吸气过程；中心部位与排气口相通，始终进行着排气过程；上述两空间的中间有两个半月形封闭腔，一直进行的是压缩过程。

从涡旋式压缩机的工作原理可知，由于其工作时基本上是连续吸气和排气，转矩均衡、振动小，而且封闭啮合线两侧的压力差较小，仅为进排气压力的一部分。又由于具有四个压力室，压缩过程中制冷剂泄漏较少。

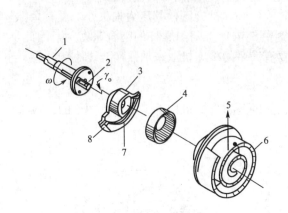 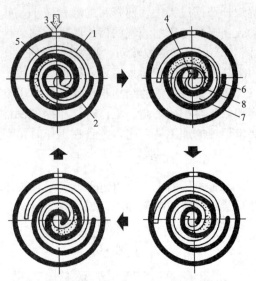

图 3.27 涡旋式压缩机旋转机构
1—曲轴；2—曲柄；3—偏心套；
4—传动轴承；5—转子离心力；
6—转子；7—平衡块离心力；8—平衡块

图 3.28 涡旋式压缩机工作原理
1—转子涡旋；2—定子涡旋；3—吸气口；
4—排气口；5—压缩室；6—吸气过程；
7—压缩过程；8—排气过程

### 3.2.4 变排量压缩机的结构原理

**1. 定排量压缩机的不足**

以上各类压缩机均为排量一定的压缩机，制冷剂的循环流量与压缩机的转速成正比。当发动机转速升高时，制冷剂的循环流量也将增加，压缩机的功率消耗也将随之增大。

定排量压缩机的这种特性的不足是，一方面对汽车的动力性、经济性有影响；另一方面，高速时制冷能力过剩，且会使蒸发压力降低，导致蒸发器结霜，制冷效率下降。

**2. 变排量压缩机的作用与变排量控制方式**

1) 变排量压缩机的特点

变排量压缩机是根据发动机的转速、温度等情况，自动调节压缩机在每个工作循环的制冷剂循环流量，使之与车内的热负荷相匹配，避免制冷能力过剩，可以提高汽车的动力性和经济性。

2) 压缩机变排量控制方式

到目前为止，汽车空调压缩机变排量控制方式有如下几种。

(1) 行程控制方式。通过控制活塞的行程来增减压缩机制冷每个工作循环的排气量。这种控制方式可实现制冷剂排量的无级调节。

(2) 气缸数控制方式。对于多气缸的压缩机，通过卸载的方式使压缩机在制冷能力过剩时，停止一缸或几缸工作，以减小压缩机消耗的功率。

(3) 旁通控制方式。采用旁通机构，使吸气缸的部分蒸气在压缩前或压缩开始时经旁通机构回到吸入口，从而减少了压缩机每个工作循环的制冷剂排量。

(4) 吸气节流控制方式。在压缩机吸入口处设置节流装置以降低制冷剂每个工作循环的排量。与前面三种方法相比，这种控制方式的缺点是压缩机的功率消耗较大。

3. 曲轴连杆式变排量压缩机

曲轴连杆式变排量压缩机的变排量原理如图 3.29 所示。

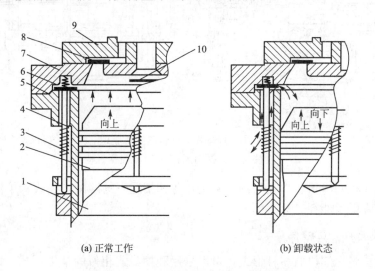

(a) 正常工作　　　　　　　(b) 卸载状态

**图 3.29　曲轴连杆式压缩机变排量原理**
1—斜环；2—活塞；3—弹簧；4—顶杆；5—气缸套；6—卸荷阀；
7—排气阀座；8—排气阀片；9—阀盖；10—吸气阀片

该变排量压缩机是在原曲轴连杆式压缩机的基础上增设了卸载机构，卸载机构主要由卸荷阀 6、顶杆 4、斜环 1 等组成。当需要减小压缩机的排气量时，推动斜环，使顶杆顶起卸荷阀片。卸荷阀开启后，活塞的往复运动不压缩蒸气，即该气缸处于停止工作状态，从而减少了压缩机的排气量。

此种变量机构适用于气缸数较多的压缩机，斜环通常是用手动操控的液压缸来推动，属于有级调控。

4. 摆盘式变排量压缩机

通过控制活塞行程来改变排气量的摆盘式压缩机原理如图 3.30 所示。

该变排量压缩机是在原摆盘式压缩机的基础上，增设了一个波纹管压力控制阀和一个摆盘行程调整机构。控制阀由球阀、锥阀和波纹管组成，摆盘行程调整机构主要由可在主轴上滑动的轴套和与斜盘，通过长销轴活动连接的驱动杆组成。

波纹管压力控制阀置于吸气腔内，通过感应低压侧蒸气的压力，使波纹管随压力变化而动作，控制球阀和锥阀的开关，进而控制排气腔与摆盘室、吸气腔与摆盘室之间的通与断。

行程控制机构则是根据摇板室内压力的大小，自动调节摆盘的倾斜角度。摆盘倾角大时，活塞的行程长，排出气体流量大；反之，摆盘倾角小，活塞行程短，排气量少，制冷量小，耗能也少。

此种摆盘式变排量压缩机可以在某个吸气压力范围内连续无级调节制冷剂循环流量，

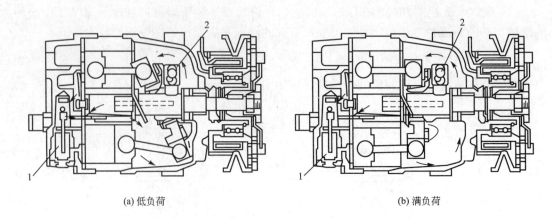

(a) 低负荷　　　　　　　　　　　　(b) 满负荷

图 3.30　摆盘式变排量压缩机原理

1—波纹管压力控制阀；2—行程控制机构

从而可实现压缩机制冷量、功耗与制冷系统在各种工况下的匹配，在改善了汽车空调的舒适性的同时，降低了能耗。

5. 斜盘式变排量压缩机

斜盘式变排量压缩机有多种形式，可以采用和摆盘式相似的结构形式，即通过改变斜盘的倾角，使活塞行程改变的方式实现制冷剂循环流量的自动控制。通过余隙容积变化的方式来调节压缩机排气量的斜盘式变排量压缩机如图 3.31 所示。

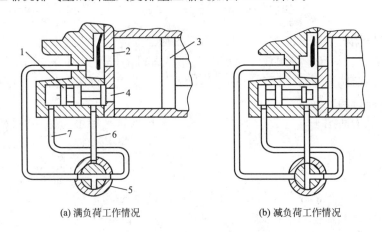

(a) 满负荷工作情况　　　　　　　　(b) 减负荷工作情况

图 3.31　斜盘式变排量压缩机变化原理

1—余隙容积变化阀；2—排气腔；3—活塞；4—阀口；
5—二位三通电磁阀；6—回气管；7—工作管

该变量压缩机是在斜盘式压缩机的基础上增设了由余隙容积变化阀 1、二位三通电磁阀 5 及相应的管路所组成的余隙容积控制机构。

在正常情况下，电磁阀不通电，电磁阀将工作管 7 与排气腔 3 接通，如图 3.31(a) 所示，高压蒸气将余隙容积变化阀向右推，使得阀口 4 处于封闭状态。这时，压缩机以正常的排气量工作。

当需要减小压缩机的排气量时,电磁阀通电,将回气管与工作管接通(图 3.31(b))。在吸气时,余隙容积变化阀左边的高压蒸气经工作管、电磁阀、回气管、余隙容积变化阀进入气缸。在压缩时,气体推动余隙容积变化阀左移,留下一个空间,相当于增加了余隙的容积。当排气结束,活塞右移时,余隙容积变化阀内的气体与原气缸余隙残存的气体一起膨胀,这样就减少了气缸的吸气量和排气量,从而也减少了压缩机的功耗。

很显然,这种压缩机的排量控制方式也是有级的,其变排量的控制质量不及摆盘式变排量压缩机。

6. 旋叶式变排量压缩机

旋叶式变排量压缩机是在普通旋叶式压缩机的基础上增设了一条吸气槽,使之能根据发动机转速的变化而自动调节压缩机的每一工作循环的排气量,其结构原理如图 3.32 所示。

当叶片 8 刮过吸气口时,吸气过程本该结束,但由于有了一条吸气槽,继续通过吸气槽进气。通过吸气槽的进气量与槽口截面积和流入的时间有关。低速时叶片刮过吸气槽的时间较长,气缸充气量较多,制冷剂循环流量较大。当发动机的转速提高时,叶片刮过吸气槽的时间缩短,气缸充气量减少,压缩机的排气量减少。

旋叶式变排量压缩机的充气效率高,其制冷剂循环流量根据发动机转速自动连续可调。与普通旋叶式压缩机相比,同样的制冷能力,旋叶式变排量压缩机气缸容积可减小 30%,质量可降低 20%。

7. 涡旋式变排量压缩机

涡旋式变排量压缩机的结构如图 3.33 所示。

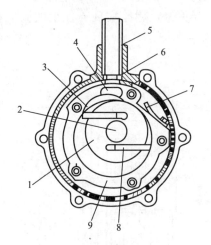

**图 3.32 旋叶式变循环流量压缩机**
1—转子;2—主轴;3—吸气槽;
4—吸气口;5—进气管;6—O 形圈;
7—排气阀;8—叶片;9—缸体

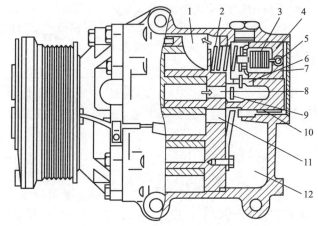

**图 3.33 涡旋式变循环流量压缩机**
1—吸气腔;2—弹簧;3—波纹管;4—滑块;
5—球阀;6—旁通流量调节孔;7—控制阀;
8—旁通孔;9—舌簧阀;10—节流孔;
11—排气孔;12—排气腔

与普通涡旋式压缩机相比,涡旋式变排量压缩机在其后缸盖上增设了一个控制阀 7,

涡旋定子上开了一对旁通流量孔 8。控制阀由弹簧 2、波纹管 3、滑块 4 和球阀 5 组成，滑块左右滑动可改变旁通气体的流量大小。

当发动机转速较低，压缩机吸气压力较大时，波纹管收缩，球阀关闭，滑块在排气压力的作用下向左移动，将旁通流量调节孔 6 关闭，此时，压缩的制冷剂蒸气不能旁通到吸气侧，故保持正常的循环流量。当发动机在高转速时，由于吸气压力下降，控制阀中的波纹管伸长，使球阀打开，排气经球阀进入滑块另一端，弹簧便推动滑块右移，将旁通流量调节孔打开。此时，被压缩的制冷剂蒸气直接经旁通孔 8 进入吸气腔，压缩机的排气量减小。

### 3.2.5　压缩机电磁离合器

**1. 压缩机电磁离合器的作用**

压缩机电磁离合器用于控制发动机与压缩机之间的动力传动联系，其安装位置如图 3.34 所示。

图 3.34　压缩机电磁离合器安装位置

当接通电源时，电磁离合器接合，将发动机的动力传递给压缩机主轴，使压缩机处于工作状态；当断开电源时，电磁离合器分离，切断发动机与压缩机的联系，使压缩机停止工作。电磁离合器在空调制冷系统的作用就像电路中的开关，控制着制冷系统的工作状态。在汽车空调自动控制系统中，电磁离合器是执行元件，受控于电子控制器、温度控制器（恒温器）、压力控制器（压力开关）、电源开关等，用以实现最佳温度调节和制冷系统的安全保护。

**2. 压缩机电磁离合器的结构原理**

压缩机电磁离合器通常安装在压缩机的前端，其主要组成部件有压力板、弹簧片、衔铁、带轮、固定铁心和线圈等。压缩机电磁离合器的结构简图如图 3.35 所示。

驱动盘 2 通过键与压缩机主轴 8 相连，是离合器的从动件。带轮 5 安装在轴承上，是离合器的主动件。衔铁 1 通过铆接的弹簧片 3 与驱动盘连为一体，而电磁线圈 6 和铁心 4 则固定在前缸盖处（通常嵌藏在带轮的凹槽内）。

当电磁离合器线圈通电时，产生的磁力将衔铁吸贴在带轮端面上并随之转动（离合器结合），并通过驱动盘带动压缩机主轴转动，压缩机开始工作。当电磁离合器线圈断电时，铁心磁力消失，驱动盘在弹簧力作用下，使衔铁脱离带轮，带轮在轴承上空转（电磁离合器分离），压缩机便停止工作。

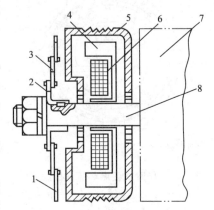

图 3.35　压缩机电磁离合器结构简图
1—衔铁；2—驱动盘；3—弹簧片；
4—铁心；5—带轮；6—电磁线圈；
7—压缩机；8—压缩机主轴

电磁离合器的电磁线圈是固定不动的,称之为定圈式电磁离合器。有些电磁离合的电磁线圈与离合器一起转动,称之为动圈式电磁离合器。动圈式电磁离合器通过电刷与滑环将电流引入电磁线圈。由于电刷磨损、滑环脏污及弹簧失效等因素容易造成电刷与滑环之间的接触不良,从而导致压缩机工作可靠性下降,因此,动圈式电磁离合器应用相对较少。

## 3.3 冷凝器

### 3.3.1 冷凝器的传热方式与工作过程

**1. 冷凝器的作用与传热方式**

冷凝器是空调制冷系统的热交换器,主要组成部件是换热管和散热片,其作用是将制冷剂从蒸发器吸收的热量和压缩机做功的能量传递给环境,将高温高压的蒸气变为高温高压的液体。冷凝器的传热方式如下:

制冷剂中的热量通过对流传递给冷凝器管内壁,然后通过管壁的热传导将热量传递到管外壁及散热片,再通过热对流将热量散发到周围的空气中。如果冷凝器的温度较高,还会把冷凝器涂成黑色,通过辐射的方式将热量散发到周围的空气中去。

从冷凝器的传热方式可知,冷凝器材料的传热特性、冷凝器的传热面积及冷凝器外空气的流动性等均会影响冷凝器的换热性能。

由于空气的传热性很差,为加强冷凝器的散热效果,通常将冷凝器安装在发动机散热器处,以便通过汽车行驶中的空气流动和冷却风扇工作所形成的强制空气对流,使空气带走更多的热量,以提高冷凝器的传热性能。

**2. 冷凝器的工作过程**

制冷系统工作时,制冷剂蒸气在冷凝器中放热而转变为液体,可将该冷凝过程分为三个过程,如图3.36所示。

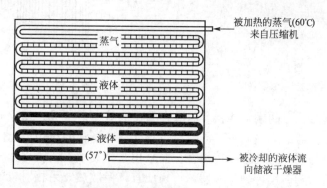

图3.36 冷凝器的工作过程

1)高温高压制冷剂蒸气转化为饱和蒸气过程

从压缩机出来的是高温高压的制冷剂蒸气,其温度高于饱和温度,进入冷凝管后,通过冷凝器的散热作用，制冷剂蒸气很快就降到了当前压力下的饱和温度。这一阶段制冷剂通过冷凝器的热交换所释放出的热量为显热。

2）饱和制冷剂蒸气转化为饱和液态过程

当制冷剂蒸气的温度降至饱和温度时，就开始转变为饱和液体。制冷剂液化过程中，其温度不发生变化，但制冷剂蒸气液化过程会释放出大量的热。制冷剂循环过程从蒸发器处吸收的热量大部分是通过此阶段散发出去的，此阶段从制冷剂释放出的热量称之为潜热。

3）饱和液态制冷剂冷却为过冷液体过程

制冷剂在冷凝器中转变为饱和液态制冷剂后，其温度要比环境温度高，因此，饱和液态制冷剂会通过冷凝器的热交换作用继续放热，使制冷剂进一步冷却降温，成为低于饱和温度的过冷液体。这一阶段的热交换过程制冷剂所散发的热量也是显热变化过程。

### 3.3.2 冷凝器的结构

汽车空调冷凝器的外形一例如图3.37所示。在汽车空调制冷系统中，常见的冷凝器有管片式、管带式、鳍片式和平流式四种。

1. 管片式冷凝器

管片式冷凝器又称翅片式冷凝器，是冷凝器较早采用的形式，其内部结构如图3.38所示。

图3.37 汽车空调冷凝器

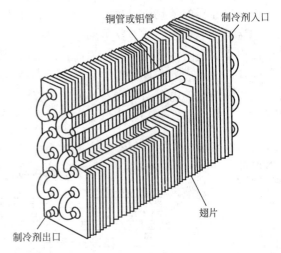

图3.38 管片式冷凝器

管片式冷凝器由圆形的铜管或铝管与套在管子上的翅片组成。翅片通常采用铝片，翅片的作用是增大冷凝器的散热面积，同时也具有支承冷凝管的作用。为使翅片与管子紧密接触，确保冷凝管与翅片有良好的传热性，需采用胀管技术安装翅片。

管片式冷凝器结构简单，加工方便，价格便宜，但散热效果相对较差。目前只是在大中型汽车的空调器上还有较多应用。

2. 管带式冷凝器

管带式冷凝器由弯成蛇形的多孔扁管和折成V形或U形的散热片组成。管带式冷凝器的内部结构如图 3.39 所示。

为确保管子与散热片之间有良好的接触，管带式冷凝器采用了焊接技术。管带式冷凝器所采用的结构形式使得其具有以下特点：

（1）在截面积相等的条件下，椭圆扁管内壁与制冷剂的接触周长要比圆管大得多，因此，管内制冷剂与管壁的换热量相比于圆管有较大的提高。

（2）扁管的迎风面积小，具有良好的流型，气体动力性能好，背风面涡流区小。因此，在相同的风速下管外侧的放热系数高于圆管，而流动阻力却低于圆管。

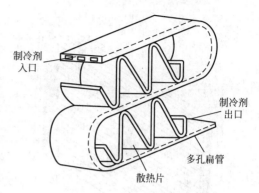

图 3.39 管带式冷凝器

（3）结构紧凑。在相同管簇数量的情况下，扁管肋片所占面积小。这样，相同的外形尺寸，扁管的换热面积较大。

（4）管子和肋片均为铝材制作，比铜管质量小，成本低。

（5）扁管加工成蛇形，省去了许多弯头和弯头焊接处，简化了工艺，提高了可靠性。

相比于管片式冷凝器，管带式冷凝器的传热效率提高了 15%～20%，但其制造工艺较复杂，焊接难度较大，且对材料性能要求高。管带式冷凝器目前只是在轿车上有较多应用。

3. 鳍片式冷凝器

鳍片式冷凝器是在扁平多通道散热管的表面直接铣出鳍片状的散热片，然后再装配成冷凝器，其结构如图 3.40 所示。

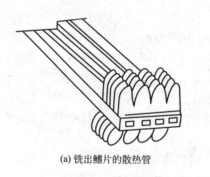
(a) 铣出鳍片的散热管

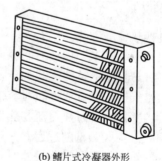
(b) 鳍片式冷凝器外形

图 3.40 鳍片式冷凝器

由于鳍片和管子为一整体，故其换热性比管带式冷凝器还高出 5%，且节省材料，其抗振性很好。鳍片式冷凝器无需焊接，简化了工艺，但铣削需要专门的设备。

4. 平流式冷凝器

平流式冷凝器是在管带式冷凝器的基础上发展起来的，其结构形式如图 3.41 所示。平流式冷凝器改变了管带式单条蛇形扁管的结构形式，采用了两条集流管间连接多条

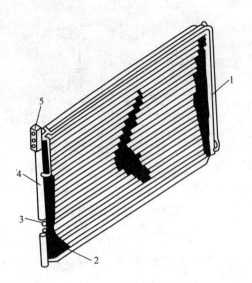

图 3.41 平流式冷凝器
1—跨接管；2—波纹百叶翅片；3—制冷剂扁管；
4—圆柱形集流管；5—制冷剂进出口管接头

扁管的结构形式，扁管之间嵌有散热片。工作时，制冷剂由管接头进入圆柱形集流管，然后分流进入椭圆扁管，平行地流到对面的集管，最后通过跨接管回到管接头座。

平流式冷凝器具有空气侧和制冷剂侧压力损失小、传热系数高、质量轻、结构紧凑和制冷剂充注量少等特点。特别适合于R134a制冷剂。

与管带式冷凝器相比，在制冷剂相同的情况下，平流式的制冷剂侧压力降只是管带式的20%，而换热性能提高约75%。因此，平流式冷凝器是最有发展前途的冷凝器。平流式冷凝器在汽车空调系统中广泛应用还有一些需要解决的问题，如其焊点多且焊点长，工作的可靠性和耐久性有待提高。

## 3.4 蒸 发 器

### 3.4.1 蒸发器的传热方式与工作过程

1. 蒸发器的传热方式

蒸发器也是换热管与散热片组合为一体的热交换器，只是其作用与冷凝器正好相反，是将空气中的热量吸收进来，使液态制冷剂在低压下汽化，利用制冷剂蒸发(沸腾)所吸收的潜热冷却空气。蒸发器的传热方式如下：

蒸发器周围空气中的热量通过热对流传递给翅片和蒸发器管外壁，并通过管片金属热传导到蒸发器管内壁，再通过热对流将热量传递给制冷剂，使其吸热蒸发(沸腾)。这就是蒸发器内制冷剂吸收空气热量的过程。

含有水蒸气的热空气在通过蒸发器时，碰到冰冷的金属管片而空气骤然冷却下来，当达到饱和温度时，空气中的水蒸气就会凝结，并附在金属壁上形成水滴后顺金属壁流下，这就是我们看到开了空调的汽车会滴水的原因所在。被吸走了热量的干冷空气通过鼓风机吹入车内，起到了降温和除湿的作用。

蒸发器的传热效果好坏不仅取决于蒸发器的结构形式和工艺条件，还与介质的流动方式、流速与流量等密切相关。因此，提高鼓风机的风量，加强蒸发器表面和车内空气的对流传热也可使车内的冷却效果提高。

2. 蒸发器的工作过程

蒸发器通过热交换使节流后的制冷剂汽化而吸热，达到冷却空气(制冷)的目的，因

此,也有人将蒸发器称作冷却器。蒸发器的工作过程如下:

1) 吸收汽化潜热过程

制冷剂经过节流装置节流后,产生少量的气态制冷剂,因此,进入蒸发器的制冷剂处于气液共存的状态,气液共存的制冷剂也称湿蒸气。湿蒸气进入蒸发器后,吸收热量而开始沸腾,变成饱和蒸气。在这一过程中蒸发压力始终保持不变,对应的蒸发温度也保持不变。

2) 降低车内温度过程

蒸发器外表面空气的热量被制冷剂吸走后,变为温度较低的冷空气(冷气)。鼓风机不断地将冷空气吹入车厢内,从而降低了车内的温度。该过程在鼓风机工作时就一直进行着,且鼓风机的风量大,车内温度下降也快。

3) 饱和蒸气吸热成为过热蒸气过程

由于蒸发器内制冷剂的温度总是低于蒸发器表面空气的温度,因此,饱和蒸气会继续吸热而成为过热蒸气(温度高于制冷剂的饱和温度)。一般制冷剂蒸气的过热度为 3~5℃,这样可以确保制冷剂充分汽化,以避免产生液击。

### 3.4.2 蒸发器的结构

汽车空调制冷系统采用的蒸发器通常有管片式、管带式和层叠式等几种形式。

1. 管片式蒸发器

管片式(或称管翅式)蒸发器如图 3.42 所示,其结构形式和特点与管片式冷凝器相同。

(a) 蒸发器外形

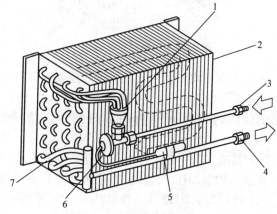
(b) 蒸发器处附件

**图 3.42 管片式蒸发器**

1—分配器;2—散热片;3—连储液干燥器接口;4—连压缩机接口;
5—感温包;6—膨胀阀;7—管子

2. 管带式蒸发器

管带式蒸发器一例如图 3.43 所示,其内部结构形式和特点与管带式冷凝器相同。

图 3.43 管带式蒸发器

### 3. 层叠式蒸发器

层叠式蒸发器也称之为板翅式,是一种全铝结构的组合式蒸发器,其结构如图 3.44 所示。

层叠式蒸发器的每一层如图 3.45 所示,是用铝制的平板中间夹一层波形翅片,两侧再用封条密封而成。将一个个单层重叠起来进行钎焊,就形成了层叠式蒸发器体,再与集流箱焊接,就构成了一个完整的蒸发器。

层叠式蒸发器的传热面积由隔板与翅片组成,其传热主要是依靠翅片来完成。翅片除承担主要的传热任务外,还起着两隔板间的加强作用。虽然翅片和隔板的板材都很薄(隔板厚 0.5~1mm,翅片厚 0.2~0.5mm),但经钎焊后形成了非常坚固的蜂窝状结构,能承受很高的压力。但是,如果在钎焊时,翅片不能全部与隔板焊接在一起,则不但影响到传热效果,而且也影响到隔板的强度。

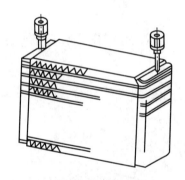

图 3.44 层叠式蒸发器

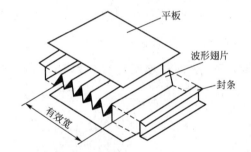

图 3.45 层叠式蒸发器的单层结构

相比于管片式和管带式蒸发器,层叠式蒸发器的特点如下:

(1) 结构紧凑。在这种换热器中,翅片的传热面积占总传热面积的比例很大,在较小的体积内可以有很大的传热面积,结构最紧凑,传热效率也高,比管带式约高 10%。

(2) 制造工艺复杂。焊接工艺复杂,要求高,难度大。在两片铝板之间的封条处,只要存在微小的未焊住的缝隙,就会发生制冷剂的泄漏。

(3) 维修较为困难。层叠结构形式其通道较狭窄,容易堵塞,且堵塞后,清洗也很困难。

### 4. 蒸发器总成

蒸发器总成是指与蒸发器安装在一起的鼓风机、温度控制器以及其他相关的零部件的组合装置。采用蒸发器总成结构形式,便于这些部件的整体安装和拆卸,避免零件散失,维修也很方便。安装于箱体内的蒸发器总成一例如图 3.46 所示。

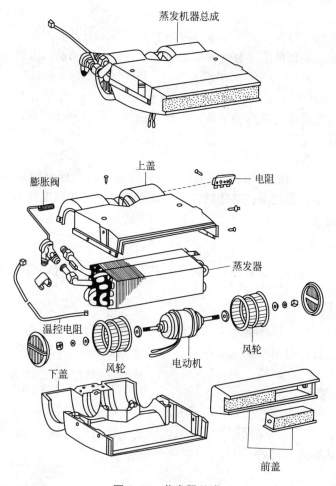

图 3.46 蒸发器总成

## 3.5 节流装置

### 3.5.1 节流装置的作用与类型

1. 节流装置的作用

在制冷系统中,为了能使液态制冷剂的饱和温度降低,以便能吸收低温物体的热量,就需要降低其压力。此外,低温低压制冷剂的流量也需要适当,因为流量过小,吸收的热量少,制冷量不足,车内温度降不下来;流量过大,未能汽化的液态制冷剂除了会降低蒸发器的传热性外,还会使液态制冷剂进入压缩机而产生液击现象。因此,制冷系统在进入蒸发器之前的管路上安装了节流装置,通过节流装置的节流降压和流量的自动调节,确保制冷系统正常工作。

可将节流装置的作用归纳为如下三个方面:
1) 节流降压

将来自冷凝器的中温高压液态制冷剂进行节流,以降低其温度和压力,使进入蒸发器的制冷剂成为饱和温度较低的湿蒸气,确保制冷剂在低温下沸腾,以降低进入车内空气的温度。

2) 调节流量

根据制冷负荷和发动机转速的变化情况自动调节制冷剂循环流量,使制冷系统始终保持最适宜的制冷量。

3) 防止液击和过热

根据蒸发器出口处的温度来调节制冷剂循环流量,以确保制冷剂在蒸发器中完全汽化,防止压缩机产生液击现象;与此同时,将制冷剂蒸气过热温度控制在3~5℃,从而防止异常过热现象的发生。

2. 节流装置的类型

汽车空调所使用的节流装置按其结构形式和工作原理的不同,可分为热力膨胀阀、电子膨胀阀和节流孔管三类。

1) 热力膨胀阀

热力膨胀阀是利用物体热胀冷缩的物理现象实现节流流量的自动控制,热力膨胀阀按其结构与工作方式分,有内平衡式膨胀阀、外平衡式膨胀阀和H形膨胀阀等不同的结构形式。

2) 电子膨胀阀

电子膨胀阀是根据温度和压力传感器的信号,由电子控制器输出控制信号,通过电动方式调节阀的开度,实现自动控制节流流量。电子膨胀阀按驱动方式的不同区分,有电磁式膨胀阀、电动式膨胀阀两种。

3) 节流孔管

节流孔管是一种固定节流孔口的节流装置,不能对节流流量进行调节,但其结构简单,成本低,且节约能量,因而在汽车空调制冷系统中也有较多的应用。

### 3.5.2 热力膨胀阀

1. 内平衡式膨胀阀

1) 内平衡式膨胀阀的结构

内平衡式膨胀阀主要由节流孔、感温系统、调节机构等组成,其结构如图3.47所示。

节流孔7的直径一般为1~3mm,其开度由调节机构控制;调节机构包括阀芯8、顶杆2、弹簧9等部件;感温系统则由金属膜片5、毛细管4、感温包1等组成。金属膜片、毛细管和感温包内部均充满感温液体,其压力作用在膜片的上腔,推动膜片向下运动,带动顶杆推动阀芯运动,使孔口的开度发生变化,以控制节流孔制冷剂流量的大小。

2) 内平衡式膨胀阀的工作原理

制冷系统工作时,金属膜片上作用着三个力,上腔是感温系统的液压力,下腔是弹簧

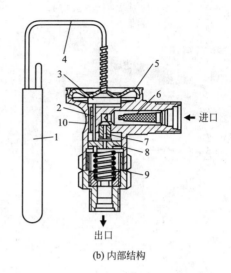

(a) 外形　　　　　　　　　　　　(b) 内部结构

**图 3.47　内平衡式膨胀阀**
1—感温包；2—顶杆；3—支撑片；4—毛细管；5—金属膜片；6—滤网；
7—节流孔；8—阀芯；9—弹簧；10—平衡孔

力和蒸发压力（即节流后的液体压力，由平衡孔引入）。当作用在金属膜片上的力处于平衡状态时，膜片、阀芯稳定在某个位置，节流孔处在某个开度，制冷剂保持在某个流量状态。

当蒸发器出口处温度偏高时，感温包液体膨胀，膜片上腔的压力增大，推动膜片向下拱，并通过顶杆使阀芯开度增大，制冷剂流量增大，蒸发器出口处温度下降，直到温度降至正常范围之内。

当蒸发器出口处温度偏低时，感温包内液体收缩，膜片上腔的压力减小，膜片在弹簧力作用下向上拱而使阀芯开度减小，制冷剂流量减小，蒸发器出口处温度上升，直到温度升到正常范围之内。

从平衡孔引入膜片下腔的蒸发压力实际上是节流后的压力，它比蒸发器出口的压力略高，这是因为制冷剂经蒸发器后有压力损失，且制冷量越大，蒸发器内部的压力损失也越大。

由于这种平衡压力引自阀内，故称其为内平衡膨胀阀。内平衡膨胀阀结构简单、价廉、维修方便，在制冷量不大的制冷系统中有着广泛的应用。由于内平衡膨胀阀感应的温度与压力不匹配，所以控制精度较差，不适宜在制冷量大的空调系统中使用。

2. 外平衡式膨胀阀

外平衡式膨胀阀如图 3.48 所示。其主要组成和工作原理与内平衡式膨胀阀相同。

外平衡式膨胀阀与内平衡式膨胀阀的区别在于其平衡方式不同，外平衡式膨胀阀是通过外平衡管直接引入蒸发器出口处的压力，与感温系统感应的温度是相匹配的。由于其平衡力不受蒸发器阻力损失的影响，因此，外平衡式膨胀阀适合于需要有大制冷量的空调制冷系统。

 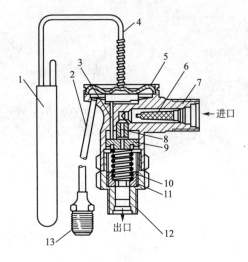

(a) 外形　　　　　　　　　　　　(b) 内部结构

图 3.48　外平衡式膨胀阀

1—感温包；2—外平衡管；3—顶杆；4—毛细管；5—金属膜片；6—滤网；
7—阀体；8—节流孔；9—阀芯；10—弹簧；11—弹簧座；
12—调节螺母；13—平衡管接头

3. H 形膨胀阀

1) H 形膨胀阀的结构

H 形膨胀阀又称整体式膨胀阀，因其内部制冷剂通道呈"H"而得名。H 形膨胀阀安装在蒸发器的进、出口之间，如图 3.49 所示。

在 H 形膨胀阀连接冷凝器和蒸发器两接口之间的通道中，有一个球阀 3 控制的节流孔，节流孔球阀的开度由温包杆 1 和球阀弹簧 4 控制。在连接蒸发器和压缩机两接口之间的通道中，温包杆垂直穿过。温包杆上部为空心，顶部与膜片连接且密封，其空腔构成了一个感温包，温包杆下部为实心，下端接触球阀，成为球阀开度调整机构的顶杆。由于蒸发器出口的制冷剂直接流经膨胀阀，因此 H 形膨胀阀不需要细长的毛细管。又因为膜片侧承受的是蒸发器的出口压力，不用平衡管，却与外平衡式膨胀阀有同样的节流控制效果。

2) H 形膨胀阀的特点

H 形膨胀阀的工作原理与其他热力式膨胀阀一样，这种整体式膨胀阀的优点如下：

(1) 结构简单。H 形膨胀阀不需要绝热处理的毛细管温包系统，结构也很紧凑，因为 H 形膨胀阀通常直接将恒温器、压力保护开关安装在一起。

(2) 可靠性高。因为 H 形膨胀阀直接安装在蒸发器上，接头小，制冷剂泄漏的机会大为减少，所以不怕汽车振动，运行事故少。

(3) 维修调试方便。H 形膨胀阀制冷系统能够在系统工作时，通过调整螺柱 5 调节蒸发器的过热度。

 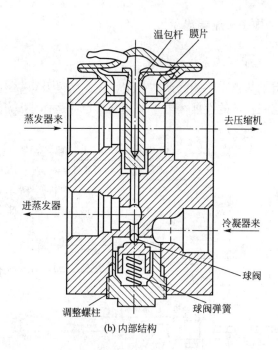

(a) 外形　　　　　　　　　　　(b) 内部结构

图 3.49　H 形膨胀阀

## 3.5.3　节流孔管

节流孔管是一种固定孔口的节流装置，其组成与结构形式如图 3.50 所示。

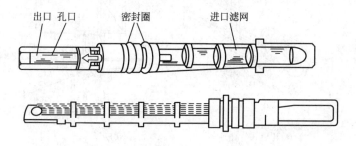

图 3.50　节流孔管

节流孔管的核心部件是装在塑料套管内的细长铜管，因为整个节流孔管要插入蒸发器进口管中，所以塑料套管外环形槽内装有密封圈，用于密封节流孔管与蒸发器进口管的配合间隙。

由于节流孔管没有运动部件，结构简单、成本低、可靠性高、能耗低，因此，在日本、美国等国家的轿车空调器上大都采用了孔管节流方式。由于节流孔管不能调节制冷剂流量，需要通过其他方式来协调制冷系统的工作。例如，在蒸发器出口和压缩机进口之间安装一个气液分离器，用于将气、液分离，以避免压缩机发生液击现象；必须完全依赖控制压缩机的间歇工作来控制蒸发器出口处的温度。

### 3.5.4 电子节流装置

**1. 电子节流系统的组成**

由于热力膨胀阀的调节范围、控制精度及可靠性等方面还不能尽善尽美,因此,随着电子控制技术的发展,电子节流装置也应运而生。汽车空调电子节流系统的组成如图3.51所示。

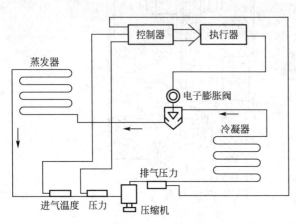

图 3.51 电子节流系统

电子节流阀是汽车空调电子控制系统中的一个执行器,在空调制冷子控制系统中,控制器根据蒸发器出口温度传感器、压力传感器及其他相关传感器的信号对制冷系统的工作状况进行分析判断,并输出控制信号,控制电子节流阀工作,将制冷剂的循环流量控制在最佳值。

**2. 电子节流阀的种类**

电子节流阀根据其驱动方式不同区分,有电磁式和电动机式两类,如图3.52所示。

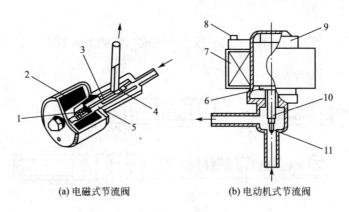

(a) 电磁式节流阀  (b) 电动机式节流阀

图 3.52 电子节流阀

1—弹簧;2、7—线圈;3—阀杆;4、11—节流口;5—铁心;
6—丝杆机构;8—插接器;9—步进电动机;10—阀杆

1) 电磁式电子节流阀

电磁式电子节流阀主要由电磁铁、节流孔调整阀两部分组成。电磁线圈由电子控制器输出的控制信号控制其通电,产生相应的电磁力,并通过铁心和阀杆使阀改变位置,实现对制冷剂循环流量的控制。

2) 电动机式电子节流阀

电动机式电子节流阀改变节流阀开度的驱动力是电动机。电动机由电子控制器输出的控制信号控制其产生旋转运动,并通过传动机构驱使节流阀动作,实现制冷剂循环流量的调节。电动机式电子节流阀的电动机有普通直流电动机和步进电动机两种；传动方式则有直接驱动和减速驱动两种形式。

## 3.6 制冷系统其他辅件

### 3.6.1 储液干燥器

**1. 储液干燥器的作用**

汽车空调制冷系统中，通常在冷凝器和膨胀阀之间安装有储液干燥器，其作用归纳如下：

1）储存作用

用于储存和补充制冷剂，因为汽车空调压缩机的工况是经常变化着的。高速时，输出制冷剂多，低速时少，而储液干燥器恰好起到补充和储存的调节作用。此外，储液干燥器中储存的制冷剂还可用于弥补系统中制冷剂的微量渗漏。

2）干燥作用

储液干燥器中有干燥剂，用于吸收制冷剂中的水分，使制冷系统中的水分尽可能的少。因为制冷剂中的水分过多可能会因结冰而造成制冷系统堵塞，水还容易腐蚀制冷系统管道等，导致制冷系统不能正常工作。

3）过滤作用

储液干燥器中有的还设有过滤器，用于滤除制冷剂中的金属颗粒、污垢等杂质，以确保制冷剂流通顺畅。

**2. 储液干燥器的组成原理**

储液干燥器主要由储液罐、干燥剂、过滤器组成，有的储液干燥器还装有检视孔和易熔塞等。典型的储液干燥器一例如图3.53所示。

来自冷凝器的高压液态制冷剂进入储液干燥器后，经滤网2过滤、干燥剂3除湿后到达储液罐，然后再经引出管4、出口流向蒸发器。

易熔塞6起高温保护作用，当制冷系统出现压力异常高，制冷剂温度达95～105℃时，易熔合金熔化，使制冷剂逸出，以保护制冷系统。检视孔1用于观察制冷剂的流动情况，可根据观察情况判断是否缺少制冷剂、制冷剂是否有水分等。

现在的汽车空调制冷系统已很少装用易熔塞，取而代之的是泄压阀、安全阀、过热开关等。一些汽车空调的储液干燥器上装有高低压力

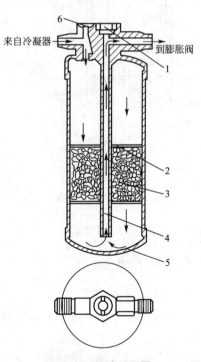

图3.53 储液干燥器
1—检视孔；2—滤网；3—干燥剂；
4—引出管；5—储液罐；6—易熔塞

开关，用于制冷系统压力异常时，保护压缩机及空调系统不受损害。

### 3.6.2 气液分离器

**1. 气液分离器的作用**

以节流孔管为节流装置的制冷系统中，通常在蒸发器的出口和压缩机的入口之间的管路中安装一个气液分离器，其最主要的作用是气液分离，使得进入压缩机的制冷剂均为气态，以避免压缩机产生液击现象。除此之外，气液分离器也起储液、干燥过滤的作用，但与储液干燥器是有区别的，其不同点如下：

1) 安装位置不同

气液分离器安装在蒸发器的出口和压缩机的吸气口之间，即安装在制冷系统的低压管路中，而储液干燥器通常是安装在冷凝器与膨胀阀之间的高压管路中。

2) 制冷剂返回系统的方式不同

气液分离器储存分离出来的液态制冷剂需要通过慢慢蒸发，变成制冷剂蒸气后才会回到制冷剂循环系统中，而储液干燥器所储存的液态制冷剂则可以在液态下随时返回到循环的制冷剂液流中。

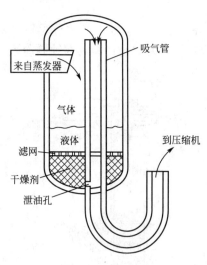

图3.54 气液分离器

3) 储液的作用不同

储液干燥器所储的制冷剂有补缺功能，即当制冷系统制冷剂循环流量需要增大，或因微量泄漏而使制冷剂循环量不足时，储液干燥器内的制冷剂就可以用来补充，而气液分离器中储存的液态制冷剂则不可能用来补充制冷管路中制冷剂的不足。

**2. 气液分离器的组成原理**

气液分离器的组成与工作原理如图3.54所示。工作时，从蒸发器出来的制冷剂从顶部进入气液分离器，其中，液态制冷剂沉向底部，经滤网和干燥剂过滤和除湿后存留在下部。而位于上部的气态制冷剂在压缩机的抽吸作用下，经吸气管进入压缩机。

吸气管的下端通常开有小孔，其作用是使少量从制冷剂中沉淀出来的冷冻机油经小孔流回压缩机，以保证压缩机正常的润滑需要。

### 3.6.3 油分离器

**1. 油分离器的作用**

油分离器的作用是将气态制冷剂中的冷冻机油分离出来并送回压缩机内，以保证压缩机正常工作，并提高冷凝器、蒸发器的传热效率。油分离器多用在压缩机所需的润滑油量较大，且需要润滑油起密封和冷却作用的大、中型汽车空调制冷系统中。

**2. 油分离器的组成原理**

油分离器的组成与工作原理如图3.55所示。从压缩机出来的高压制冷剂蒸气进入油分离器后,其中密度较大的冷冻机油蒸气或油滴会迅速沉入底部。当冷冻机油累积到一定量时,随油面上浮的浮球将回油阀顶开,冷冻机油便会经回油阀回到压缩机内再度被作润滑使用。

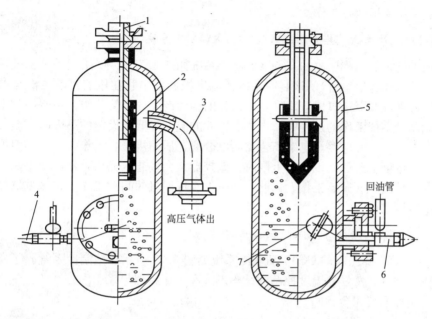

**图 3.55 油分离器**
1—进口;2—滤网;3—出口;4—手动回油阀;
5—筒体;6—回油阀;7—浮球阀组

## 3.7 典型制冷系统

如前所述,当含有水蒸气的空气通过蒸发器碰到冰冷的金属管片时,空气中的水蒸气会凝结成水。如果蒸发器金属表面温度过低,凝结的水分就会结霜或结冰,这将会影响制冷系统的正常工作。因此,防止蒸发器结霜是汽车空调制冷系统必备的功能之一。

汽车空调制冷系统的基本组成部件是压缩机、冷凝器、节流装置、干燥储液器及蒸发器,但有多种类型,大致可分为离合器恒温膨胀阀系统、离合器节流管系统、恒温膨胀阀-吸气节流阀系统、储液器-阀组合系统、热气旁通阀系统。

不同类型的制冷系统都具有防止蒸发器结霜的功能,但防止结霜的控制方式则不一样。其中离合器恒温膨胀阀系统和离合器节流管系统是通过压缩机间歇工作的方式来控制蒸发器的温度,以达到防止蒸发器结霜的目的;恒温膨胀阀-吸气节流阀系统和储液器-阀组合系统是通过节流方法来控制蒸发器的压力,以避免蒸发器表面结霜;热气旁通阀系统则是通过向蒸发器端通入高温气体的方式来提高蒸发器的压力,以防止蒸发器表面结霜。

### 3.7.1 离合器恒温膨胀阀制冷系统

离合器恒温膨胀阀制冷系统也被称为循环离合器膨胀阀(Cycling Clutch Thermal

Expansion Valve，CCTXV)制冷系统，此类制冷系统由温度控制器根据蒸发器温度来控制压缩机的工作，从而实现蒸发器温度的控制。

CCTXV 制冷系统广泛应用于轿车、小型客车及载货汽车等一些非独立式汽车空调中，其特点是压缩机间歇工作。

1. 采用内、外平衡式热力膨胀阀的 CCTXV 制冷系统

采用内平衡式热力膨胀阀的 CCTXV 制冷系统如图 3.56 所示(采用外平衡式热力膨胀阀的 CCTXV 则还有平衡管)。该制冷系统的温度控制器串联在压缩机电磁离合器的电源电路中，而温度控制器通过感应蒸发器出口处的温度产生开、关动作。

在空调制冷系统工作的过程中，当蒸发器 6 的温度降低至设定的下限时，温控器 8 断开电磁离合器 7 的电源电路，电磁离合器断电分离，压缩机停止工作，蒸发器温度开始回升；当蒸发器温度上升达到设定的上限时，温控器又会接通电磁离合器电源电路，电磁离合器又结合，压缩机又开始工作。如此，通过控制压缩机的间歇工作，将蒸发器的温度控制在设定的范围之内。

2. 采用 H 形热力膨胀阀的 CCTXV 制冷系统

采用 H 形热力膨胀阀的 CCTXV 制冷系统如图 3.57 所示。该制冷系统除了所采用的热力膨胀阀不同外，蒸发器温度控制的结构形式和工作原理与采用内外平衡式热力膨胀阀的 CCTXV 制冷系统完全相同。

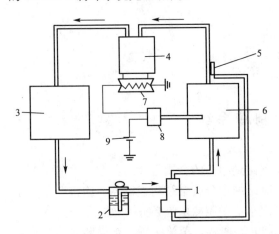

**图 3.56 内平衡式热力膨胀阀的 CCTXV 制冷系统**
1—内平衡式热力膨胀阀；2—储液干燥器；
3—冷凝器；4—压缩机；5—感温包；
6—蒸发器；7—电磁离合器；
8—温控器；9—蓄电池

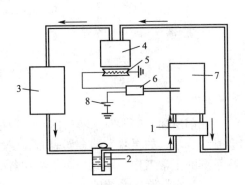

**图 3.57 H 形热力膨胀阀的 CCTXV 制冷系统**
1—H 形膨胀阀；2—储液干燥器；
3—冷凝器；4—压缩机；
5—电磁离合器；6—温控器；
7—蒸发器；8—蓄电池

由于热力膨胀阀根据蒸发器的温度对制冷剂流量进行了调节，在一定程度上已经稳定了蒸发器的温度，只是在热力膨胀阀的调节不能使蒸发器的温度在正常范围内时，才需要进行离合器的循环控制。因此，CCTXV 制冷系统适用于系统运行工况变化较大的汽车空调系统。由于 CCTXV 制冷系统通过使压缩机间歇工作来控制蒸发器的温度，这种控制方式可降低能源消耗，因此，CCTXV 制冷系统在轿车上有着广泛的应用。CCTXV 制冷系

统的缺点是压缩机频繁起动,压缩机及电磁离合器等总成和部件较容易损坏。

### 3.7.2 离合器节流管制冷系统

离合器节流管制冷系统也称循环离合器孔管(Cycling Clutch Orifice Tube,CCOT)制冷系统,与CCTXV一样,此类制冷系统也是通过压缩机电磁离合器的工作循环,即通过控制压缩机间歇工作的方式实现蒸发器温度的控制。CCOT制冷系统有温度控制器控制和压力开关控制两种形式,这一类制冷系统在美国和日本等生产的轿车空调系统中较为多见。

1. **恒温器控制的CCOT制冷系统**

恒温器孔管控制的制冷系统如图3.58所示。压缩机电磁离合器的工作循环控制原理与CCTXV一样,与CCTXV制冷系统不同的是用节流孔管代替结构较为复杂的膨胀阀,用集液器取代储液干燥器。

由于节流孔管只起节流作用,在压缩机高速运转时,制冷剂循环流量大,就可能导致进入蒸发器内的制冷剂不能完全汽化。因此,需要将从蒸发器出来的制冷剂进行气液分离,以避免液态制冷剂进入压缩机而造成液击。气液分离器安装在蒸发器出口处,分离并收集从蒸发器流出的液态制冷剂。收集在气流分离器的液态制冷剂汽化后,才能返回到制冷管路,进入压缩机。

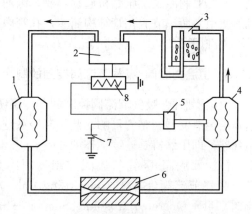

**图3.58 恒温器控制的CCOT制冷系统**
1—冷凝器;2—压缩机;
3—气液分离器;4—蒸发器;5—温控器;
6—节流孔管;7—蓄电池;8—电磁离合器

2. **压力开关控制的CCOT制冷系统**

压力开关控制的CCOT制冷系统如图3.59所示。与恒温器控制的CCOT不同的是用压力开关代替恒温器来控制压缩机的工作。

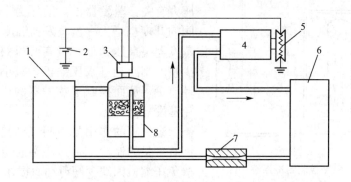

**图3.59 压力开关控制的CCOT制冷系统**
1—蒸发器;2—蓄电池;3—压力开关;4—压缩机;5—电磁离合器;
6—冷凝器;7—节流孔管;8—气液分离器

压力开关安装在气液分离器处，开关触点串联在压缩机电磁离合器线圈电路中。当蒸发器出口处的压力低于设定的下限值时，压力开关断开电磁离合器线圈电路，离合器分离，压缩机停止运转。当蒸发器出口处的压力高于设定的上限值时，压力开关又接通电磁离合线圈电路，离合器又结合，压缩机又开始运转。如此循环，将蒸发器出口处的压力控制在设定的范围之内，以避免蒸发器结霜或冻结。

用压力开关控制方式的 CCOT 制冷系统比温控器控制方式的结构更简单，工作可靠性、温度控制准确性方面也有所提高。

由于孔管无流量调节作用，避免蒸发器表面结霜全依赖于温控器或压力开关对压缩机电磁离合器的控制，因此 CCOT 制冷系统较适用于系统运行工况比较稳定的汽车空调系统。CCOT 制冷系统压缩机起动容易，因而较为节能(节能约 15%～30%)，并可延长压缩机的使用寿命；节流孔管结构简单，孔管内部无活动件，不易损坏，滤网有堵塞时，只需拆下清洗即可。

### 3.7.3 恒温膨胀阀-吸气节流阀控制的制冷系统

恒温膨胀阀-吸气节流阀控制的制冷系统完全是通过节流来控制蒸发器出口处的压力，达到避免蒸发器结霜的目的。此类制冷系统应用于中型或大型客车，特点是压缩机无电磁离合器，即压缩机是连续工作的。

恒温膨胀阀-吸气节流阀控制的制冷系统根据蒸发压力控制阀的结构不同区分，又有吸气节流阀(Suction Throttling Valve，STV)制冷系统、先导阀操纵的绝对吸气节流阀(Pilot Operated Absolute Suction Throttling Valve，POASTV)制冷系统等不同形式。

#### 1. STV 制冷系统

STV 制冷系统增加了吸气节流阀，与外平衡式热力膨胀阀一起控制蒸发器制冷剂的压力，如图 3.60 所示。

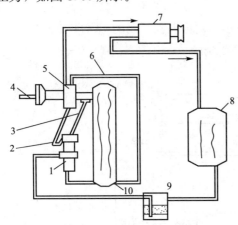

**图 3.60 STV 控制制冷系统**

1—膨胀阀；2—平衡管；3—毛细管；
4—真空接口；5—吸气节流阀；6—溢流管；
7—压缩机；8—冷凝器；
9—储液干燥器；10—蒸发器

STV 制冷系统的工作特点是，从蒸发器出来的制冷剂经吸气节流阀后再回压缩机。而吸气节流阀的开启程度与蒸发器出口处制冷剂的压力有关，蒸发器出口的压力上升，吸气节流阀的开度也增大。当蒸发器温度下降到 0℃时，蒸发器出口压力低，吸气节流阀关闭，只有极少量的制冷剂进入压缩机，减小了制冷剂的循环流量，从而控制了蒸发器的压力和温度，避免蒸发器结霜。

溢油管的作用是当吸气节流阀关闭时，允许有少量的制冷剂通过溢油管进入压缩机，以避免压缩机因缺少润滑油而损坏。

#### 2. POASTV 制冷系统

POASTV 制冷系统与 STV 制冷系统的原理基本相同，只是用 POASTV 取代了 STV，如图 3.61 所示。

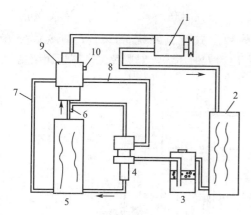

**图 3.61　POASTV 控制制冷系统**
1—压缩机；2—冷凝器；3—储液干燥器；
4—膨胀阀；5—蒸发器；6—感温包；
7—溢流管；8—平衡管；
9—POASTV；10—压力检测孔

POASTV 也是通过对制冷剂循环流量的控制，实现对蒸发器内制冷剂的蒸发压力和蒸发温度的控制。POA 阀控制蒸发压力不小于 0.298MPa，这时对应的蒸发温度为 1℃，而蒸发器表面的温度为 0℃，从而防止了蒸发器表面过冷而冻结。

POASTV 上开有一小孔阀，其作用是当 POASTV 关闭了制冷剂蒸气的主通口时，通过小孔输送一些气体到压缩机，以避免压缩机作真空泵运动而能耗过大。

从蒸发器底部到 POASTV 之间连接溢油管，其作用也是使积存在蒸发器底部的冷冻机油流回到压缩机，以清除积存在蒸发器的冷冻机油，提高制冷能力。

恒温膨胀阀—吸气节流阀控制的制冷系统其性能特点如下：

（1）压缩机工作稳定。由于不需要像 CCTXV、CCOT 制冷系统那样，通过离合器通断循环控制来防止蒸发器结霜，压缩机连续平稳地工作，不容易损坏。

（2）制冷温度波动小。在 STV、POASTV 关闭时，压缩机仍在工作，制冷量只是维持蒸发器表面不结霜，仍会有冷气送出，汽车空调的舒适性提高了。

（3）能耗较大。因为压缩机持续工作，其能量消耗也较大，这也正是许多小汽车空调使用 CCTXV、CCOT 制冷系统的主要原因。

### 3.7.4　储液器-阀组合制冷系统

储液器-阀组合制冷系统又称罐中阀制冷系统，罐中阀（Valves In Receiver，VIR）是 1978 年美国通用汽车公司发明的，VIR 是将外平衡式膨胀阀、POASTV 及储液干燥器集中在一个罐中，只有一个进接口和一个出接口，如图 3.62 所示。VIR 制冷系统与 POASTV 制冷系统一样，在中型或大型客车的空调系统中应用，空调制冷系统工作时，压缩机连续工作。

VIR 制冷系统工作原理与 POASTV 制冷系统一样，由于膨胀阀、POASTV 及储液干燥器均集中在一个罐内，制冷系统管路接头大为减少，可有效地降低制冷剂泄漏的故障率，同时也减少了安装和维护的工作量。

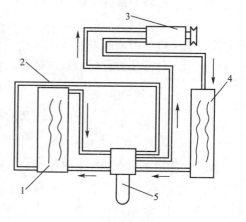

**图 3.62　VIR 制冷系统**
1—蒸发器；2—溢油管；3—压缩机；
4—冷凝器；5—VIR 组合阀

### 3.7.5 热气旁通阀制冷系统

前面几种制冷系统适用于非独立式汽车空调系统,而热气旁通阀(Hot Gas Bypass Valve,HGBV)制冷系统则是适用于大型客车的独立式空调系统。HGBV制冷系统如图3.63所示,是通过旁通热气的方式来控制蒸发器出口处的压力,以避免蒸发器表面结霜。

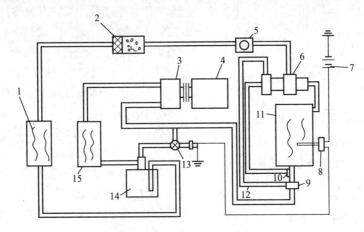

**图3.63 HGBV制冷系统**

1—过冷器;2—干燥器;3—压缩机;4—辅助发动机;5—视液窗;6—膨胀阀;
7—蓄电池;8—温度控制器;9—外平衡管接头;10—感温包;11—蒸发器;
12—平衡管;13—旁通阀;14—储液罐;15—冷凝器

HGBV制冷系统工作过程为:从压缩机3排出的高温高压制冷剂蒸气进入冷凝器15,冷凝后的液态制冷剂经储液器14进入过冷器1再进一步冷却,用于满足客车大制冷量的需要。然后制冷剂经干燥器除湿、经外平衡式膨胀阀节流后进入蒸发器,并在蒸发器内完成汽化吸热。制冷剂蒸气又被吸入压缩机,进行下一个工作循环。

工作时,如果蒸发器的温度下降到0℃以下时,感应蒸发器出口处温度而动作的温度控制器8就会接通旁通阀电磁线圈电路,旁通阀13便打开,部分高压蒸气经旁通阀进入蒸发器出口,使其压力升高,从而避免了蒸发器表面结霜。

## 本 章 小 结

本章阐述了汽车空调制冷系统的基本组成与工作原理,并介绍了空调各组成部件的结构类型及性能特点,以便于读者系统地了解空调制冷系统的制冷原理,熟悉制冷系统各组成部件的作用、结构形式、性能特点及发展趋势。本章通过对典型汽车空调系统的分类、系统构成、性能特点的总结,使读者对蒸气压缩式汽车空调系统有较为全面的了解。

## 思 考 题

1.汽车空调制冷系统的基本组成部件有哪些?各组成部件起何作用?

2. 汽车空调制冷系统是如何制冷的？制冷循环经历了哪几个过程？
3. 汽车空调对压缩机有何要求？汽车空调压缩机有哪些类型？
4. 往复活塞式压缩机是如何工作的？旋转式压缩机的特点是什么？
5. 各种往复活塞式压缩机的主要组成部件有哪些？它们是如何进行吸气和排气的？
6. 各种旋转式压缩机的主要组成部件有哪些？它们是如何进行吸气和排气的？
7. 压缩机为什么要变循环流量？变循环流量的控制方式有哪些？
8. 压缩机电磁离合器的主要组成部件有哪些？它是如何工作的？
9. 冷凝器的传热方式是怎样的？冷凝器的结构形式有哪些？
10. 蒸发器中制冷剂的汽化吸热工作过程是如何进行的？蒸发器的结构形式有哪些？
11. 节流装置的作用是什么？汽车空调制冷系统用的节流装置有哪些类型？
12. 各种热力膨胀如何实现节流流量的调节？
13. 储液干燥器和气液分离器的作用与区别是什么？
14. 汽车空调为什么要控制蒸发器的温度？有哪些控制方式？
15. 何谓CCTXV制冷系统？各种CCTXV制冷系统是如何实现蒸发器温度控制的？
16. 何谓CCOT制冷系统？各种CCOT制冷系统是如何实现蒸发器温度控制的？
17. 恒温膨胀阀-吸气节流阀控制的制冷系统是如何控制蒸发器温度的？与CCTXV、CCOT制冷系统相比有何特点？
18. HGBV制冷系统是如何控制蒸发器温度的？

# 第4章 汽车空调采暖系统

 教学目标

充分了解汽车采暖系统的作用与类型,熟悉水暖式采暖系统组成原理,了解气暖式及燃烧式采暖系统的组成原理。

 教学要点

| 知识要点 | 能力要求 | 相关知识 |
| --- | --- | --- |
| 水暖式采暖系统的组成与工作原理 | 熟悉水暖式采暖系统的组成及采暖工作过程,熟悉采暖系统部件的作用与原理 | 汽车发动机冷却系统的结构与工作原理、加热器的结构与传热过程 |
| 气暖式采暖系统的组成与工作原理 | 熟悉气暖式采暖系统的组成及采暖工作过程,了解气暖式采暖系统的结构类型 | 汽车发动机排气系统的结构、热管、热水器 |
| 燃烧式采暖系统的组成与工作原理 | 熟悉燃烧式采暖系统的基本组成及结构形式,了解燃烧式采暖系统的工作原理 | 燃料供给系统、空气供给系统、混合气的形成与燃烧、空气的加热方式 |

## 4.1 汽车采暖系统的作用与类型

### 4.1.1 汽车采暖装置的作用

汽车空调的采暖装置用于提供暖气,但汽车的采暖系统要比家用空调供暖有更多的用途,除了冬季提供暖气外,还可与制冷系统一起构成冷暖一体化空调,实现一年四季的温度调节。汽车采暖装置的另一个作用是用于风窗玻璃的除霜。

1. 冬季供暖

冬季提供暖气是汽车采暖系统最基本的用途。在寒冷的冬季,车内温度很低,司乘人员会因为寒冷而感到不舒服,特别是驾驶员,低温下容易四肢僵硬,给行车带来安全隐患。采暖装置可向车内提供暖气,以提高车内的温度,使人在寒冷的冬季感到温暖舒适。

2. 实现冷暖一体化空调

单一的制冷系统只能提供温度很低的冷气,适用于炎热的夏季;而单一的采暖系统只能提供温度较高的热风,适用于寒冷的冬季。现代汽车空调通过采暖装置和制冷系统的组合,构成冷暖一体化空调。所谓的冷暖一体化空调,就是将制冷系统工作产生的冷气和采暖装置产生的热风按照所需的比例调配,向车内提供温度适宜的空气。

冷暖一体化汽车空调可以在任何季节对车内空气温度进行调节,提高了乘车的舒适性。

3. 风窗玻璃除霜

冬季和雨天,车窗玻璃全部关闭,车内人员的呼气使车内空气受热,呼气中的水蒸气和空气中的水蒸气相碰,内外存在温差,且外侧温度较低的玻璃时,水蒸气就会在风窗玻璃上凝结成雾或霜而影响视线。风窗玻璃上的雾或霜会严重影响汽车行车安全和车内乘员对车外的观赏。

采暖系统的热风则可以用于迅速除霜,通常是在前风窗玻璃下方(仪表板上方)安装有除霜用的暖气吹出口,通过吹出较干燥的热风,迅速除去前风窗玻璃上的霜或雾。后风窗玻璃通常装有电热除霜线,通过电加热除霜,有的汽车则是在行李箱中设热交换器,让暖气通过后面吹出口对后风窗玻璃除霜。

### 4.1.2 汽车采暖系统的类型

汽车采暖系统是将某种热源的热量通过热交换器传递给空气,再通过送风装置把热空气送入车内,实现供暖。不同类型、不同级别的汽车,其配置的空调系统会有所不同,空调采暖系统结构形式也有多种。

1. 按空调的组合方式及功能分类

1)单独采暖装置

单独采暖装置自身有独立的风道和单独的风机,采用系统的工作状态可单独操控。这种采暖装置结构较简单，操作方便，其缺点是不能进行冷暖一体化控制。也就是说，单独采暖装置不能通过改变冷暖空气比例的方法来调节出风的温度。单独采暖装置在轿车上已很少采用。

2) 冷暖一体化空调

冷暖一体化空调其采暖系统的加热器与制冷系统的蒸发器安装在同一个风道中，通过风门、管路及操控系统，可以任意地调控冷暖空气的比例，可向车内提供暖风、冷气或在冷暖之间任意温度的空气。采暖系统与制冷系统组合，成为冷暖一体化汽车空调系统。冷暖一体化汽车空调是现代汽车上广泛采用的形式。

2. 按采暖系统的热源不同分类

1) 水暖式

水暖式是指利用发动机高温冷却液来获取热量，以提高车内温度的采暖系统，也称余热式暖气装置。从发动机出来的冷却液温度在80~90℃左右，让其中一部分冷却液流经加热器，通过加热器的热交换来加热空气，并由鼓风机将热风送入车内，用以提高车内空气的温度。

水暖式采暖的优点是，采用所需的热能来自发动机的余热，节约了能源。因此，水暖式采暖装置广泛地应用于轿车、货车和供暖要求不高的大客车。

水暖式采暖装置的不足之处是产热量不稳定，受到发动机工况的影响。例如，在停车时就不能提供热量，对大、中型车或是在严寒地带使用的车辆，热量更是不够。

2) 气暖式

利用发动机排气系统的热量采暖，因此也属余热式采暖装置。气暖式采暖装置是将发动机排出的废气引入加热器，通过热交换加热空气，并将热风吹入车内。目前，气暖式采暖系统应用较少，其应用主要集中在风冷发动机或有其他特殊要求的车上。

3) 独立热源式

独立热源式采暖装置是在汽车上设置专门的燃烧装置，通过燃烧燃料(汽油、柴油、煤油、天然气等)发出的热量加热进入车内的空气，因此，此种采暖系统也称燃烧式采暖装置。独立热源采暖装置的优点是，在汽车行驶时，热源不受汽车运行工况的限制；在停车时也可对车内提供暖气；还可用于对发动机进行预热，以解决冷车起动困难的问题；也可用作发动机润滑油的预热和保温、蓄电池的保温等。在客车上，独立热源式采暖系统应用较多。

4) 混合式

混合式采暖是指在汽车空调系统中，既有水暖装置，又配置了燃烧式采暖系统。混合式采暖系统综合了水暖式和燃烧式采暖系统的优点。在发动机不工作或刚起动，发动机冷却液温度还未达到正常工作温度时，起动燃烧器独立采暖；当发动机正常运转时，则用发动机冷却液独立采暖，或采用两种采暖方式同时工作的混合采暖。混合式采暖系统不仅可随时满足汽车采暖需求，而且可节约能源。一些豪华大客车的汽车空调，通常使用混合式采暖方式。

3. 按通风方式分类

1) 内循环式

内循环式也称内气式，其采暖通风方式是利用车内空气循环，以提高车内的温度。内循环采暖方式的优点是车内升温快、热源的消耗少,其缺点是没有换气,车内空气的质量较差。

2)外循环式

外循环式也称外气式,其采暖通风方式是通过车外空气循环来实现的。外循环采暖方式的优缺点与内循环式正好相反,即缺点是车内升温慢、热源的消耗多,优点是可引入车外的新鲜空气,车内空气质量较好。

3)混合循环式

混合循环式采暖系统既引入车外新鲜空气,又重复利用车内空气,以车内和车外的混合空气为载体,通过加热器的热交换升温后,送入车内取暖。混合循环式采暖系统的优缺点介于内循环式和外循环式的中间,即其经济性比外循环的好,车内空气的质量则要好于内循环式。

## 4.2 水暖式采暖系统

### 4.2.1 水暖式采暖系统的工作原理及工作过程

1. 水暖式采暖系统的组成与工作原理

水暖式采暖系统的基本组成主要是加热器、鼓风机、热水阀、通风道等,如图4.1所示。

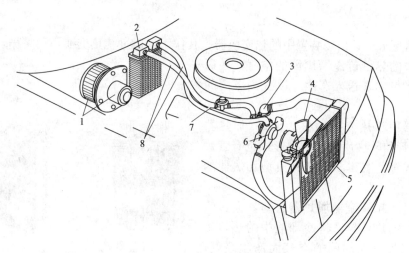

**图4.1 水暖式采暖系统的组成**
1—鼓风机;2—加热器;3—节温器;4—冷却风扇;5—散热器;
6—水泵;7—热水阀;8—加热器软管

水暖式采暖系统以发动机冷却液为热源,将从发动机冷却水道流出的一部分高温冷却液通过热水阀7和加热器软管引入到加热器2。温度为80~90℃的冷却液流经加热器,通过加热器的热交换作用将热量传递给加热器周围的空气,并由鼓风机1将热空气吹入车内，以提高车内的温度。水泵6除了使发动机冷却系统的冷却液循环流动外，也是水暖式采暖系统冷却液循环的动力。热水阀7用于调节加热器的热水循环流量，以控制加热器的供热量。

2. 水暖式采暖系统工作过程

水暖式采暖系统工作过程如图4.2所示。

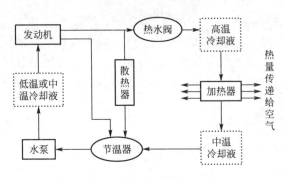

图4.2 水暖式供热原理

发动机起动后，在温度未达到正常工作温度以前，节温器关闭水泵与散热器的通道，连通水泵与发动机冷却液出口通道，使发动机冷却液处于小循环状态，由于进入发动机的冷却液温度较高，从而使发动机温度迅速升高。

当发动机温度达到正常工作温度（80～90℃）时，节温器接通水泵与散热器的通道，同时关闭水泵与发动机冷却液出口通道，冷却液通过散热器形成大循环。与此同时（热水阀开启时），部分高温冷却液经热水阀进入加热器，并通过热传导和热对流将热量传递给加热器周围的空气，再由鼓风机将加热后的空气吹入车内。在加热器中已释放了热量后的中温冷却液由水泵抽回发动机，如此循环，进行水暖式采暖过程。

### 4.2.2 水暖式采暖装置部件

1. 加热器

加热器是水暖式采暖装置中的热交换器，其作用是通过其热交换作用将循环流动的高温冷却液中的热量传递给周围的空气，并通过鼓风机将热空气送入车内，以提高车内的温度。

加热器用于热交换的核心部件（加热器芯）是热水管和散热片，其结构形式也有管片式和管带式等，图4.3是两种典型加热器的结构外形。

当高温冷却液流经加热器管时，通过管壁和散热片的热传导，将冷却液中的热量传递给加热器外表面周围的空气而产生暖气，再通过鼓风机形成强制热对流，将暖风吹入车内，使车内的温度升高。

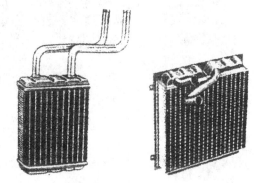

图4.3 加热器的结构外形

2. 热水阀

热水阀也称热水开关，装在加热器入水管口之前的热水管路中，用于控制水暖冷却液通道的通断，调节流经加热器冷却液的流量。因此，通过热水阀不仅可打开或关闭暖气，还可调节进入车内暖风的温度。根据热水阀的结构与操控方式的不同分，主要有拉索控制式和真空控制式两种形式。

1）拉索控制式热水阀

拉索控制式热水阀的结构外形如图4.4所示。在阀壳体内的热水阀1由其回位弹簧保持在关闭状态，当需要采暖时，通过拉索5拉动摇臂使阀打开，使从发动机冷却水道口的高温冷却液流入加热器。拉索控制式热水阀主要用于手动操控的汽车空调。

2）真空控制式热水阀

真空控制式热水阀的组成及内部结构如图4.5所示。膜片盒内有膜片3、弹簧5和真空管接头6，膜片左边通大气，右边弹簧侧连接真空管，真空压力源来自发动机进气歧管或真空罐。

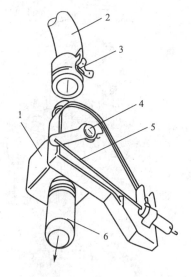 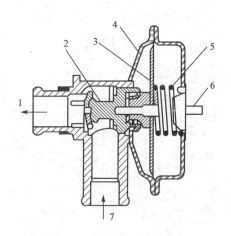

图4.4 拉索控制式热水阀　　　　　　图4.5 真空控制式热水阀
1—热水阀；2—进水管；3—管夹；　　　1—出水；2—活塞；3—膜片；4—通大气孔；
4—弹簧支座；5—拉索；6—出水管　　　5—弹簧；6—真空管接头；7—进水

当需要采暖时，采暖操控装置使真空膜片盒的右空腔连接真空源，真空吸力作用于膜片右侧，使膜片克服弹簧力右移，并带动活塞一起右移而使热水阀打开。当需要停止采暖时，采暖操控装置切断真空源，膜片在弹簧压力作用下左移，并带动活塞左移而关闭冷却液通路，加热器没有了高温冷却液的循环流动，随即停止产生暖气。

真空控制式热水阀既可在手动操控的汽车空调系统中使用，也适用于自动汽车空调系统。

对于冷暖一体化汽车空调系统来说，用热水阀调节通过加热器热水管冷却液的循环流量，改变的是加热器周围空气的温度，进入车内空气的温度还以可通过改变冷暖空气混合风门的位置来调节。

3. 鼓风机

鼓风机由电动机和风扇两部分组成，其作用是将加热器表面的热空气吹入车内，以提高车内的温度。鼓风机通常安装在有通风通道和风门的壳体内，与同样安装在壳体内的加热器一起组成了暖风装置。暖风装置有单独式和整体式两种形式。

1) 单独式暖风装置

单独式暖风装置的壳体内只有加热器，鼓风机由专门的暖气开关控制，从出风口吹出热风，只能用于提高车内空气温度和风窗玻璃的除霜。单独式暖风装置的组成如图4.6所示。

2) 整体式暖风装置

在冷暖一体化汽车空调的通风通道的壳体内，除了加热器外，还装有蒸发器，而鼓风机为采暖系统和制冷系统共用。在壳体内部的通风通道中有空气混合风门，用于实现冷暖一体化的空气调节。整体式暖风装置的组成如图4.7所示。

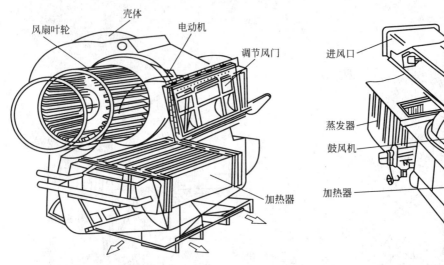
图4.6 单独式暖风装置

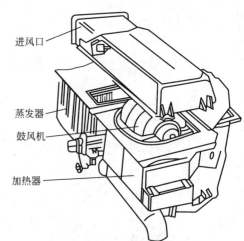
图4.7 整体式暖风装置

## 4.3 气暖式采暖系统

### 4.3.1 气暖式采暖系统的工作原理

1. 气暖式采暖系统的基本组成与工作原理

气暖式采暖系统的热源是发动机排出的废气。汽油发动机燃烧产生的热量中，有36%通过废气排出，柴油发动机由废气带走的热量也有30%。图4.8所示的就是利用发动机排出的废气余热来产生暖气的装置。

在该采暖系统中，采暖与否由发动机排气管5中的废气控制阀4控制。当需要采暖时，可通过废气控制阀将通往消声器的通道关闭，使废气流经加热器3，通过加热器的热交换加热其周围的空气，并用鼓风机将这些热风吹入车内，以提高车内的温度。

2. 气暖式采暖装置加热器的结构形式

1) 排气管直接采暖方式

排气管直接采暖方式是将用作加热器的排气管直接布置在车内。当需要利用废气采暖

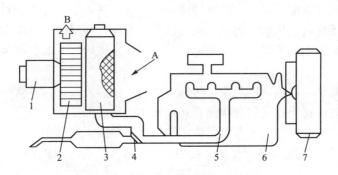

**图 4.8 气暖式采暖系统组成原理**
1—鼓风机电动机；2—鼓风机风扇；3—加热器；4—废气控制阀；5—排气管；
6—发动机；7—散热器；A—新鲜空气；B—暖风

时，通过操纵控制阀使发动机排出的废气经过加热器，废气的热量直接通过排气管壁的热传导来加热车内的空气。

采用排气管直接采暖方式，其加热器本身的结构很简单，但这种采暖方式的安全性较差。因为用于提供热量的发动机废气中含腐蚀性气体和有毒气体以及微粒，因而对用作加热器的排气管材料的防腐性及安装的密封性有很高的要求。在使用中，为确保车内乘员的安全，必须经常检查或安装报警器。

2）翅片式气暖加热器

翅片式气暖加热器的结构原理如图 4.9 所示。将外表面铸有翅片的热交换管安装于排气管的外壁，在热交换管的外面套有空气保温管。

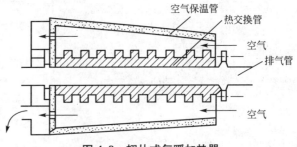

**图 4.9 翅片式气暖加热器**

当需要采暖时，发动机排出的废气流经排气管，高温废气中的热量通过排气管壁、热交换管及翅片的热传导，传递给翅片周围的空气。吸收了热量的暖气再由鼓风机将其吹入车内，使车内空气温度升高。

相比于排气管直接加热式，翅片式气暖加热器与空气的接触面积大，传热效率较高；通过鼓风机使车内空气与加热器暖气进行强制对流，车内温度上升较快。

翅片式气暖加热器也必须采用耐腐蚀材料，且连接处的密封性必须可靠，以避免废气中的有害气体和微粒渗入车内，对车内人员身体造成伤害。因此，使用这种气暖式采暖方式的汽车，也必须经常检查车内有害气体的含量，或在车内安装报警器，以确保车内乘员的安全。

3）热管式加热器

热管式加热器的换热原理如图 4.10 所示。热管是一个金属管，内部抽成真空后再充入液体，液体的量约为管内容积的 1/3。充入的液体必须具有易汽化、汽化潜热大、无腐蚀等特点，如水、氨、乙醇、R13 等具有这些特点，均可用作热管的液体。

热管的吸热端置于排气管中，当需要采暖时，使高温废气流过热管下部的吸热端，废气中的热量通过加热管壁的热传导，将热量传递给热管内的液体而使其立即汽化，产生的蒸气上升至上部的放热端。蒸气在放热端冷却而液化，释放的热量通过热传导传递给管壁外的空气，吸收了热量的热空气由鼓风机将其吹入车内。冷凝后的液体在重力作用下沿管壁流回吸热端，又被加热蒸发，如此循环，就可不断地将热管下部废气的热量传到上部的空气。

热管式加热器结构简单，启动快，传热系数高，换热效果好，不需外加动力也无运动部件，维护方便；相比于排气管直接加热式和翅片式气暖加热器，热管式加热器在采暖过程中，发动机排出的废气和进入车室采暖用空气互不泄漏，工作安全可靠。热管式加热器在汽车上的布置一例如图 4.11 所示。

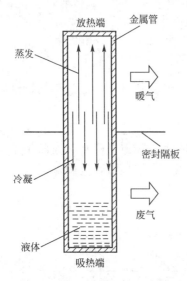

图 4.10 热管式加热器的换热原理

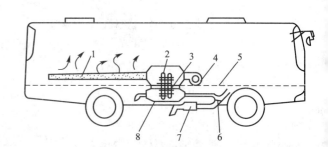

图 4.11 热管式采暖装置

1—暖风管；2—热管；3—密封隔板；4—鼓风机；
5—地板；6—阀门；7—消声器；8—换热器废气通道

### 4.3.2 废气热水式暖气系统

气暖式加热系统由于直接用温度很高的废气加热空气，因而送出的暖气温度较高，加之空气又较为干燥，使得送入车内的空气给人以一种燥热的感觉，其舒适度比较差。采用废气水暖式加热方式可以较好地解决这个问题。

**1. 废气水暖式加热系统的组成**

废气水暖式加热系统主要由水箱、水泵、热水器、加热器及电磁换向阀等组成，如图 4.12 所示。热水器 5 的结构类似于燃气热水器，只是热源由发动机排出的废气替代了燃烧产生的热气。在热水器的内部装有带翅片的水管，水管中的液体在水泵的作用下循环流动，其循环路径为：水箱 2 出水口、水泵 1、热水器 5 中的水管、电磁换向阀 3、加热器 4、水箱入水口。加热器的结构形式与水暖式加热器相似，用于热交换以加热空气。电磁换向阀用于控制循环液体的循环路径，在需要采暖时，电磁阀可将热水器与加热器接通。

2. 废气水暖式加热系统的工作原理

发动机工作时，排气管的高温废气流经热水器，加热流过热水器水管的水溶液（通常为乙二醇与水配制的液体），温度可达 105℃左右。被加热了的水溶液由水泵将其送入加热器，通过加热器的热交换加热加热器周围的空气，再由鼓风机将这些热空气送入车内，用以提高车内温度。在加热器内释放了热量而温度已降低了的水溶液流进水箱，并在重力和水泵的抽吸作用下进入下一个工作循环。

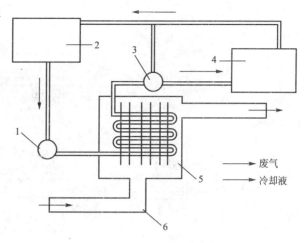

图 4.12 废气水暖式加热系统
1—水泵；2—水箱；3—电磁换向阀；
4—加热器；5—热水器；6—排气管

当不需要采暖时，通过电磁换向阀使热水器与水箱相连接，被加热了的水溶液将直接流进水箱而不经过加热器，水溶液只是在水箱与热水器之间循环。

如果将水箱设置在高于加热器的位置，就可以不用水泵，因为受热膨胀的水溶液会自动地沿着水箱、热水器、加热器、散热器方向循环。如果增加水泵，则可以加快液体的循环流动，有利于暖气温度的提高。

由于废气水暖式加热系统空气的加热方式与水暖式一样，因而产生的暖气没有普通气暖式加热器那种燥热的感觉。此外，废气水暖式加热系统结构比较简单，产热量高，且不影响发动机的性能，因此，是一种非常有发展前途的采暖装置。

## 4.4 燃烧式采暖装置

以发动机冷却液和排出的废气为热源的采暖装置也被称为余热式采暖装置，这种采暖方式只能在发动机工作时进行采暖，且受发动机工况和功率变化的影响较大，其产热量往往不能满足车内温度调节的实际需要。燃烧式采暖装置通过燃烧产生热量，不依赖于发动机，因此，克服了余热式采暖装置的缺点，在暖气需求量较大的大中型客车、旅行车及在严寒地区使用的汽车上应用相当普遍。燃烧式暖气装置的空气加热方式主要有两种，一种是直接通过燃烧产生的热量加热空气，另一种是燃烧产生的热量先加热水，再由热水加热空气。

### 4.4.1 燃烧直接加热式采暖系统

1. 燃烧直接加热式采暖装置的组成

燃烧直接加热式采暖装置也称燃烧气暖式，这类采暖装置其燃料燃烧所产生的热量直接加热空气。燃烧直接加热式采暖装置的组成部件及结构形式如图 4.13 所示，主要由燃烧器、热交换器、燃料供应、空气供应和控制部分组成。

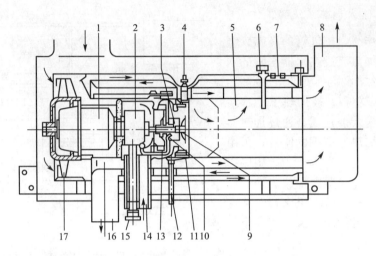

图 4.13 燃烧直接加热式采暖系统

1—电动机；2—燃油泵；3—燃油分布器；4—火花塞；5—燃烧室；6—燃烧指示器；
7—熔断器；8—暖气排出口；9—燃油分布器帽；10—燃油分布器管；11—燃烧环；
12—排气管；13—燃烧室空气送风机；14—燃烧室空气吸入管；
15—燃油吸入管；16—排气管；17—暖风送风机

1) 燃烧器

燃烧器的作用是使燃料燃烧而产生热量。燃烧器由燃油管、燃油分布器 3、燃烧环 11、火花塞 4 等组成。工作时，燃油在燃油泵的作用下，燃油从分布器滴出，依靠离心力和空气的切向力将燃油雾化并与空气混合，可燃混合气被火花塞点火引燃后，在燃烧器上部燃烧。燃烧器在高温下工作，因此，燃烧器的材料通常采用耐热的不锈钢。

2) 热交换器

热交换器的作用是将燃料燃烧产生的热量传递给空气。热交换器紧靠燃烧器后端，其中心是燃烧室 5，包围着两个夹层空腔。第一层空腔流通的是被加热的空气，第二层空腔流通燃烧气体，燃烧气体被引入排气腔。燃油燃烧产生的热量通过金属隔板加热空气，加热后的空气经暖气室送入车内。

3) 燃料与空气供给系统

燃料供给系统用于向燃烧器提供燃油和空气。燃料供给系统由燃油泵 2、电动机 1、燃油电磁阀、油箱和输油管路等组成。空气供给包括两部分，一部分是燃烧室内助燃空气供给，另一部分是被加热空气供给。燃烧室助燃空气供应和燃料泵都是由风扇电动机来驱动的，而被加热空气则是由暖风送风机(鼓风机)将其吹向加热器夹层。

4) 控制系统

控制系统有手动控制和自动控制两种形式。控制系统用来控制电动机、电磁阀、点火装置及其他自动控制单元，以使采暖系统正常工作。

2. 燃烧直接加热式采暖装置的工作原理

图 4.13 所示的燃烧直接加热式采暖装置工作原理如下：

当打开暖气开关时，电磁阀及电动机 1 通电，电动机带动燃油泵 2 工作，燃油从燃油箱经过滤器进入燃油分布器 3，滴下的燃油在离心力的作用下飞散雾化，与空气混合后进入燃烧室 5，由火花塞 4 点燃混合气。一旦燃混合开始燃烧，火花塞就会立即自行断电，由燃烧环 11 使燃烧持续进行，燃烧产生的高温气体在与新鲜空气换热后，由排气管 16 排向大气。暖风送风机 17 运转时将室外新鲜空气送入，在经过燃烧室和外筒间壁以及外筒外侧时被加热，并从暖气排出口 8 进入车内暖风管道，经管道各风口向车内提供暖气。

燃烧直接加热式采暖装置的优点是采暖速度快，不受汽车行驶条件的影响。这种采暖装置的缺点与发动机废气采暖方式一样，进入车内的暖风会给人一种燥热的感觉，舒适性较差。

### 4.4.2　燃烧间接加热式采暖系统

**1. 燃烧间接加热式采暖装置的组成**

燃烧间接加热式采暖装置也称燃烧水暖式，其组成如图 4.14 所示。燃烧水暖式暖气装置也有燃烧器、热交换器、燃料供应、空气供应和控制部分，这些组成部件与燃烧直接加热式暖气装置大体相同，增加了水暖装置。与图 4.13 所示的燃烧直接加热式采暖装置不同之处有如下几点。

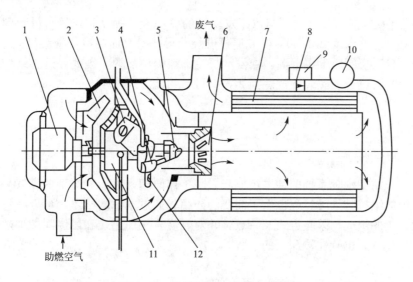

**图 4.14　燃烧间接加热式采暖装置**
1—电动机；2—风扇；3—电磁阀；4—点火器；5—喷油嘴；
6—燃烧室；7—热交换器；8—过热保护器；9—出水管；
10—进水管；11—油泵；12—光敏电阻

1）燃烧器

燃烧器是由喷油嘴 5 和点火器 4 组成。高压电弧点火器具有点火迅速，使用可靠的优点。

2）热交换器

热交换器的一侧仍为高温的燃烧气体，而另一侧则是水，不再是空气。供水系统是以水泵代替鼓风机作为动力。水的来源可以是专用的水箱，也可以是发动机的冷却液。

3) 控制系统

控制系统增加了水温控制器和水温过高保护器，前者根据水温的高低控制燃油的喷油量，后者则是在水温超过预调温度时，将油门切断，停止燃油燃烧。

2. 燃烧间接加热式采暖装置的工作原理

燃烧水暖式暖气装置的点火燃烧过程与燃烧直接加热式采暖装置的相似，但燃烧产生的热量加热的是水。当需要采暖时，打开暖气装置管道上的开关，水经管道进入暖气装置，水被加热后输送到进风通道内的加热器，通过加热器的热交换产生暖气。当不需要采暖时，关闭暖气装置管道上的开关即可。

3. 燃烧间接加热式采暖装置的性能特点

燃烧间接加热式采暖方式用水作为载热介质向车内提供暖风，这种暖气装置具有如下特点：

（1）由温度不是特别高的热水加热空气，使得出风柔和，舒适感好，且采用内循环空气，灰尘少，采暖效率也较高。

（2）通过燃料燃烧被加热了的热水还可用作寒冷天气下的发动机预热、润滑油和蓄电池预热的热源。

（3）燃烧间接加热式暖气装置与汽车发动机的冷却液系统互相连接，可起到互补的作用。当发动机冷却液温度低于80℃时，通过燃烧获得热量，而当冷却液温度高于80℃时，恒温器动作，自动切断燃油泵电源，由发动机冷却液提供热源。因此，这种结构形式的燃烧式采暖装置既可避免加热装置过热损坏，又可节约能源。

# 本 章 小 结

本章主要介绍了水暖系统的基本组成与采暖工作原理，对不同类型的废气采暖系统和燃烧采暖系统的结构与采暖过程也做了简要的介绍。通过本章的学习，可以熟悉汽车空调余热式采暖系统的组成、采暖方式及特点，并对燃烧直接加热式和燃烧间接加热式采暖系统的结构与采暖方式也有比较深入的了解。

# 思 考 题

1. 汽车空调采暖装置的作用是什么？
2. 按热源的不同区分，现代汽车空调采暖系统有哪些类型？
3. 各种采暖方式的特点是什么？
4. 水暖式采暖系统有哪些组成部件？该系统如何实现采暖？
5. 加热器起何作用？有哪些结构类型？
6. 热水阀的作用是什么？有哪结构类型？
7. 气暖式采暖系统有哪些组成部件？该系统如何实现采暖？
8. 气暖式采暖系统有哪些热交换方式？

9. 热管式加热器是如何进行热交换的？
10. 废气热水式采暖系统是如何获得暖气的？
11. 燃烧直接加热式采暖装置送入车内的暖气是如何产生的？
12. 燃烧间接加热式采暖装置送入车内的暖气是如何产生的？
13. 相比于燃烧直接加热式采暖装置，燃烧间接加热式采暖装置的结构及加热方式有何不同？具有哪些优点？

# 第5章
# 汽车空调的通风与空气净化装置

教学目标

了解汽车空调通风的作用与强制通风的类型,熟悉最常见汽车空调通风系统的构成及通风过程;了解空气净化的作用与方式,熟悉典型空气净化装置的构成及空气净化过程。

教学要点

| 知识要点 | 能力要求 | 相关知识 |
| --- | --- | --- |
| 汽车空调通风方式与构成 | 了解汽车空调通风系统的结构类型,熟悉常见通风系统的构成与通风过程 | 空气中 $CO_2$ 含量及其影响、自然通风与强制通风、通风通道与风门 |
| 汽车空调空气净化的作用与净化原理 | 了解汽车空调空气净化的作用,熟悉典型空气净化装置的组成与净化过程 | 车内空气污染的成分、空气过滤器、空气的除臭与消毒、负离子及负离子发生器 |

为使车内的空气保持洁净和清新,汽车空调还需要有通风和空气净化功能。因此,现代汽车空调均设有通风装置,用于空调的通气方式控制、空气温度调节、通风量调节、送风方式调节等,以便将车内空气的温度、湿度、清新度调节到理想状态。一些中高级轿车及豪华大客车,为获得更高的车内空气质量,在其空调的通风系统中,还配有单一功能或多种功能的空气净化装置。

## 5.1 汽车空调通风装置

### 5.1.1 汽车空调的通风

**1. 汽车通风的作用**

汽车在使用空调时,通常需要关闭车窗,以避免冷气或热量流失。车内的空间狭小,人员相对较为密集,很容易造成缺氧和 $CO_2$ 含量过高。$CO_2$ 虽不是有毒气体,但如果在空气中含量过高也会对人体造成伤害。空气中 CO 含量对人体的影响见表 5-1。

表 5-1 对人体的影响

| 空气中 $CO_2$ 的含量（体积分数） | 对人体影响 |
| --- | --- |
| 0.015~0.02 | 呼吸急促,持续作用会破坏人体电解质平衡,人会感到轻度头痛 |
| 0.02~0.03 | 头痛加剧、呼吸困难、气喘、出汗,不能进行体力劳动 |
| 0.04 | 精神沮丧,思维知觉减退 |
| 0.05 | 危险的含量,有昏迷危险 |

研究表明,驾驶员的需氧量在汽车正常行驶时比静止时多 0.5 倍;而在复杂情况下,则要比静止时多 3.5 倍;当几种不利的气候因素同时起作用时,需氧量则要比静止时多 5 倍。可见,汽车及时适量地通风,以增加车内空气中氧的含量,降低 $CO_2$ 的含量对车内乘员身体健康和汽车行车安全均十分重要。

将新鲜空气引入车内,使车内空气质量得到改善的过程称为通风。汽车空调通风系统的作用就是在保持车内适宜温度的情况下,提高车内空气的含氧量,降低 $CO_2$、灰尘、烟气等有害气体的浓度,为车内驾乘人员提供健康和舒适的环境。

**2. 汽车通风的形式**

汽车通风可分为自然通风和强制通风,汽车的自然通风有两种形式：
(1) 打开车窗或天窗,通过车内外空气的对流实现自然通风。
(2) 在车身内壁面上开设进出风口,使汽车在行驶中形成自然通风。
汽车的强制通风也有两种形式：
(1) 利用制冷系统和采暖系统的外循环,通过鼓风机进行强制通风。
(2) 通过安装在车顶的换气扇或抽风机进行强制通风。
打开车窗或天窗的自然通风不仅会影响车内的温度,还容易使车外的灰尘进入车内,车外的噪声也会传入车内,特别是汽车在高速行驶的时候,由于开窗所引起的噪声和对车辆整体动力平衡性所造成的影响,使得汽车在许多情况下必须关闭车窗和天窗。因此,汽车必须要有打开车窗和天窗以外的其他通风方式。

1) 汽车自然通风

汽车自然通风(上述第(2)种自然通风方式)是利用汽车行驶中的气流压力差,将车外空气引入车内的通风方式。自然通风需要在汽车上设空气引入口和空气排出口,空气引入口设在正压区,车内空气排出口一般设于负压区,通过风门大小的开度来控制通风量。

轿车行驶中车外的气压分布如图5.1所示,通过进出风口实现自然通风的空气流动方式如图5.2所示。汽车在行进时,车外空气从前迎风面的进气口进入后,在车内循环,然后从车身后部流入行李箱,通过排气栅格排入大气。

为了避免车内空气成负压,并确保进入车内空气的清洁度,选择适当的通风进气口和排风口非常重要。图5.3所示的是客车行车时车外空气压力分布情况。显然,进风口必须选在汽车行驶时的正压分布区。这样,从车外进入的空气经过过滤和进气控制阀的控制,可保证车内为正压区,空气清洁度也有保障。而排气口应选择在负压区,有利于及时排出车内污浊气体。

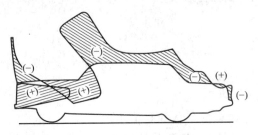

图5.1 轿车行驶中车外的气压分布示意图

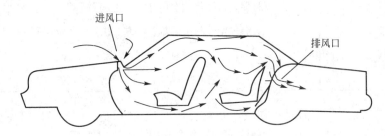

图5.2 轿车空调自然通风方式

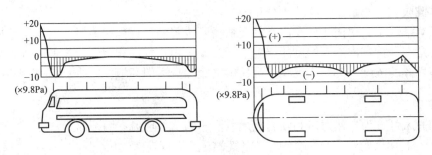

图5.3 客车表面空气压力分布

轿车、货车的新鲜空气进口都在车头部位,这个位置属于正压区,而且进来的空气也比较清洁。为了避免发动机室对空气的污染,通常用塑料管将室外空气直接引入空调器进气口。

大型客车的进风口布置比较复杂,要根据蒸发器和空调器安装位置来设置。大部分大客车都将排风口设置在车前部驾驶室两侧上部(图5.4),因为此处是最大的负压区,有利于引导车内空气的流动和排出,冷气或暖风在车内循环流动后,最后由此排出,也有利于能量的充分利用。

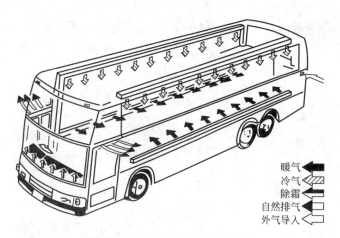

图5.4 大客车空调的自然通风

一些城市公交车通常是在车顶设置天窗的方式实现自然通风,天窗可用手动开关,需要通风时,可打开天窗进行自然通风。

2) 汽车强制通风

汽车强制通风就是通过风机的旋转,强迫空气流动的通风形式。强制通风的空气引入口和空气排出口通常也是分别设在正压区和负压区。现代汽车空调大都采用强制通风方式,即将制冷系统、采暖系统和强制通风装置组成冷暖一体化的空气调节系统,由冷暖一体化汽车空调的外循环功能实现强制通风,调节鼓风机的转速即可控制通风的风量。轿车和小客车的强制通风出风口示意图如图5.5和图5.6所示。

图5.5 轿车强制通风示意图　　图5.6 小客车强制通风示意图

一些大客车和公共汽车,由于车内空间较大,人员相对较多,为达到理想的通风效果,通常是在车顶部或其他某处设置换气扇或抽风机进行强制通风。

3) 汽车综合通风

综合通风是指汽车上同时采用了自然通风和强制通风。综合通风优点是,在无需温度调节的季节,可由自然通风承担主要的换气任务,使强制通风尽量少用或不用,从而节约了能源，汽车的经济性较好。

### 5.1.2 汽车空调通风系统的送风方式

**1. 汽车空调强制通风系统的基本组成**

不同车型其空调强制通风系统的结构形式也不相同，但其基本组成相同，主要由鼓风机、进出口风门、空气混合风门及通风管路等组成。典型的汽车空调送风系统如图5.7所示。

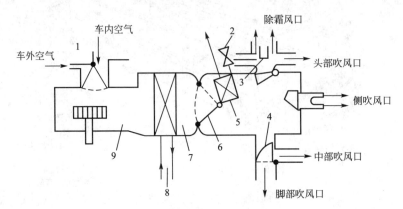

图 5.7 汽车空调送风系统
1—进气口风门；2—热水阀；3、4—出风口风门；5—加热器；
6—冷暖空气混合风门；7—蒸发器 8—制冷剂进出管；9—鼓风机

可将汽车空调强制通风系统分为三部分：第一部分为空气的入口段，主要的组成部件是进气口风门1和用作强制通风的鼓风机；第二部分为冷暖空气混合段，这部分主要由提供暖气的加热器5、提供冷气的蒸发器7和冷暖空气混合风门6组成；第三部分为空气的出口段，空气出口段的组成部件主要有使空气吹向面部、脚部和风窗玻璃上的各个风口和相应的出风口风门组成。

汽车空调通风系统前、中、后三部分均设有风门，即进气口风门、冷暖空气混合风门及出风口风门，各风门的作用如下：

1) 进气口风门

设在空气进口段的进气口风门用于控制车外引入空气和车内循环空气的比例。当夏季车外空气气温较高、冬季车外温度较低的情况下，尽量开小车外空气进入的比例，以减少冷气、热量的损耗。当汽车长期运行而车内空气品质下降时，应开大车外空气进入的比例，以增大换气量，使车内空气清新。

现在许多汽车空调的通风系统其进气口风门通常只设"车外空气导入"和"车内空气循环"两个位置。即进气口风门在车外空气导入位置时，车外空气导入口打开，车内空气循环口关闭，此时，只有车外空气进入车内；进气口风门在车内空气循环（再循环）位置时，则车外空气导入口关闭，此时，只是车内空气循环流通。

2) 冷暖空气混合风门

设在中段的冷暖空气混合风门用于调节冷暖空气的混合比例，以控制出风口空气的温度。当冷暖空气混合风门处在关闭加热器风道位置，而制冷系统在开启状态时，送入车内的空气为最冷状态；当此风门处在加热器风道全开位置，而制冷系统处于关闭状态时，送入车内的空气为最热状态；冷暖空气混合风门在最热和最冷之间改变其位置，就改变了冷暖空气的比例，使出风口送出温度适宜的空气。

3）出风口风门

设在出风口处的门用于调节出风的部位和风的方向。通过调节出风口风门，可以选择不同部位的风口吹风，以使车内有适宜的气流和温度分布。此处的风门若将除霜风口打开，使暖风吹向风窗玻璃，就可除去风窗玻璃上影响视线的霜或雾。

进、出口风门和空气混合风门均有手动操纵和电动或气动驱动两种形式。由驾驶员通过空调操控面板上的通风控制开关和拉索直接操纵各风门的为手动式汽车空调系统，由控制器通过电动伺服机构或气动伺服机构操纵各风门的空调系统则为自动汽车空调系统。

2. 汽车空调的送风方式

以上汽车空调送风方式属于冷暖空气混合式，实际上，汽车空调还有独立送风方式、半空调送风方式、全空调送风方式和并联送风方式等送风方式，各种送风方式的进气流程见表 5-2。

表 5-2 汽车空调各种送风方式

| 类型 | 送风流程 |
|---|---|
| 冷暖风独立方式 | 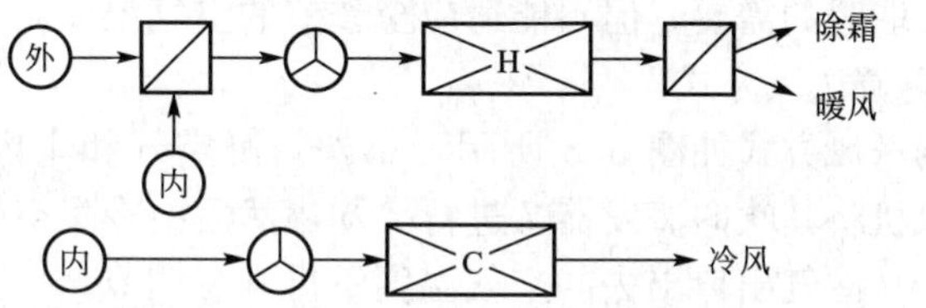 外→□→○→H→□→除霜/暖风；内→○→C→冷风 |
| 半空调方式 | 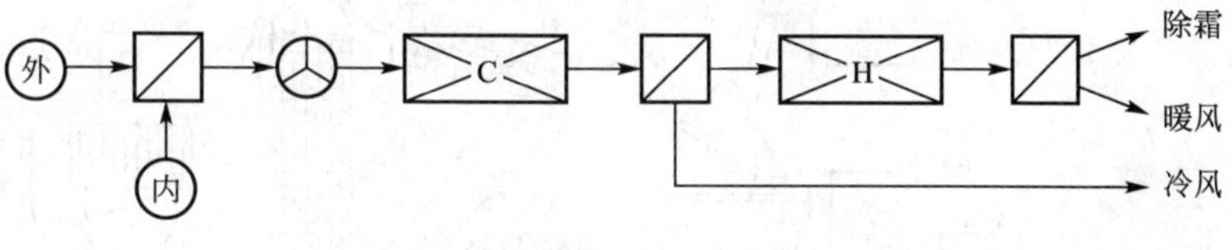 外/内→□→○→C→□→H→□→除霜/暖风/冷风 |
| 冷暖空气混合方式 | 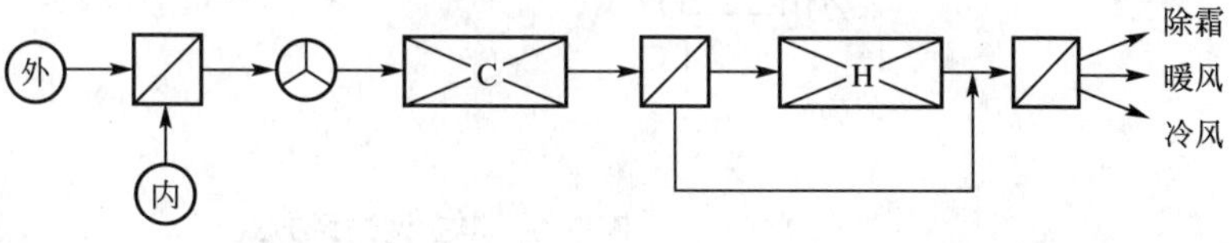 外/内→□→○→C→□→H→□→除霜/暖风/冷风 |
| 全热式方式 | 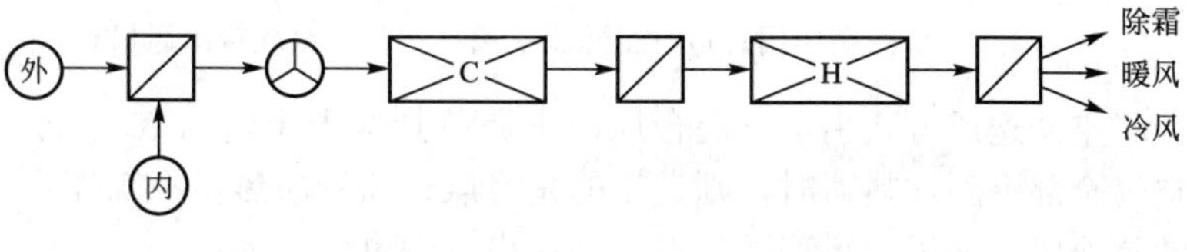 外/内→□→○→C→□→H→□→除霜/暖风/冷风 |

(续)

| 类型 | 送风流程 |
|---|---|
| 加热、冷却并进式方式 | 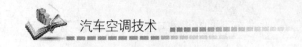 |

表中符号说明：

- 内 车内循环空气
- 外 车外新鲜空气
- ⊗ 鼓风机
- ☐ 进气口风门、冷暖空气混合风门、出风口风门
- H 加热器
- C 蒸发器

1) 冷暖风独立送风方式

冷暖风独立送风方式的空调系统中，其采暖系统和制冷系统有各自的风道和鼓风机，制冷和采暖独立操作。这种送风方式从各出风口只能送出热风或冷风，用以满足夏天提供冷气、冬天取暖的需要，但不能适应全季节的空气温度调节，因此在汽车上已较少采用。

2) 半空调送风方式

半空调送风方式如图 5.8 所示。车外新鲜空气和车内循环空气经进气口风门 5 调节后，由鼓风机将其吹向蒸发器 7 进行冷却，然后由冷暖空气混合风门 8 调节流经加热器的空气流量，从冷气出口出去的空气温度不再进行调节。

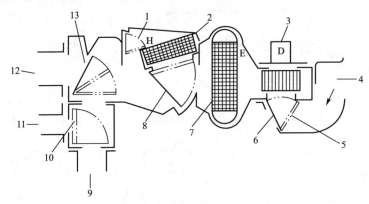

图 5.8 半空调送风方式

1—限流风门；2—加热器；3—鼓风机电动机；4—车外空气入口；5—进气口风门；
6—车内空气入口；7—蒸发器；8—冷暖空气混合风门；9—至面板出风口；
10—A/C除霜风门；11—至除霜器出口；12—至底板出风口；13—加热除霜风口

半空调送风方式由空气混合风门来调节其送入车内的空气温度。当制冷系统不工作，将空气全部引到加热器时，则送出的是暖风；如果加热器不工作，而制冷系统工作，则送出的是冷风；如果两者都不工作，则送出自然风。

3）冷暖空气混合送风方式

冷暖空气混合送风方式(图5.7)的送风流程是进入的空气先经过蒸发器进行降温除湿处理后,通过冷暖空气混合风门位置的调节作用,使部分或大部分冷空气进入加热器加热,出来的热空气再与未经加热器加热的冷空气混合,并通过相应的出风口进入车内。

通过改变冷暖空气混合风门的位置,可以将空气调节到所需的温度。当制冷系统不工作,加热器也不供热时,出风口送出的是与车外空气温度相同的自然风。

这种空调送风方式的最大特点是效率高、节能显著,因此,冷暖空气混合送风方式是目前汽车空调采用最多的一种形式。冷暖空气混合送风方式的不足是冷热空气的混合不够均匀。

4）全热式送风方式

全热式送风方式如图5.9所示,与冷暖空气混合式送风方式不同的是,由蒸发器2出来的冷空气全部进入加热器3,蒸发器与加热器之间没有冷暖空气混合风门,而是将蒸发器冷却后的冷空气再由加热器加热,然后经各出风口进入车内。

由于全热式送风方式不设可调节温度的冷暖空气混合风门,须由热水阀通过控制加热器热水循环流量来控制出风温度。如果制冷系统工作,关闭热水阀,从出风口吹出来的是未经加热的最冷空气;增大热水阀的开度,出风的温度会随之上升;如果制冷系统

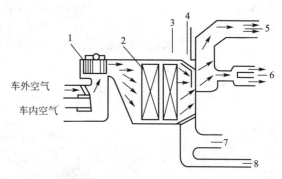

图5.9　全热式送风方式
1—鼓风器；2—蒸发器；3—加热器；
4—除霜吹风口；5—中心吹风口；6—侧吹风口；
7—热风吹风口；8—尾部风口

不工作而只是开启热水阀,则送出最热的暖风;如果关闭热水阀,且制冷系统也不工作,则从出风口吹出来的为自然风。

全热式送风系统的优点是被冷却和加热后的空气温度参数精度较高,缺点是浪费了一部分冷气。全热式送风系统为了达到高精度的空气温度参数而不惜损失少量冷气,这种空气温度调节方式目前只是在一些高级轿车和豪华大客车上有应用。

5）并联式送风方式

并联式送风方式通风系统的布置如图5.10所示。加热器5与蒸发器4在通风通道中并联布置,车外或车内空气进入进气口风门后,由鼓风机3吹出,再经冷暖空气混合风门6进入并联的蒸发器4和加热器5,经蒸发器冷却后的冷空气和经加热器加热的热空气被吹向出风口,经相应的出风口进入车内。

与冷暖空气混合送风方式一样,并联式送风方式的出风口温度也是由混合风门控制。改变混合风门的位置,即可改变流经蒸发器和加热器空气的比例,也即改变了冷气(蒸发器流出)和暖气(加热器流出)的混合比,使进入车内的空气温度达到所需的值。

当混合风门处在最下方位置时(图5.10(b)),从鼓风机吹来的空气只能进入蒸发器,如果制冷系统处于工作状态,从出风口吹出的就是最冷的风。当混合风门处于最上方位置时,空气只能流经加热器,如果热水阀开启,出风口吹出的就是最热的风。如果制冷系统不工作,热水阀又关闭,从出风口吹出的就是未经冷却和加热的自然风。

在轿车上使用的一种整体式通风装置如图5.11所示。

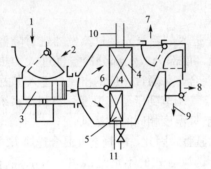
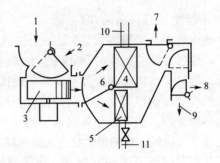

(a) 混合风门在上、下方中间位置　　　　　　(b) 混合风门在最下方位置

图 5.10　并联式送风方式

1—车外空气；2—车内空气；3—鼓风机；4—蒸发器；5—加热器；6—混合风门；
7—上部风口除霜出风口；9—脚部出风口；10—制冷剂进出管；11—热水阀

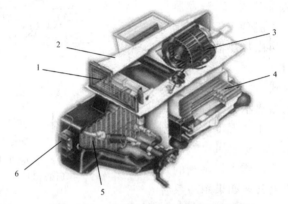

图 5.11　整体式汽车空调通风装置

1—进气罩滤网；2—风道壳体；3—鼓风机；4—加热器；5—蒸发器；6—温度控制器

## 5.2　空气净化装置

为了使进入车内的空气洁净新鲜，一些汽车空调还装有空气净化装置，以除去车内空气中的粉尘、有害气体及异味。

### 5.2.1　对粉尘的净化

**1. 汽车车内空气粉尘的来源**

粉尘主要包括由固体物质粉碎破坏形成的固体颗粒，因燃烧不完全产生的固体烟尘，化学反应过程中产生升华，蒸馏形成的烟气以及雾化的液体粒子等。此外，花粉、细菌、悬浮尘土微粒均是进入车内粉尘的来源。

**2. 汽车空调的除尘方式**

空气粉尘净化方法有多种，按净化的工作原理区分有静电式、过滤式、对冲粘附式、吸附式、吸收式等。现代汽车常采用的是静电式和过滤式。

1）过滤除尘

过滤除尘是用过滤器对尘埃进行筛滤和拦截，或借助惯性作用和扩散作用将粉尘颗粒与空气分离。过滤除尘主要用无纺布、过滤纤维纸组成干式纤维过滤器和金属网格浸油过滤器。过滤除尘有如下形式：

（1）惯性过滤。其适用于较大粒度的尘埃，当大颗粒粉尘随空气一起流动时，利用其惯性作用，在过滤层较长而曲折的孔道上来不及随气流转弯而碰撞到孔壁上，在重力作用下跌落下来。

（2）扩散过滤。其适用于微小颗粒的粉尘，随空气一起流动的微小颗粒粉尘在围绕交错的纤维表面作布朗运动时，与纤维接触而沉积下来。

（3）静电过滤。当尘埃随空气一起流动时，尘埃通过纤维滤网过程中，因与纤维有摩擦而产生静电，并被纤维吸附在其表面。

过滤除尘法的优点是简单、价廉，缺点是气流阻力较大。

2）静电除尘

静电除尘的原理如图 5.12 所示。静电除尘是利用高压电极产生高压电场，用以对空气进行电离，使空气中的尘粒带电，并在电场力的作用下使带电尘粒产生定向运动，沉降在正、负电极板上，从而实现对空气的静电除尘。

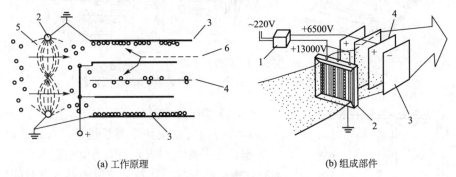

(a) 工作原理　　　　　　　　　　　(b) 组成部件

图 5.12　静电除尘原理

1—直流升压器；2—电离器；3—吸尘负极板；4—吸尘正极板；5—电晕放电；6—捕捉的尘埃

静电除尘器可分为电离段和集尘段两部分。

在电离段，等距离平行安装的流线型管柱或平行板构成接地电极，极板间布有数十根直径为 0.2mm 的针形细线，细线材料通常采用钨，该电极也称为晕电极。当电离器通电后，直流升压器使电极加上 10～12kV 的直流电压，钨丝电极周围的空气被电离，电子在电场力的作用下向正极电晕极运动，当与流经空气中的尘埃相碰撞时，就使尘埃微粒带上负电荷。

在集尘段，板状正负极板加上 5～7kV 的直流电压后，极板间也形成均匀的电场。当带电的尘埃进入集尘正负极板之间时，就会在电场力的作用下向集尘极板侧运动，并沉降在极板上。

静电除尘法的优点是空气流动阻力小，除尘效率高，能捕集 $0.01～100\mu m$ 的尘埃。

在汽车空调通风系统中，静电除尘一般与过滤器配合使用，通常情况下，还具有除臭、杀菌和产生负离子的功能，以便向车内提供更为清新、洁净的空气。静电除尘空气净化装置由于其结构较为复杂，成本较高，因此一般只是在高级轿车和豪华大客车上使用。

3. 汽车空调常用的过滤器

汽车空调中所使用的过滤器因过滤的对象和所要达到的过滤效果不同,其结构形式和过滤原理也不相同。

(1) 初效过滤器。这类过滤器主要是利用空气中尘粒的惯性力来实现空气的过滤,用于滤除颗粒较大的粉尘。这类过滤器通常用金属网丝和粗孔聚氨酯泡沫塑料和各种人造纤维作滤层。

(2) 中效过滤器。这类过滤器一般选用直径约为 $10\mu m$ 的中孔聚氨酯泡沫塑料、化纤无纺布作过滤器。这类过滤器在汽车空调中应用最多。

(3) 高效过滤器。这类过滤器用于超净要求的高级汽车空调,作为最终过滤之用,高效过滤器前通常设有初级、中级的前缀过滤器。高效过滤器的滤层通常采用超细玻璃棉,或采用纸质滤层。高效过滤器的结构如图 5.13 所示。

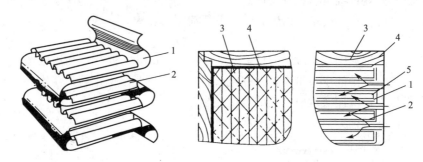

图 5.13 高效过滤器
1—滤纸;2—分隔片;3—密封胶;4—外框架;5—滤纸护条

(4) 静电除尘过滤器。汽车空调中所使用的静电除尘过程可以按除尘要求设计,分别能满足中、高级汽车的除尘要求,而阻力要小得多。

(5) 水淋式过滤器。该过滤器设有过滤加湿器(图 5.14),过滤器的下部设有一个水槽,内装电动泵向空气过滤器喷水雾。过滤室内设有玻璃丝(直径为 $200\mu m$)滤层。空气由下往上,经过每层滤网时,尘埃和水相遇而胀大,在重力作用下流到槽内,再被过滤去除。水淋式空气过滤器特别适合于需要加湿的汽车空调,除了过滤空气中的尘埃以外,还能去除空气中硫化物、氮氧化物和氨、氯和汗臭等。

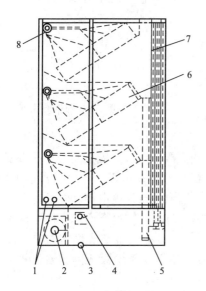

图 5.14 过滤加湿器
1—补水进口;2—吸水管;3—进水口;
4—溢流孔;5—放水管;6—滤网;
7—挡水板;8—喷雾孔

## 5.2.2 空气的除臭、去毒与清新

1. 活性炭除臭

利用活性炭来除臭目前仍然是汽车空调除臭的主要方法,它能吸附空气中有毒有气味的成分,如

汗臭、烟臭、厕臭和人体发出的各种异味,此外,活性炭还能吸收有害的氯化物和硫化物。

活性炭具有巨大的内吸附表面积和很强的吸附能力,1g 活性炭的内表面积为 $100m^2$,其吸附的气体量可使本身增重 20~30 倍。当活性炭表面积吸附满气体分子后,就会失去作用,必须换上新的活性炭过滤吸附材料。

2. 催化反应器去毒

活性炭只能吸附有气味的气体,对汽车排放中最常见的有毒气体 CO、$NO_x$、HC 等几乎不起吸附作用。近年来,在汽车空调中也使用三元催化反应器来去除有毒气体。汽车在使用过程中,当含有 CO、$NO_x$、HC 等有毒气体通过催化反应器时,在催化剂的作用下,CO、$NO_x$、HC 在 250~350℃ 的温度下进行化学反应,转化为无毒性的 $CO_2$、$N_2$ 和 $H_2O$。

三元催化反应器的催化剂是铂、铑、钯等贵金属或它们的氧化物,与碱土金属氧化物做成多孔的管状反应器,安装在汽车空调的车外空气入口之处。有的汽车空调则是将催化反应器安装在加热器和蒸发器处。

3. 负离子发生器

在空气中含有三类离子,即轻离子、中离子、重离子,三种离子都是带电离子,其中带负电荷的轻离子也被称之为负离子,它对人体健康有益。在树林中,特别是针叶树林空间的清新空气中,含有大量的负离子。负离子对人的精神有镇静作用,能降低血压,抑制哮喘以及其他良好的生理调节作用。

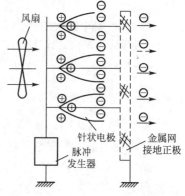

汽车空调在工作中,空气在冷却和加热时容易失去一些负离子。要增加车内的负离子数量,就需要用负离子发生器产生负离子,使送入车内的是含有一定浓度的负离子空气,以提高车内空气的清新度。负离子发生器一般利用电晕放电法使空气离子化,其原理如图 5.15 所示。

图 5.15 离子发生器工作原理

汽车空调中使用的负离子发生器利用针状电极和金属网电极之间的高电压作用产生不均匀的电场,使空气电离。当针状电极加上负高压脉冲时,就会将针状电极附近的空气电离,电离产生的正离子被负电极吸收,而负离子空气通过金属网正极,在风扇作用下,送到车内,成为负离子空气。

### 5.2.3 空气净化器

采用过滤器净化空气最为简单,但它只能除尘。现代汽车空调采用的空气净化装置通常是具有除尘、去毒、除臭及空气清新等功能的综合型空气净化装置。

1. 静电式空气净化器

图 5.16 是一种静电集尘式空气净化器的结构示意图,其中,粗滤器 6 用于滤除粗大的粉尘颗粒;由集尘电极 5 及充电电极 4 等组成的静电集尘器则是通过静电集尘的方式,

将空气中的微小颗粒尘埃及烟灰等滤除掉;活性炭过滤器1用于去除空气中的臭气及烟雾;灭菌灯(图中未画出)则是通过紫外线照射的方式杀灭吸附在集尘板上的细菌;负离子发生器3可产生负离子而使空气变得清新。

静电式空气净化器的工作过程如图5.17所示。

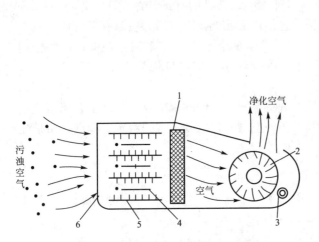

图5.16 静电集尘式空气净化器

1—活性炭过滤器;2—风机;3—负离子发生器;
4—充电电极;5—集尘电极;6—粗滤器

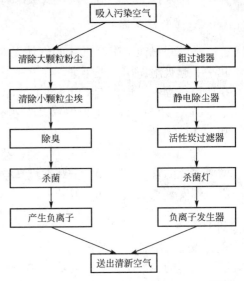

图5.17 静电集尘式空气净化装置的工作过程

### 2. 自动空气净化装置

在环境空气较为洁净的情况下,空气净化装置工作将造成电能的浪费。为此,在汽车空调中,已出现了可以根据空气的实际污染情况,自动启动空气净化工作的自动空气净化装置。例如,日本松下公司的自动空气净化装置,其组成部件有空气污染传感器、允许污染值控制开关、存储器、比较器、电子控制器和空气净化装置等。

自动空气净化装置的空气净化由静电式除尘器、去臭器、负离子发生器和风机等部件组成,空气的净化过程与上述静电集尘式空气净化器一样。

自动空气净化装置在工作时,由控制器根据相关传感器的信号来判断是否使空气进入净化装置进行净化处理。当空气污染程度超过预先设定的允许值时,电子控制器就会自动接通净化装置,风机电动机、高压电源发生器及负离子发生器,使被污染的空气进入空气净化装置而得到净化处理,变为清新的空气后再送入车内。

空气污染传感器常用光电传感器(光电二极管),它可根据光电效应来测定空气污染程度。光电二极管向光探测器发出脉冲光源,其频率和周期由控制电路设定,光流的强弱与空气污染程度成比例。光探测器接收光流,并向控制器发出相应的电信号。当空气中的杂质含量增加时,空气的透光性能减弱,传感器发出的信号电压降低。当信号电压降到临界点时,控制器便输出控制信号,使空气净化器工作,向车内送入经过滤净化的空气。

为了防止对空气成分瞬间变化而使控制器频繁启动空气净化装置工作,在控制电路中对空气污染传感器信号进行了延迟处理。空气污染传感器一般放在车顶下，用以测定车内空气的污染程度。

## 本 章 小 结

本章简要介绍了汽车通风的作用，以及汽车空调通风的方式，重点介绍了混合式通风装置的构成，以使读者对汽车空调的通风有较为深入的了解。本章对空气粉尘过滤做了较为详细的介绍，并简要介绍了汽车空调典型空气净化装置的构成与空气净化过程，以便于读者充分了解汽车空调空气净化装置的功能，还介绍了空气净化的方式。

## 思 考 题

1. 汽车空调为什么要设置通风？
2. 汽车空调的自然通风方式有哪些？
3. 汽车空调强制通风系统有哪些部件组成？
4. 汽车空调通风通道中各个风门起何作用？
5. 汽车空调送风的方式有哪些？
6. 混合式送风方式的特点是什么？
7. 全热式送风方式的特点是什么？
8. 空气净化的作用是什么？
9. 汽车空调的除尘方式有哪些？各种除尘方式有什么特点？
10. 汽车空调常用的过滤器有哪些？各种过滤器的特点是什么？
11. 汽车空调空气除臭和去毒的常用方法有哪些？
12. 负离子对空气的清新起何作用？负离子发生器是如何产生负离子的？
13. 功能较为完备的静电集尘式空气净化器通常有哪些组成部分？其空气的净化过程是如何进行的？
14. 自动空气净化装置的作用是什么？

# 第6章 汽车空调的布置与操控

了解汽车空调的布置形式及各种布置形式的特点,熟悉手动汽车空调和自动汽车空调操控系统的构成与操控方式。

| 知识要点 | 能力要求 | 相关知识 |
| --- | --- | --- |
| 汽车空调系统的布置形式 | 熟悉小轿车空调系统的布置,了解其他车型空调的布置形式及特点 | 汽车运行中的空气对流、汽车负载分布、空调工作噪声、车内空间 |
| 汽车空调的操控方式 | 熟悉手动与自动汽车空调的组成,掌握手动和自动汽车空调的特点与操控方法 | 汽车空调通风装置及风门、出风温度与风向控制、电子控制器、气动与电动执行器 |

不同类型的汽车，其空调系统的布置方式会有所不同，即使是同类型的汽车，空调装置分布也会有所不同。空调系统的各种布置以充分发挥空调系统的功效为目的，同时还要满足汽车整体布局合理和技术性能优化的需要。现代汽车空调的操控方式也有手动和自动两种形式，分别与不同档次的车辆相匹配。

## 6.1 汽车空调系统的布置

汽车空调系统的布置首先要考虑压缩机、冷凝器、蒸发器、加热器等总成正常工作的需要，并能最大限度地发挥各个总成及整个空调系统的功效。其次，还要兼顾汽车整车的合理布局，使空调系统对车身的外形、车内装饰、轴荷分配、乘坐舒适性及车内噪声等均无负面影响。因此，必须根据车型的不同，科学合理地布置汽车空调系统。

### 6.1.1 轿车空调系统的布置

轿车和一些小型客车都采用非独立式空调系统，对于轿车来说，车辆自身的空间很小，因而空调系统的布置形式与安装空间较大的客车和载货汽车有所不同。不同级别、不同生产厂家的轿车，其空调系统部件具体的布置位置可能会有一些不同，但总体布置方式大体相似。轿车空调系统的典型布置形式如图 6.1 所示。

压缩机 2 通过支架固定在发动机的侧面，由发动机 10 通过 V 形传动带驱动。冷凝器 11 安装在前端散热器 1 处，并由冷却风扇 12 进行风冷。冷凝器和散热器在发动机前端，可利用汽车行驶时的迎面来风增加冷却效果。蒸发器 6 和加热器 5 安装在仪表板下方的通风通道中，由鼓风机、各风门及操纵机构、通风通道壳体等组成了空调器通风系统总成，如图 6.2 所示。冷风或暖气由送风格栅吹出。这种结构形式缩短了送风通道的长度，减小了空气流动阻力，空气温度调节方便，并使结构较为紧凑。

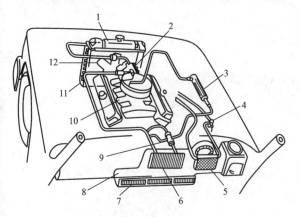

图 6.1 轿车空调系统在车上的布置
1—散热器；2—压缩机；3—储液干燥器；
4—热水阀；5—加热器；6—蒸发器；
7—送风格栅；8—空调器通风系统总成；9—膨胀阀；
10—发动机；11—冷凝器；12—冷却风扇

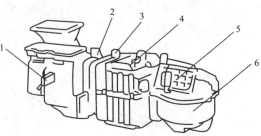

图 6.2 空调器通风系统总成
1—送风方式调节机构；2—加热器位置；
3—冷暖空气混合调节机构；4—蒸发器位置；
5—进风方式调节机构；6—鼓风机位置

一些轿车为增强后座的制冷效果,采用双蒸发器的结构形式,即在后行李箱处也安装了一个蒸发器,如图 6.3 所示。后置蒸发器制冷系统可单独控制,即可以在需要的时候使后置蒸发器制冷系统工作,吹出冷风作为前置蒸发器制冷系统的补充。

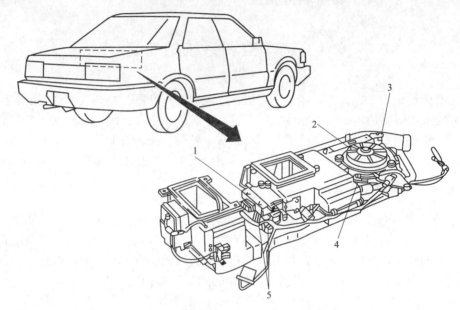

图 6.3 蒸发器布置于后行李箱
1—放大器；2—后鼓风机；3—电磁阀；
4—后电阻器；5—空调继电器

绝大部分轿车和小型客车空调系统的膨胀阀大都安装在蒸发器的入口处,随蒸发器一起布置。一些汽车空调的管路采用高低压气液通用的软管,这是因为软管的抗振能力较强,且便于安装和布置。

### 6.1.2 客车空调系统的布置

轻型客车通常采用非独立式汽车空调,而大中型客车则大都采用独立式空调系统。客车空调系统的布置形式较多,尤其是种类较多的独立式汽车空调系统,其布置形式远比小轿车复杂。

1. 客车空调常见布置形式及特点

独立式空调系统按其空调系统各总成部件是否安装在一起,可分为整体式和分体式两大类。整体式空调系统把辅助发动机、压缩机、冷凝器、蒸发器及其他部件均组装在一个机架上,通过传动带、管道连成一个整体,将其置于汽车的前部、裙部或后部。整体式空调系统一例如图 6.4 所示。分体式空调系统有不同的组合方式,例如,蒸发器＋冷凝器组合、蒸发器单独布置、冷凝器单独布置以及压缩机与冷凝器组合等。

客车上使用的独立式汽车空调系统的布置可概括为如下几种形式：

# 汽车空调的布置与操控 第6章

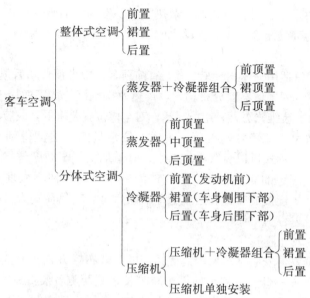

客车空调系统各总成常见的布置形式及特点如下：

1) 裙置式

整体式汽车空调采用裙置方式较多，因为机组安装之处具有通风良好、便于独立式发动机及各轴承部位散热，且风道的布置使进风均匀，风道安装也比较方便。

分体式空调则以冷凝器独立安装裙置方式为多，原因与整体式相同，皆因通风良好。而对蒸发器而言，很少采用裙置方式，因为这种方式送风困难。蒸发器裙置时，气流往往流通不理想，换热效果受路面质量、灰尘杂质影响很大。另外，分体式空调采用裙置存在管路长、流动阻力大、安装不便等缺点。

2) 后置式

分体式汽车空调通常将冷凝器布置在车身后部中间位置，而蒸发器则顶置。这种冷凝器后置方式系统结构简单，气流流通和传热效果均优于裙置。安装维护也方便，但影响整个车体的布置。由于车后席位出现气流涡流死角，舒适性较差，并增加了后轮负荷。

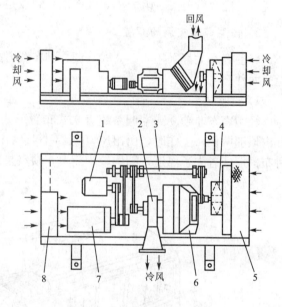

图 6.4 整体式空调系统
1—压缩机；2—蒸发器风扇；3—传动轴；
4—冷凝器风扇；5—冷凝器；6—蒸发器；
7—辅助发动机；8—散热器

对于整体式汽车空调系统，由于车体后部开窗往往不能很好地解决机组的散热问题，反而会带进大量的尘土，影响空调装置的正常工作，为此，常在冷凝器与车身之间增设封闭型的导流板，以加强冷凝器和散热器的散热效果。发动机的吸气口也可布置在冷凝器两侧，以降低发动机的吸气温度，提高发动机的功率。

3）顶置式

顶置式布置方式只适用分体式汽车空调，有前顶置、中央顶置和后顶置三种方式，空调系统顶置的优点是便于配气，温度分布均匀，传热效果也好，特别适用于车速低、路况差、灰尘多的情况。同时安装维修方便，组配灵活，对车体位置要求低，改装车配用较实用。

空调装置前顶置可以减轻后轮负荷，车后席位乘员的舒适性得到改善，但其噪声增大、管道加长。中央顶置式可以克服噪声增大、管道加长、车后席位舒适性差、后轮负荷加大的缺点，是一种理想的布置方式，但它的温度分布均匀性不太理想，尚需进一步改进。后顶置式可以缩短连接的管路和送风管道，缺点是后轮负荷加大，车厢后部由于有空气涡流，其舒适性较差。

4）内置式

内置式是指将蒸发器安装在车厢内两侧顶部的空调布置方式。通常将冷凝器裙置，在车厢内顶部两侧各布置一组蒸发器。如果车厢较长，则两侧各装3～4组蒸发器。内置式的优点是冷风管道短、阻力小、效率高；缺点是占用车厢内部空间，不便于安装行李架。

**2. 轻型客车空调的布置**

轻型客车大都采用非独立式空调，其布置方式与轿车相似，送风方式则有直吹式和风道式两种。

1）直吹式

轻型客车非独立式空调系统直吹式布置形式一例如图6.5所示。蒸发器2、3置于车厢内顶部两侧，工作时，由出风口1、4直接吹出冷气。冷凝器5、9布置在两侧裙部。此种布置形式省去了风道，结构较为简单，缺点是冷风集中在两处吹出，车内冷空气的分布均匀性较差。

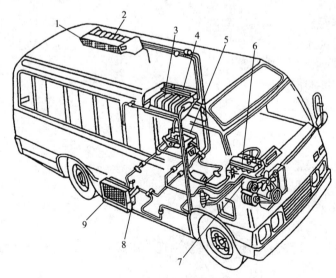

**图6.5 内置直吹式轻型客车空调系统布置**

1、4—出风口；2、3—蒸发器；5、9—冷凝器；6—发动机；7—压缩机；8—冷凝器风扇

2) 风道式

轻型客车非独立式空调系统风道式布置方式一例如图 6.6 所示。此空调系统将冷凝器安装在车身侧围的裙部，而将蒸发器安装在车厢内顶的后部。被蒸发器冷却的空气通过车厢顶部两侧的风道吹向车内。此种布置形式的优点是送风均匀，舒适性较好，缺点是风道占用了车厢内部空间较大。

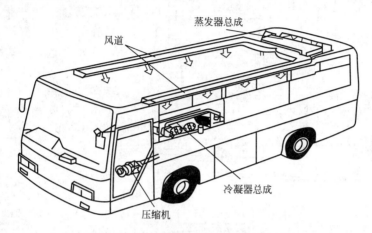

图 6.6 风道式轻型客车空调系统布置

3. 大中型客车空调的布置

大中型客车的空调系统有独立式和非独立式两种，独立式居多。

1）非独立式客车空调的布置

大中型客车所采用的非独立式空调系统有顶置式、后置式和内置式等不同的布置方式。长度在 8m 以上的客车由于制冷量较大，一般采用一台大功率的压缩机，根据需要配置一组或数组蒸发器和冷凝器。

采用顶置布置方式的非独立式客车空调一例如图 6.7 所示。蒸发器和冷凝器分别安装在车顶，蒸发器处的冷气通过连接风道从车顶送入车厢内。为了更好地冷却，冷凝器布置在汽车的前部。蒸发器与冷凝器合装在一个箱体中，中间用隔板隔开，或分别安装在两个

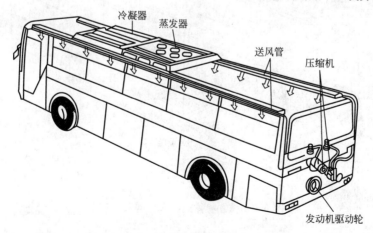

图 6.7 非独立顶置式客车空调系统布置

箱体，前后紧靠，中间连接管路。分体顶置式空调的优点是不占用车内空间，冷凝器的冷却效果较好，且安装维修方便。顶置布置方式的缺点是车顶凸出，对车身造型的整体协调性有影响，制冷管路较长，且车顶容易漏雨水和冷凝水。

非独立式客车空调后置方式一例如图6.8所示。该空调系统将除压缩机以外的蒸发器、冷凝器、鼓风机等组成一个整体，安装在后置发动机的机舱内。这种布置形式的突出优点是车辆的整体造型不受空调系统的影响，且系统管路较短、接头少、安装简便、冷气损失少。后置式空调的缺点是冷凝器的散热条件相对较差，对蒸发器与车身间的密闭性质量要求较高，因为密封不良，蒸发器处漏入发动机机舱的废气，会造成对车内空气的污染，且容易使蒸发器翅片结满烟尘污垢而不能正常工作。

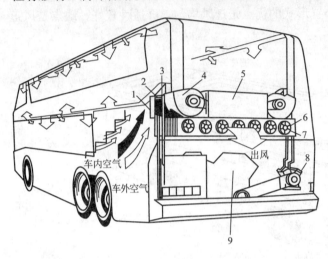

图6.8 非独立后置式客车空调系统布置
1—进气过滤器；2—热水管；3—加热器；
4—鼓风机；5—蒸发器；6—冷凝器；
7—冷却风扇；8—压缩机；9—散热器

2）独立式客车空调的布置

独立式客车空调系统有分体式和整体式两种。整体式空调将蒸发器、冷凝器、发动机、压缩机等部件均安装在一个刚性的底架上，空调系统作为一个整体安装在客车的前部、后部或裙部。图6.9所示的是一种独立整体式客车空调布置示意图，空调机组布置在汽车的中部车厢底板下方。

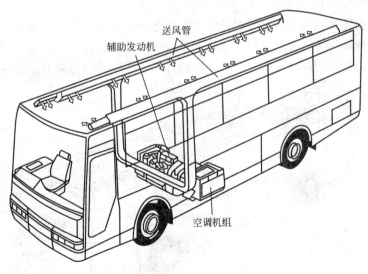

图6.9 独立整体式客车空调系统布置

独立整体式空调对机组质量、高度等控制要求较高，设计制造难度相对较大，但安装较为方便。由于机组整体性优化设计，风管和喷油嘴供冷热风时，风的温度、风速较为均匀，舒适性可得到提高，且制冷管路短，泄漏容易得到控制。整体式的主要缺点是安装的灵活性较差，容易造成整车载荷的不均匀。

独立分体顶置式客车空调布置一例如图 6.10 所示。除辅助发动机和压缩机外，空调系统的其他部件都安装在车的顶部。独立分体顶置式空调组配灵活，可以适应不同用户的需要，通过适当的布置，可使整车的载荷分布均匀协调。分体式空调由于安装布置的随意性，容易使管路加长，使制冷剂流动阻力增加，而部件相对分散布置，其隔热保温难度增加，噪声也会有所增大。

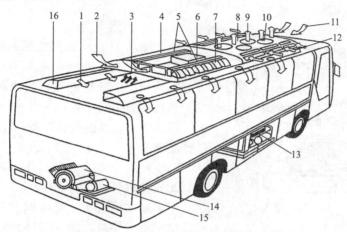

**图 6.10 独立分体顶置式客车空调系统布置**
1—冷气；2—车外空气；3—车内空气；4—蒸发器；5—蒸发器芯；6—电气系统；7—鼓风机；
8—冷凝器总成；9—冷凝器出风；10—冷凝器风扇；11、12—冷凝器进风；
13—动力机组；14—辅助发动机；15—压缩机；16—冷气风道

### 6.1.3 其他用途汽车空调系统的布置

其他用途汽车主要包括载货汽车、工程车、冷冻冷藏车及其他特殊用途的汽车。随着对舒适性、安全性要求的越来越高，在这些汽车上安装空调已很普遍。

1. 其他用途汽车的空调工作特点

其他用途汽车大都采用非独立式空调系统，相比于乘用汽车，其他用途汽车空调系统的不同点有如下几方面：

1) 热负荷较大

由于工地、矿场等室外运行的工程车连续运行时间长，其门窗玻璃面积大，行驶沿线的绿化环境较差等原因而使太阳辐射的热量较大；发动机在驾驶室的下面，传入驾驶室内的热量较多。因此，这种汽车空调的热负荷比乘用车要大。

2) 结构局限性影响大

此类汽车的驾驶室一般宽度大、长度小，出风口的布置与乘员座位不易布置，车内送风方式通常与乘用汽车类似。驾驶室内同样要有防霜、防雾等功能。如果驾驶室容积较大时，还应增设隔音装置，以降低噪声。

3）运行环境差

此类汽车由于在野外运行时间多，受地形、工作特殊性的影响，空调的运行和工作条件都极差，因此，对空调的耐振、耐热、耐尘、耐腐蚀等要求较高。通常要求空调的配线、配管、系统安装接头应具有柔软性、防松性，器件应做耐热处理、冲击和振动试验，以确保空调装置可靠运行。

2. 其他用途汽车空调系统的布置方式

其他用途汽车空调系统的布置方式大致可分为内置混合式、冷暖分体式、顶置式、裙置式（地板式）和冷藏与空调并用式等几种类型。

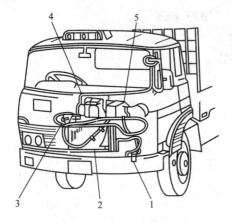

图 6.11 大型载货汽车内置混合式空调布置
1—储液器；2—冷凝器；3—压缩机；
4—加热器；5—蒸发器

1）内置混合式

图 6.11 所示的是大型载货汽车上普遍采用的内置混合式空调系统布置。蒸发器的冷气出口和加热器的热风出口布置在驾驶室操控板下的中间位置，冷气和热风从此处吹出，组成冷、暖、换气、除霜等功能的"全季节"空调。

提供冷气的蒸发器和提供热风的加热器均布置在操控台下中间位置的通风通道中，空调系统的开关、温度调节及通风方式选择等操作由安装在转向盘旁的空调操控面板控制（图 6.12）。

2）冷暖分体式

冷暖分体式是指蒸发器与加热器分别独立安装，并有各自的鼓风机吹风。制冷系统由温控器通过对压缩机开停机控制，使冷气出口向车内提供冷气；而加热器的热水量通过热水阀控制，使热风出口吹出热风。冷暖分体式空调应用于载货汽车驾驶室，其通用性较强。冷暖分体式空调其蒸发器一般以吊装的方式布置在驾驶室的一侧，通过管路与冷凝器相连。

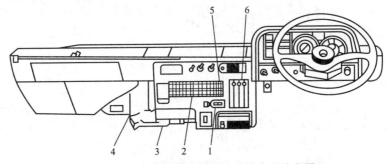

图 6.12 大型载货汽车空调在驾驶室内的布置
1—风扇开关；2—出风口；3—出风管；4—蒸发器；
5—空调开关；6—空调控制操纵杆

3）顶置式

一些载货汽车空调采用顶置式，如图 6.13 所示。如同顶置式客车，载货汽车顶置式空调将蒸发器和冷凝器组成一个整体,安装在驾驶室顶部。车外空气从驾驶室的顶部进入,由上至下提供冷气。在仪表板的下方为水暖系统,提供暖气。这种布置形式冷凝器的冷却效果较好,但驾驶室顶盖需要有足够的强度,以防顶盖变形。

4) 裙置式

一些工程车,如挖掘机驾驶室的空调布置采用裙置式,通常是将空调系统的加热器、蒸发器组成一体,置于驾驶室裙部(驾驶室地板下面,故也称地板式),而压缩机、冷凝器以及其他辅件都置于挖掘机的裙部。

5) 冷藏与空调并用式

冷藏汽车需要制冷系统产生的冷气保持运送货物的新鲜,而驾驶室内安置空调,可为驾驶员提供舒适的工作环境,以提高行车安全。冷藏与空调并用式是冷藏汽车上特定的一种空调配置方式,其空调系统的布置如图6.14所示。

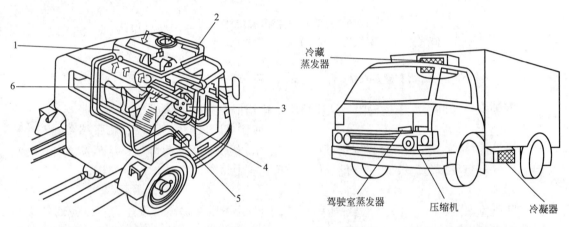

图6.13 顶置式载货汽车空调系统布置
1—顶置空调机组;2—冷凝器;3—暖风风扇;
4—吹出风道;5—压缩机;6—蒸发器

图6.14 冷藏汽车空调系统布置

该空调系统有两个蒸发器,共用压缩机和冷凝器。驾驶室蒸发器布置在驾驶室前壁,通过仪表盘处的出风口送出冷风,冷藏蒸发器安装在冷藏车厢的前壁。有的冷藏汽车则是将冷凝器与蒸发器一前一后安装在一同机架上组成机组,并将其固定在冷藏车厢的前壁。这种布置方式的优点是冷凝器在前面处于迎风的位置而有利于散热,但冷藏车厢前壁需要有足够的强度。冷凝器与蒸发器组成的机组还有顶置式、裙置式等不同的布置形式,以适应不同类型、不同吨位冷藏汽车的需要。

冷藏汽车空调制冷系统的工作原理如图6.15所示。由于并用式是同一个制冷系统、两种温度的冷冻循环,高温系统用于驾驶室,低温系统用于冷藏,为此在驾驶室蒸发器并联支路中增设了蒸发压力调节阀11。制冷系统的工作原理如下:

冷藏制冷循环过程为:从压缩机3排出的高压制冷剂蒸气进入冷凝器4,在冷凝器中液化放热后,经储液器5、干燥器6、视液孔7、电磁阀14、膨胀阀13进入冷藏车厢蒸发器12,在蒸发器中完成汽化过程,产生冷气供给冷藏车厢;从蒸发器12出来的制冷剂蒸气在压缩机的抽吸作用下经储气筒1、吸入压力调节阀2进入压缩机,进行下一个工作循环。

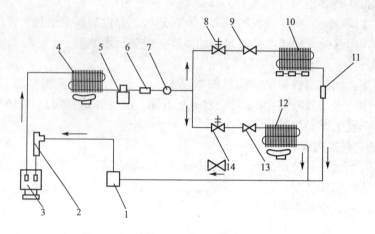

**图 6.15　冷藏汽车空调制冷系统工作原理**
1—储气筒；2—吸入压力调节器；3—压缩机；4—冷凝器；5—储液器；
6—干燥器；7—视液孔；8、14—电磁阀；9、13—膨胀阀；
10—驾驶室蒸发器；11—蒸发压力调节阀；12—冷藏车厢蒸发器

驾驶室空调制冷循环过程为：从压缩机 3 排出的高压制冷剂蒸气进入冷凝器 4，在冷凝器中液化放热后，经储液器 5、干燥器 6、视液孔 7 后，由电磁阀 8、膨胀阀 9 进入驾驶室蒸发器 10，在蒸发器中完成汽化过程，产生的冷气供给驾驶室降温；从蒸发器出来的制冷剂蒸气经蒸发压力调节阀 11、储气筒 1、吸入压力调节阀 2 被吸入压缩机，进行下一个工作循环。

驾驶室蒸发器支路中增设蒸发压力调节阀 11 的作用是提高蒸发压力，以使驾驶室的冷风温度高于冷藏车厢的冷风温度。在压缩机入口之前设吸入压力调节器 2 的作用是限制压缩机吸入制冷剂蒸气的量，以防止压缩机工作时因吸入过量的制冷剂蒸气而超负荷工作，导致电磁离合器或传动带打滑而损坏，并增加发动机功率消耗。

这种冷藏与空调并用方式还可以在需要时，通过电磁阀 8 单独关闭驾驶室制冷循环，而冷藏车厢制冷仍保持正常工作。

## 6.2　汽车空调系统的操控方式

汽车空调系统的操控包括制冷和采暖系统的开关控制、空气循环方式选择、送风温度和风量的调节、送风方式调节等。空调系统操控有手动、半自动、全自动控制等方式，目前在汽车上普遍采用的是手操控式和自动控制式两种。

### 6.2.1　汽车空调手动操控系统

手动操控的汽车空调系统也称手动空调，由驾驶员通过操作空调控制面板上的功能开关，实现空调的温度、风量、风向及空气循环方式等的调控。A 级轿车、微型汽车及一些载货汽车通常配备手动汽车空调。

1. 手动空调控制面板

手动空调控制面板上的功能开关的布置形式有多种,根据开关的操作方式不同区分,有旋钮式和滑块式两种类型。

不同车型,手动空调控制面板上开关的设置会有所不同,旋钮式手动空调控制面板一例如图 6.16 所示。该控制面板除了按键式空调开关外,三个旋钮开关的作用如下:

(1) 风扇转速开关。用于调节鼓风机的转速,通过控制进风量实现温度、湿度的调节。

(2) 温度控制开关。该开关用于控制冷暖空气混合风门的位置,以实现送风温度的调节。

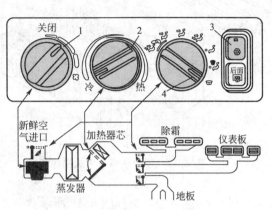

图 6.16 旋钮式手动空调控制面板
1—风扇转速开关;2—温度控制开关;3—空调开关;
4—送风模式/空气循环选择开关

(3) 送风模式/空气循环选择开关。该开关为复合开关,分别控制出风口风门和进风口风门,可实现除霜/送风模式、空气循环方式等的调节。

滑块式手动空调控制面板一例如图 6.17 所示。该例控制面板上设置了出风模式选择开关、空气循环模式选择开关、鼓风机风速控制开关及温度调节开关四个滑块式开关,分别用于控制出风口风门的位置、进风口风门的位置、鼓风机电动机转速和冷暖空气混合风门的位置,实现送风模式、进风空气循环模式、出风风量及送风温度的调节。

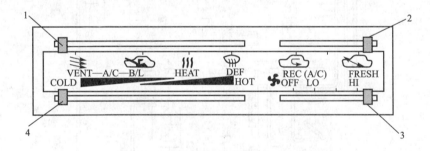

图 6.17 滑块式手动空调控制面板
1—出风模式选择开关;2—空气循环模式选择开关;
3—鼓风机风速控制开关;4—温度调节开关

2. 手动空调的操纵机构

手动空调的操纵机构有拉索式和真空式两种形式。

1) 拉索式操纵机构

拉索式操纵机构一例如图 6.18 所示。手动空调控制面板上的功能开关通过拉索等机械操纵机构与其所控制的风门或热水阀相连接,当驾驶员在空调控制面板上拨动滑块(或

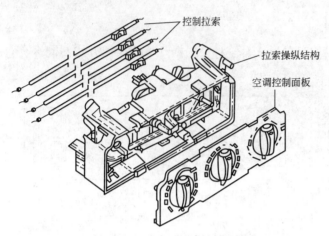

转动旋钮)时,通过拉索使相应的执行机构动作,完成相应的操控。

拉索式操纵机构结构简单,且不容易出现故障。缺点是需要用较大的力来操纵开关,执行器位置离控制面板较远时,拉索机构的布置会比较困难。

2) 真空式操纵机构

一些手动空调采用真空式操纵机构,即用控制面板上的功能开关控制真空驱动器(或称真空马达)动作,再由真空驱动器来驱动各风门或热水阀来实现相应的调节。真空式手动空调操纵机构一例如图6.19所示。

图 6.18 手动空调拉索式操纵机构

真空控制开关22由滑块和底座组成,布置在空调控制面板的后面,由控制面板上的功能开关控制。当驾驶员操纵空调面板上的某个功能开关时,就会驱动其后面的真空控制开关动作,接通相应的真空驱动器,使该驱动器动作,带动相应的风门,实现相应的调节。

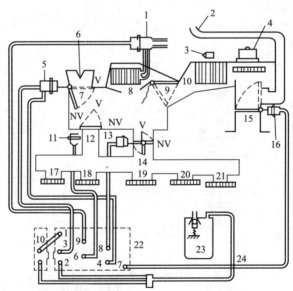

图 6.19 BJ2021型汽车手动空调真空式操纵系统

1—热水阀;2—车外空气入口;3—感温包;4—鼓风机;5、11、13、16—真空驱动器;
6—除霜风口;7—除霜风门;8—加热器;9—温度调节风门;10—蒸发器;
12—地板风门;14—仪表板风门;15—进气口风门;
17—左可调风口;18—左下可调风口;19—左中可调风口;20—右中可调风口;
21—右可调风口;22—真空控制开关;23—真空罐;
24—真空管路;NV—真空驱动器不通真空风门位置;V—真空驱动器通真空风门位置

真空驱动器在真空吸力的作用下动作,驱动各风门完成相应的操作,几种常见的真空驱动器的外形如图 6.20 所示。

本例真空驱动器的真空源来自真空罐,也有直接连接发动机进气管来获取真空驱动力。真空驱动器有单膜片和双膜片两种形式。

(1) 单膜片式真空驱动器。单膜片真空驱动器的外形和原理如图 6.21 所示。真空驱动器内膜片 3 的弹簧 1 侧通过真空接口 2 连接真空源,另一侧通过气孔与大气相通,膜片与拉杆 5 固定在

图 6.20 真空驱动器

一起。当接通真空源时,真空吸力使膜片克服弹簧力上移,带动拉杆移动;当切断真空源时,弹簧推动膜片使拉杆复位。此种真空驱动器只有两个位置,所控制的风门和阀也只有两种状态。

(2) 双膜片式真空驱动器。双膜片真空驱动器的外形和原理如图 6.22 所示。真空驱动器内有两个膜片 3、6 和两个复位弹簧 4、7,形成 A、B、C 三个气室,其中 A 室和 B 室通过真空接口 8、5 连接真空源,C 室通过通气孔 1 直通大气。真空接口 8 接通真空源时,A 室真空吸力使膜片克服弹簧力上移,带动拉杆移动至中间位置;当真空接口 5 同时接通真空源时,膜片带动拉杆移动到最上端的位置。切断真空源时,由弹簧推动膜片使拉杆复位。此种真空驱动器有三个位置,所控制的风门也有全开、半开和关三种状态。

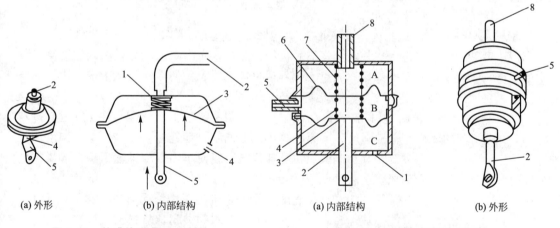

图 6.21 单膜片式真空驱动器
1—弹簧;2—真空接口;
3—膜片;4—通气孔;5—拉杆

图 6.22 双膜片式真空驱动器
1—通气孔;2—拉杆;3、6—膜片;
4、7—弹簧;5、8—真空接口

### 6.2.2 汽车空调半自动操控系统

汽车空调半自动操控制系统可根据驾驶员的设定自动工作,将空调温度控制在设定的值。半自动空调仍然需要由驾驶员作空调的设定操作,但提高了空调的舒适性,而成本增加不多,因此在 20 世纪 70 年代开始,在一些中高档轿车上得到了应用。

1. 半自动空调的控制面板

半自动空调控制面板典型一例如图 6.23 所示。

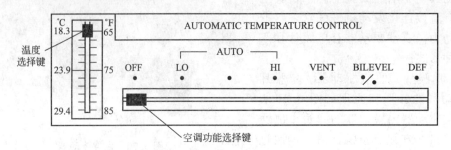

图 6.23 半自动空调控制面板

该半自动空调控制面板上只有温度选择键和空调功能选择键,其功能如下:

1) 温度选择键

温度选择键供驾驶员选择所需的温度,只要选定某个温度,汽车空调的自动控制系统就会自动工作,将温度稳定在设定温度。

2) 功能选择键

功能选择键供驾驶员选择不同的空调系统功能,通常设有如下 7 个位置:

(1) OFF(停止)位。功能选择键处于此位置时,不接通点火开关,空调系统不工作。如果接通点火开关,压缩机不工作,但如果车内温度高于 26.7℃,空调鼓风机会自动以低速运转吹入微风;车内温度低于 26.7℃,但如果发动机的温度高于 82℃时,空调鼓风机也会自动运转吹入自然风。

(2) LO(低速)位。功能选择键在此位时,风扇低速运转。当发动机的温度高于 82℃,且车内温度低于设定值时,空气经蒸发器后再经加热器,送出暖风;如果车内温度高于设定的温度,空气经蒸发器冷却后不通过或部分通过加热器,并使冷空气从中部吹出,热空气从下风口吹出,以形成头冷脚暖的温度分布。

(3) AUTO(自动)位。功能选择键在此位时,空调系统的工作情况与在 LO 位时基本相同,只是鼓风机不限于低速运转,而是根据车内的温度自动选择转速;当车内温度比设定值高出较多时,控制系统自动控制鼓风机高速运转,以使车内温度迅速下降;如果车内温度与设定值相近,则鼓风机会自动低速运转。

(4) HI(高速)位。功能选择键在此位置时,空调系统的工作情况与在 LO、AUTO 位时基本相同,但鼓风机只能高速运转。在此位置时,热水阀关闭,从各出风口吹出的均为冷风;当车内温度降至设定值时,鼓风机的转速也会自动降低。

(5) VENT 位。功能选择键在此位置时为自然通风,此时加热器不通热水,制冷系统也不工作,鼓风机将车外的新鲜空气吹入车内。当车内温度高,鼓风机高速运转,车内温度低,鼓风机则低速运转。

(6) BILEVEL(双向)位。功能选择键在此位置时,鼓风机可以在任意转速下运转,自动控制系统可根据设定的温度和车内的温度情况,自动控制中风口吹出冷风,从上、下风口吹出暖风,用以暖脚和除霜。

(7) DEF(除霜)位。功能选择键在此位置时,鼓风机高速运转,此时大部分暖风从上风口吹出用于除霜,小部分从下风口吹出。

2. 半自动空调的操纵系统

半自动空调的操纵系统有电控气动式和电控电动式两种形式,电控气动式操纵机构的执行器是真空驱动器,电控电动式操纵机构的执行器是电动机或电磁阀。

1)电控气动式半自动空调操纵系统

电控气动式半自动空调的操纵系统一例如图 6.24 所示,与手动真空驱动的空调操纵机构的区别是,手动空调由手动真空开关直接控制真空驱动器工作,而半自动空调的真空驱动器则是由电子控制器来控制其工作的。

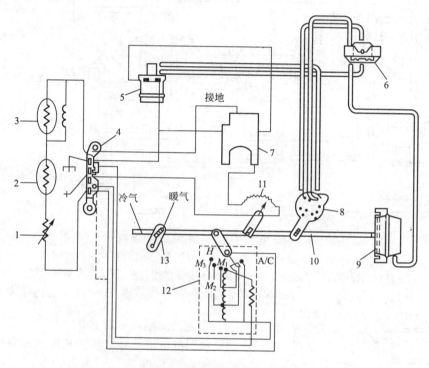

**图 6.24 电控气动式半自动空调工作原理**

1—温度选择电阻;2—车内温度传感器;3—车外温度传感器;4—功能选择键;
5—真空换能器;6—真空保持器;7—温度控制放大器;8—真空选择器;
9—主控制器真空驱动器;10—控制杆;11—反馈电位器;
12—鼓风机控制模块;13—冷暖空气混合风门控制曲柄

本例真空源由发动机进气管产生,储存在真空罐中并由真空保持器使真空度保持稳定。工作时,驾驶员从空调控制面板上设定温度和空调功能,此信号连同车内温度传感器和车外温度传感器的信号输送给温度控制放大器 7,温度控制放大器即产生一个控制真空转换器的电流信号。真空转换器将温度控制放大器的电流信号转换为相应的真空度,控制主控制器真空驱动器 9 工作。

主控制器真空驱动器的控制杆 10 连接着冷暖空气混合风门控制曲柄 13、鼓风机调速摆臂、真空选择器 8 控制臂,因此主控制器真空驱动器的动作,即可改变冷暖空气混合风门的位置和鼓风机的转速,同时通过真空选择器控制臂接通或关闭各风门真空驱动器、热水阀真空驱动器的真空通道,使各风门和热水阀处于相应的位置。反馈电位器11用于向温度控制放大器提供温度门位置信号。

电控气动式空调真空控制系统如图6.25所示。在该系统中,由真空换能器1产生的真空度控制主控制真空驱动器3,再由主控制真空驱动器控制真空选择器5的工作,而真空选择器控制各风门、热水阀的真空驱动器,再由各真空驱动器控制各风门和热水阀的工作状态。即温度控制放大器通过真空换能器、主控制真空驱动器、真空选择器、各执行器真空驱动器,实现对各风门及热水阀的控制。

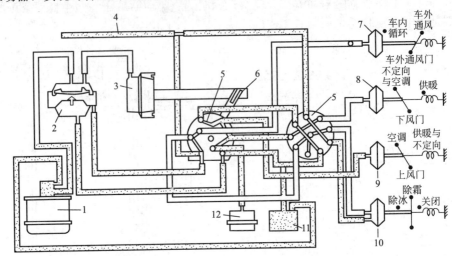

**图 6.25 电控气动式空调真空控制系统**
1—真空换能器;2—真空保持器;3—主控制真空驱动器;4—接进气管;
5—真空选择器;6—控制杆;7—进风门真空驱动器;8—下风门真空驱动器;
9—上风门真空驱动器;10—除霜风门真空驱动器;11—真空罐;12—热水阀真空驱动器

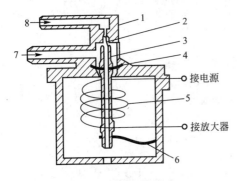

**图 6.26 真空换能器**
1—换能器壳体;2—二通针阀;3—铁心;
4—橡胶隔膜;5—线圈;6—弹簧;
7—接真空驱动器;8—接真空泵

真空换能器又称真空电磁阀,用于将温度控制放大器的电流信号转换为相应的真空度,其结构原理如图6.26所示。温度控制放大器通过控制通过电磁线圈电流的大小,使铁心上下的位置发生改变,从而改变其通向真空驱动器的真空度。

2) 电控电动式半自动空调操纵系统

电控电动式半自动空调的操纵系统一例如图6.27所示,与电控气动式的区别是,温控门及其他执行器均由电动机驱动,本例热水阀仍为真空驱动器。

图6.28所示的是某种电控电动式汽车空调器机组,各电动驱动器直接安装在各风门处。汽车空调各执行器采用电驱动,可使空调操控系统变得简单,工作可靠性也有所提高。因此,现代汽车自动空调系统采用电驱动越来越普遍。

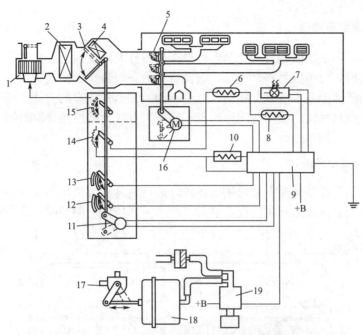

**图 6.27 电控电动式半自动空调工作原理**

1—鼓风机；2—蒸发器；3—冷暖空气混合风门；4—加热器；5—出风口风门；6—车内温度传感器；
7—阳光传感器；8—车外温度传感器；9—温度控制放大器；10—温度设定电阻；
11—冷暖空气混合风门驱动电动机；12—热水阀控制开关；13—风门控制开关；14—电位计；
15—鼓风机转速控制开关；16—出风口风门驱动电动机；17—热水阀；18—真空驱动器；19—真空换能器

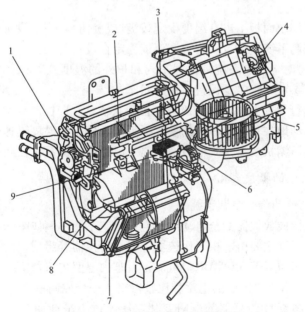

**图 6.28 电驱动汽车空调器机组**

1—出风口风门驱动电动机；2—蒸发器温度传感器；3—膨胀阀；4—进气口风门驱动电动机；
5—鼓风机；6—冷暖空气混合风门驱动电动机；7—加热器；8—蒸发器；9—鼓风机电动机控制模块

### 6.2.3 汽车空调全自动操控系统

全自动汽车空调系统简称自动空调,可根据车内外的温度情况自动进行工作,将空调温度调节到最佳值。大多数 B 级轿车、C 级及以上的高级轿车通常装备的是自动空调。自动空调执行器的驱动形式也有真空驱动和电动驱动两种形式,有的自动空调则是两种驱动形式混用。根据控制系统的结构与工作原理不同分,有放大器控制(模拟控制)自动空调系统和微机控制自动空调系统两大类。

**1. 全自动空调控制面板**

全自动汽车空调控制面板上也设置了各种开关,由驾驶员根据需要来操控。不同车型的自动空调,其控制面板上开关的设置也会有所不同,典型一例如图 6.29 所示。

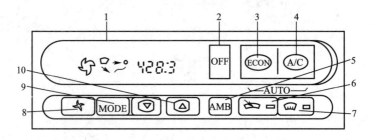

**图 6.29 全自动汽车空调控制面板**

1—显示器;2—停用开关;3—经济运行选择开关;4—空调开关;
5—车外温度显示按钮;6—风门控制开关;7—除霜开关;8—鼓风机开关;
9—模式转换开关;10—车内温度设定开关

全自动汽车空调控制面板上也有温度设定按键(或旋钮),用于设定车内的温度。当设定了温度后,空调控制系统就会自动将空调温度稳定在设定的值。

当按下 AUTO 键时,控制系统则根据车内和车外的温度及其他相应情况,自动选择运行模式、控制运行参数,将空调保持在最佳状态。

ECON 为经济运行模式开关,按下该键,控制系统就立即控制空调系统在经济模式下运行。即空调系统自动地在单冷或单热的模式下工作,使车内温度迅速达到目标值,并在温度达标后自动切断压缩机或热水阀电磁阀电路,以保证空调系统在经济模式下工作。

**2. 全自动空调控制的操控系统**

1) 放大器控制的自动汽车空调系统

由模拟电子电路构成放大器的全自动汽车空调控制系统一例如图 6.30 所示。

全自动空调控制系统主要由电桥、比较器、真空转换器等组成。而电桥由车内、外温度传感器、太阳辐射热传感器和调温电阻组成。由车内温度传感器 5、车外温度传感器 7、阳光传感器 6、调温电阻 4 等组成的电桥和比较器组成一个控制系统。

当温度变化时,各温度传感器的电阻变化,使电桥不平衡而有电压输出,与比较器 $OP_1$、$OP_2$ 进行比较后,其中的一个输出控制信号,使升温真空转换器 8 或降真空转换器 9 通电工作,控制真空驱动器 13 动作,并通过控制杆 11,驱动冷暖空气混合风门、鼓风机开关等作用,将空调温度调整至控制目标值。

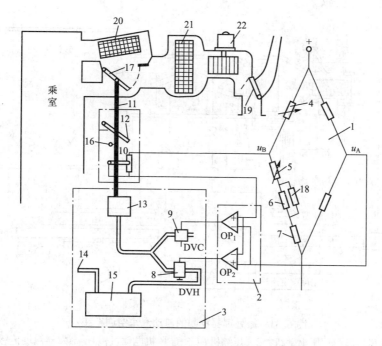

**图 6.30 模拟放大器控制的自动汽车空调系统**

1—电桥；2—比较器；3—真空控制器；4—调温电阻；5—车内温度传感器；
6—阳光传感器；7—车外温度传感器；8—升温真空转换器；9—降温真空转换器；
10—反馈电位器；11—控制杆；12—鼓风机开关；13—真空驱动器；
14—接发动机进气歧管；15—真空罐；16—热水阀开关；17—冷暖空气混合风门；
18—风道温度传感器；19—进气口风门；20—加热器；21—蒸发器；22—鼓风机

比较器中的 $OP_1$、$OP_2$ 交替输出，真空转换器 8、9 交替打开大气通道和真空通道，以控制温度门的开度及鼓风机的转速；有了反馈电位器，使设定温度和车内温度相差较大时，能相应输入最多的冷空气或热空气，温度相差较小时，又能逐渐降温或升温，从而将车内温度自动控制在设定的温度值。

由模拟电子电路构成放大器的全自动控制汽车空调系统在现代汽车上应用已较为少见，取而代之的是微处理器控制的全自动空调系统。

2）微处理器控制的自动汽车空调系统

现代汽车自动空调通常采用单片机控制，单片机是将中央微处理器(CPU)、存储器(ROM 和 RAM)、输入与输出接口(I/O)等计算机部件集成在一块芯片上的微处理器。由微处理器控制的全自动控制汽车空调系统一例如图 6.31 所示。

电子控制器(Electric Control Unit，ECU)由处理传感器信号的输入电路、微处理器和驱动执行器工作的输出电路等组成，是自动空调系统的控制核心。本例自动空调系统采用电动或气动方式驱动各个风门，现代汽车自动控制式空调通风系统大都采用电动式。自动空调 ECU 根据驾驶员设定的空调工作状态及相关传感器的电信号来判断风量、出风温度及送风方式是否需要调整。当需要调整时，ECU 立即输出控制信号，通过驱动电路使各执行器动作，实现鼓风机转速及各风门位置的自动控制。

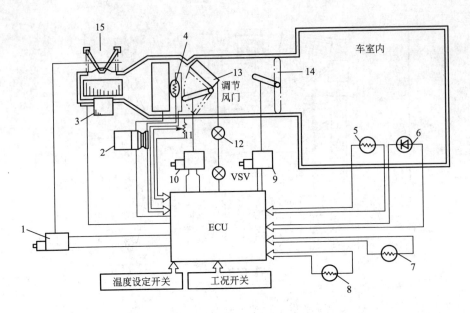

图 6.31 微处理器控制的自动汽车空调系统

1—进风口风门伺服电动机；2—压缩机；3—鼓风机电动机；4—蒸发器温度传感器；
5—车内温度传感器；6—阳光传感器；7—车外温度传感器；8—冷却液温度传感器；
9—出风口风门伺服电动机；10—冷暖空气混合门伺服电动机；11—电位计；
12—水阀；13—加热器；14—吹出口转换风门；15—吸入口转换风门

# 本 章 小 结

本章较为全面地介绍了汽车空调系统各种布置形式，以使读者能系统地了解轿车、客车、商用汽车及特殊用途汽车上空调系统通常所采用的布置方式，以及各种布置方式的特点。本章对手动空调、半自动空调及全自动空调的组成及操控方式做了较为详细的介绍，以方便读者了解手动和自动汽车空调操控系统的构成，并掌握这些汽车空调的操控方法。

# 思 考 题

1. 汽车空调系统的布置是否合理，主要考虑的因素有哪些？
2. 轿车空调系统一般是什么样的布置形式？
3. 何谓整体式汽车空调？整体式汽车空调具有何特点？
4. 客车空调系统的布置形式有哪些？各种布置形式的特点是什么？
5. 客车空调的出风方式有哪几种？各种出风方式的特点是什么？
6. 载货汽车、工程车等其他用途汽车空调的特点是什么？
7. 载货汽车、工程车等其他用途汽车常见的空调布置方式有哪些？
8. 汽车空调系统通常有哪些操控内容？操控的方式有哪几种？

9. 手动空调旋钮式和滑块式控制面板通常设有哪些操控开关？
10. 手动空调如何调节车内的温度？
11. 半自动空调如何进行空调的操控？
12. 全自动空调功能上与半自动空调有何区别？
13. 全自动空调控制面板上通常设有哪些开关？各开关的作用是什么？
14. 模拟放大器控制的自动空调是如何实现空调自动控制的？
15. 微处理器控制的自动空调是如何实现空调自动控制的？

# 第7章 汽车空调的控制电路与保护装置

 **教学目标**

熟悉汽车空调控制的内容及作用,掌握汽车空调控制器件的结构类型及基本控制电路的工作原理,熟悉汽车空调保护器件的作用与工作原理,了解自动空调电子控制系统的组成原理。

 **教学要点**

| 知识要点 | 能力要求 | 相关知识 |
|---|---|---|
| 汽车空调的控制 | 了解汽车空调正常运行所需的控制项目,熟悉温度控制方法及控制器件,掌握汽车空调基本控制电路工作原理 | 车内温度控制、蒸发器温度控制、温控器、汽车空调基本控制电路 |
| 汽车空调系统的保护 | 了解汽车空调所需保护的内容及作用,熟悉制冷系统压力保护及过热保护装置的结构与工作原理 | 导致空调制冷系统压力与温度异常的因素、制冷系统压力异常与温度过高的保护方式 |

汽车空调系统要实现运行可靠、安全舒适、操作简便、高效节能，就必须具有自动控制和安全保护功能。因此，现代汽车空调系统无论是操作简单的手动空调还是功能齐全的自动空调，都设置了相应的控制电路与保护装置，以确保空调系统的正常工作。

## 7.1 汽车空调的电气控制

汽车空调系统中基本控制电路的作用是确保系统正常运行，实现所需的空气调节功能。我们已经了解了汽车空调的制冷、采暖与通风原理，其中也包括了自动控制的内容。本节主要介绍实现这些自动控制的电器与电路，以及前文未涉及的相关控制，如鼓风机转速控制、发动机怠速控制、增进车辆动力性控制等。

### 7.1.1 汽车空调常用电气控制器件

汽车空调控制电路中，通常用到温度控制器（简称温控器）及怠速控制装置，这些控制器件有不同的结构形式，具有不同的性能特点。

**1. 温控器**

温控器也称恒温器、温度开关等，温控器的感温元件一般安装在蒸发器的出口处，用于感受蒸发器表面温度，以控制压缩机的运行与停止。温控器的作用是控制蒸发器出口处的温度，防止蒸发器因温度过低而结霜。

汽车空调所用的温控开关有波纹管式、双金属片式和电子式等多种形式。波纹管式和双金属片式温控开关的动作温度在出厂时已调好，因此，用这种温控开关控制压缩机工作的空调制冷系统的工作温度范围是不可调的。

1) 波纹管式温控器

波纹管式温控开关也称机械式温控开关，主要由波纹管、触点、偏心弹簧、调节凸轮等组成，其组成部件与工作原理如图 7.1 所示。

在毛细管 1、波纹管 2 内，是较易挥发的介质，毛细管的一端插入蒸发器的翅片中，另一端与感温包（图 7.1 中未画出）连接。在感温包中，也充满了与毛细管一样的介质。波纹管的收缩与膨胀会带动活动触点动作，使触点 6 断开或闭合。

当蒸发器的温度降至设定的低限值时，感温包内的压力下降，通过毛细管使波纹管收缩，并带动触点断开，压缩机电磁离合器线圈 7 断电，压缩机停止工作。当蒸发器温度升至设定的高限值时，感温包内的介质膨胀，并通过毛细管使波纹管也膨胀，带动触点又重新闭合，压缩机电

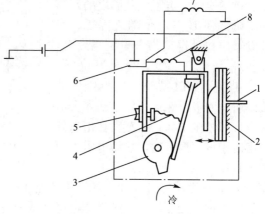

**图 7.1 波纹管式温控开关**
1—毛细管；2—波纹管；3—调节凸轮；
4—调节弹簧；5—调节螺钉；6—触点；
7—电磁离合器线圈；8—偏心弹簧

磁离合器又通电接合，压缩机又开始工作。当蒸发器出口处的温度又下降至低限值时，温度开关又会断开，使压缩机又停止工作。温控开关如此工作，通过控制压缩机间歇工作，将蒸发器出口处的温度控制在设定的范围之内。

波纹管式温控开关工作可靠、寿命长、价格便宜且不怕振动，在汽车空调还有应用。

2）双金属式温控器

双金属式温控开关如图7.2所示，其感温元件是双金属片2。双金属片由两片热胀系数不同的金属片组成，双金属片上有动触点3，而壳体上有定触点4。双金属式温度开关串联在压缩机电磁离合器电路中，在设定的温度范围内，双金属片未弯曲，触点处于闭合状态。当蒸发器温度低于设定值时，双金属片弯曲而使触点分开，断开了压缩机电磁离合器电路，压缩机停止工作。

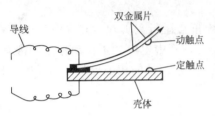

图7.2 双金属式温控开关

双金属片式温度控制开关结构简单，价格便宜，其缺点是其感温的元件（双金属片）必须置于蒸发器中，布置难度较大。而波纹管式温度开关由于有细长的毛细管，波纹管温度开关可布置在离蒸发器稍远的适合之处，布置较为方便。因此，双金属片式温度开关在汽车空调制冷系统中的应用比较少见。

3）电子式温控器

电子式温控开关的感温元件是热敏电阻，因而也称其为热敏电阻式温控器。热敏电阻具有负的温度系数，通常做成圆片形，置于蒸发器的出口处。热敏电阻式温控开关的电路原理如图7.3所示。

温控器放大器1电路中 $B$ 点的电位高低随热敏电阻4的阻值大小而变。热敏电阻的电阻值随温度的升高而下降，使 $B$ 点电位随之降低。当蒸发器出口处温度高于设定温度时，$B$ 点电位低于 VT3 的导通电压，VT3 截止，VT4 导通，空调继电器线圈通电而吸合触点，使电磁离合器接合，压缩机工作；当蒸发器出口处温度低于设定温度时，热敏电阻阻值增大，$B$ 点电位升高至 VT3 导通电

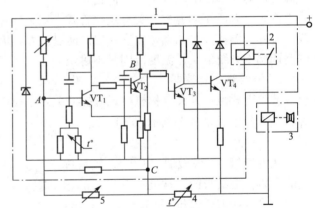

图7.3 热敏电阻式温控开关
1—放大器；2—空调继电器；3—电磁离合器；
4—热敏电阻；5—温度调整电位器

压，VT3 导通，VT4 截止，压缩机停止工作。电子温控开关通过热敏电阻检测蒸发器出口处的温度，控制压缩间歇工作，将空调制冷温度控制在设定范围。

温度调整电位器5用于改变温度设定值，调节电位器的阻值，可改变 $A$ 点的静态工作点电位。减小温度调整电位器的阻值可降低 $A$ 点电位，并使 $B$ 点静态工作点电位降低，可使设定的温度降低；增大温度调整电位器的阻值则可使设定温度升高。

电子式温控器结构简单，安装方便，工作可靠，已广泛应用于现代汽车空调系统中。

## 2. 旁路电磁阀

旁路电磁阀是一种开关式电磁阀,用于通断制冷剂旁通管路,其结构如图7.4所示。

电磁线圈1不通电时,回位弹簧3使阀保持在关闭位置。当电磁线圈通电时,其磁力吸动铁心4上移,带动阀杆一起移动而使阀打开。

旁路电磁阀在部分汽车空调制冷系统中应用。有两种安装位置:一种是将旁路电磁阀连接在储液器与压缩机吸入阀之间,当蒸发器的温度低于设定值时,控制电路使旁路电磁阀通电开启,使储液器中部分制冷剂蒸气经旁路阀直接进入压缩机,从而减少了蒸发器中的制冷剂循环流量,使蒸发器温度回升;另一种是将旁路电磁阀安装在压缩机出口与蒸发器之间,当蒸发压力降至设定的低限值时,旁路电磁阀通电打开,将部分高压制冷剂蒸气引入蒸发器,以提高蒸发器的压力和温度。

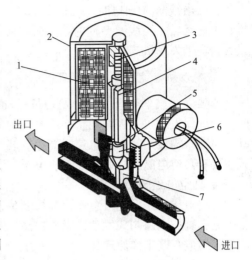

图7.4 旁路电磁阀
1—电磁线圈;2—壳体;3—回位弹簧;
4—铁心;5—阀杆;6—阀体;7—主阀

## 3. 辅助发动机转速控制器

在独立式汽车空调系统中,由于空调压缩机是由辅助发动机驱动,且连续工作,因此,须通过控制发动机的转速来调节空调制冷系统的制冷量。控制发动机转速的方法是通过进气量调节电磁阀改变进入辅助发动机燃烧室的空气量。

图7.5所示的进气量调节电磁阀中有A、B两个线圈,用以控制电磁阀的开度,使发动机的转速分为三档。当线圈A和线圈B均不通电时,供气量最少,辅助发动机在低速

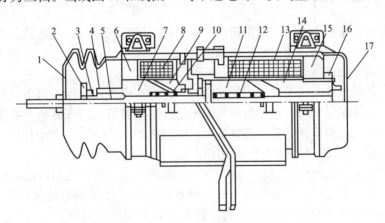

图7.5 辅助发动机转速控制电磁阀
1—防水橡胶盖A;2—制动器锁;3—行程调整螺栓;4—固定螺母A;5—旋转轴;
6—盖A;7—磁铁心A;8—电磁线圈A;9—活动铁心A;10—压缩弹簧A;
11—磁铁心B;12—压缩弹簧B;13—电磁线圈B;14—活动铁心B;
15—盖B;16—固定螺母B;17—防水橡胶盖B

下运转。当线圈 A 通电时，磁铁心 A 被吸动，对应的阀被打开，进气量增加，辅助发动机在中速运转。当线圈 B 同时通电时，磁铁心 B 被吸动，对应的阀也被打开，此时供气量最大，辅助发动机高速运转。

#### 4. 发动机怠速提高控制装置

非独立式汽车空调由汽车发动机驱动，当发动机处于怠速工况下开启空调制冷系统时，为确保发动机不因增加了制冷系统的负荷而转速不稳或熄火，并使制冷系统有足够的动力，通常需要用发动机怠速提高控制装置来提高发动机的怠速。发动机怠速提高控制方式主要有真空电磁阀控制和发动机电子控制器(ECU)控制两种。

1) 真空电磁阀控制方式

真空电磁阀式发动机怠速提高控制装置应用于化油器式发动机，因此，现代汽车上已很少见。真空电磁阀式发动机怠速提高控制装置的主要由真空电磁阀、真空驱动器及相应的辅件组成，其工作原理如图 7.6 所示。

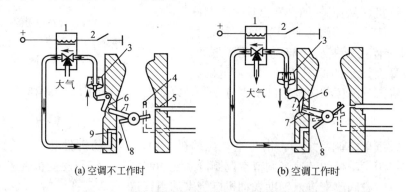

图 7.6 真空电磁阀式发动机怠速提高控制装置
1—真空电磁阀；2—空调开关；3—真空驱动器；4—怠速喷油孔；5—主喷油孔；
6—限位器；7—节气门控制杆；8—节气门；9—真空孔

真空电磁阀 1 是一个二位三通电磁阀。在电磁线圈不通电时，阀芯的位置使进气管接口与真空驱动器接口相通；当电磁线圈通电时，阀芯被吸动，使真空驱动器接口与通大气孔相通，而与进气管口断开。

当发动机处于怠速运转工况但未使用空调时，真空电磁阀线圈不通电，真空电磁阀阀芯未动，使真空驱动器 3 的真空室与进气管相通。进气管节气门下方的真空吸力作用于真空驱动器的真空室，使膜片上移，通过连杆带动限位器 6 处于图 7.6(a) 位置，此时节气门处于正常怠速运转位置。

当发动机怠速工况使用空调时，空调开关 2 接通真空电磁阀线圈电路，切断了真空驱动器的真空通路，大气压力作用于真空驱动器膜片上方，在弹簧力的作用下使膜片下移，通过连杆带动限位器处于图 7.6(b) 位置，怠速时的节气门保持略开状态，从而提高了发动机怠速。

2) 发动机 ECU 控制式

ECU 控制的发动机怠速控制装置应用于汽油喷射式发动机，典型一例如图 7.7 所示。ECU 根据节气门位置传感器、发动机转速传感器、空调开关等信号判断发动机的运行工况和空调是否使用，并输出控制信号，控制怠速控制阀工作，将发动机怠速调整到适当的状态。

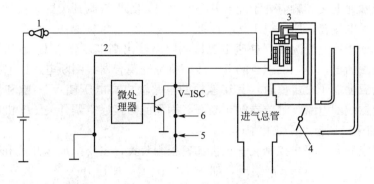

**图 7.7 ECU 控制的发动机怠速提高控制装置**
1—点火开关；2—发动机 ECU；3—VSV；4—节气门；
5—发动机转速、温度等传感器；6—空调开关

ECU 通过开关电磁阀式怠速控制阀(VSV)实现怠速提高控制，VSV 为二位二通电磁阀，其线圈通电时阀打开，使连接管路(怠速辅助空气通道)通路。当发动机在怠速工况下接通空调开关时，ECU 输出控制信号使 VSV 电磁阀通电打开，怠速辅助空气通道通路而使怠速工况进气量增加，供油量也会相应增加，发动机便在较高的转速下运转。

如果 ECU 输出占空比信号(信号为频率固定，脉宽可变的脉冲电压)，控制 VSV 的开与关的比率，不仅可以实现发动机怠速工况时的发动机转速提高控制，还可以将发动机的怠速控制在高怠速和正常怠速之间的任意一种转速，即可以进行怠速稳定、冷机快速暖机、负荷增大预见性高怠速等多种发动机怠速控制。

发动机 ECU 的怠速控制子系统一般都具有发动机怠速综合控制功能。除了采用开关式电磁阀 VSV 外，怠速控制阀还有开度电磁阀式(转动和直动)和步进电动机式等不同的形式，ECU 通过改变怠速控制阀的开度控制发动机的怠速。

**5. 汽车空调自动停止控制装置**

一些非独立式汽车空调系统中，设有汽车空调自动停止控制装置。自动停止控制装置有两种类型，一种是在发动机怠速或低转速时自动停止压缩机的工作，以避免发动机运转不稳或熄火；一种是在汽车加速时停止压缩机的工作，以确保汽车有充足的动力。

1) 发动机怠速或低温空调自动停止控制

发动机怠速或低温空调自动停止控制装置一例如图 7.8 所示。继电器触点控制压缩机电磁离合器线圈电路的通断，而继电器线圈由放大器控制，放大器输入端连接发动机转速检测电路和车内温度检测电路。

发动机正常运转时，发动机转速检测电路及发动机怠速检测电路均输出低电压，$VT_1$、$VT_2$ 均处于截止状态，$VT_3$ 饱和导

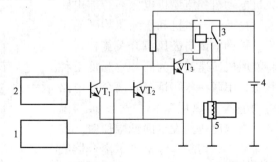

**图 7.8 发动机怠速与低温空调自动停止控制装置**
1—车内温度检测电路；2—发动机转速检测电路；
3—空调继电器；4—蓄电池；5—压缩机电磁离合器

通，继电器线圈通电，其触点处于闭合状态。这时，如果空调开关处于接通状态，压缩机电磁离合器便通电接合，压缩机工作。

当发动机处于怠速工况时，怠速工况检测电路输出高电压使 $VT_2$ 饱和导通，$VT_3$ 截止使继电器线圈断电，继电器触点断开，压缩机电磁离合器线圈断电，压缩机停止工作。

当车内的温度低于设定值时，其转速检测电路输出高电压使 $VT_1$ 饱和导通，$VT_3$ 截止，断开继电器线圈电路，继电器触点断开，因而此时接通空调开关压缩机也不会工作。

2) 汽车加速空调自动停止控制

汽车加速空调自动停止控制装置也称加速控制装置，主要由加速开关和延时继电器等组成，如图 7.9 所示。加速开关 2 一般安装在加速踏板下，或安装在其他位置通过连杆或钢索来控制。延时继电器触点 1 常闭，串联在空调继电器线圈电路中。

当加速踏板踏下行程达到最大行程的 90% 时，加速开关闭合，延迟继电器线圈通电，其触点断开，使压缩机电磁离合器线圈断电，电磁离合器分离，压缩机停止工作，发动机负荷减小而加速运转，以提高车速。当踏板行程小于 90% 时，加速开关断开，延迟继电器延时十几秒后自动接通压缩机电磁离合器线圈电路，使电磁离合器接合，压缩机自动恢复工作。

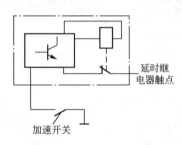

图 7.9 加速控制装置

### 7.1.2 汽车空调基本控制电路

要操控汽车空调的启动和停机，并使其正常工作，保持车内所需的温度，就需要有相关的控制电路对空调系统进行控制。不同车型所装备的汽车空调系统种类及功能不尽相同，其控制电路的结构也会有所差别。下面介绍几种典型的汽车空调系统基本控制电路。

1. 汽车空调最基本的控制电路

最基本的汽车空调控制电路如图 7.10 所示，该电路能确保汽车空调系统启动、正常工作和关闭。本例的空调开关和鼓风机调速开关组合为旋钮式复合开关，其电路原理如下。

当空调与鼓风机开关接通时，鼓风机电动机和压缩机电磁离合器电路同时接通，鼓风机和压缩机均开始工作。转动空调与鼓风机开关旋钮，可将鼓风机转速调整为高、中和低三种状态。串联在压缩机电磁离合器电路中的温控器 2 用来控制蒸发器的温度。当温度达到设定的低限值时，温控器动作，切断压缩机电磁离合器线圈电流，压缩机停转。当温度上升后，温控器又自动闭合，压缩机电磁离合器线圈电路又接通，压缩机又恢

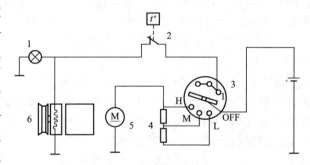

图 7.10 汽车空调系统基本电路
1—空调工作指示灯；2—温控器；
3—空调与鼓风机开关；4—鼓风机调速电阻；
5—鼓风机电动机；6—压缩机电磁离合器

复工作。

**2. 增设空调继电器的空调基本控制电路**

如图 7.11 所示的空调基本控制电路增设了空调继电器,并增加了冷凝器冷却风扇电动机。该汽车空调系统基本电路的空调鼓风机开关及温控器串联在空调继电器线圈电路中,由继电器触点来控制压缩机电磁离合器线圈电路的通断。冷凝器风扇电动机与压缩机电磁离合器线圈并联,在压缩机工作时,冷凝器风扇也一起工作,用于加强冷凝器的散热。

空调继电器的作用是保护空调开关及温控器。因压缩机电磁离合器的工作电流较大,再加上冷凝器风扇电动机的电流,空调的工作电流就更大了。如果这一大电流直接由空调开关和温控器控制,其触点就很容易烧坏。加了空调继电器后,空调开关和温控器只是用于通断继电器线圈电流,由继电器的触点来控制压缩机电磁线圈和冷凝器风扇电动机电路的通断,这样就减小了空调开关和温控器的工作电流,使得其触点不易烧坏。

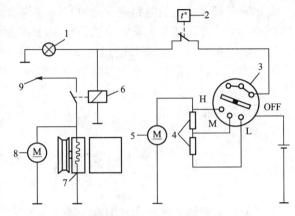

**图 7.11　加冷凝器冷却风扇的空调基本控制电路**
1—空调工作指示灯;2—温控器;
3—空调开关与鼓风机开关;
4—鼓风机调速电阻;5—鼓风机电动机;
6—空调继电器;7—压缩机;
8—冷却风扇电动机;9—接蓄电池正极

**3. 增设发动机急速控制继电器的空调基本控制电路**

增设了发动机急速控制继电器的汽车空调基本电路如图 7.12 所示。

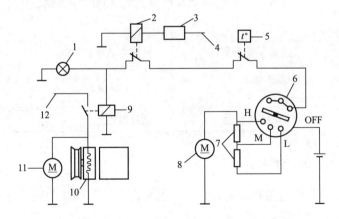

**图 7.12　具有发动机转速检测自动控制的空调电路**
1—压缩机工作指示灯;2—发动机急速控制继电器;3—发动机转速检测电路;4—接点火开关;
5—温控器;6—空调与鼓风机开关;7—鼓风机调速电阻;8—鼓风机电动机;
9—空调继电器;10 压缩机;11—冷却风扇电动机;12—接蓄电池+

怠速控制继电器的作用是根据发动机转速检测电路3检测到的发动机转速，控制空调压缩机工作。当发动机处于怠速工况时，发动机检测电路就会使发动机怠速控制继电器线圈通电，继电器线圈的电磁力使其触点断开，压缩机电磁离合器线圈断电，压缩机停止工作。

实际的空调系统控制电路中，还设有压力和温度等保护开关，这些保护开关有常开和常闭两种类型。常闭型保护开关串联在空调继电器线圈电路中，或直接串联在压缩机电磁离合器线圈电路中，在空调系统压力或温度异常时，断开相应的电路，使压缩机停止工作，以保护空调制冷系统。常开型保护开关串联在冷却风扇电动机电路或相关的继电器电路中，它是在温度过高时接通冷却风扇电动机电路，使冷却风扇工作，通过加强冷凝器的冷却作用使系统正常工作。

## 7.2 汽车空调的保护装置

为了使汽车空调系统在出现温度、压力等异常时不被损坏，在空调系统中设置了相关的保护装置。汽车空调系统中用到的保护器件见表7-1。

表7-1 汽车空调系统中常用的保护器件

| 保护器件名称 | 保护作用 | 安装部位 | 感受参数 |
| --- | --- | --- | --- |
| 易熔塞 | 保护制冷系统不因异常高温高压而受损伤，起安全保护作用 | 高压管路上，常设在储液器顶部 | 制冷剂温度（高压侧） |
| 泄压阀 | 同易熔塞 | 压缩机排气口处 | 制冷剂压力 |
| 高压开关 | ① 防止制冷系统异常高压，起保护作用；② 控制冷凝器冷却风扇工作 | 制冷管路高压侧 | 制冷剂压力 |
| 低压开关 | ① 防止压缩机在缺少制冷剂的情况下工作而损坏；② 控制除霜作用 | ① 在制冷管路高压侧；② 在蒸发器出口处 | 制冷剂压力 |
| 过热开关 | 防止低压侧制冷剂过少 | 在制冷管路低压侧 | 过热度 |
| 怠速继电器 | 保证发动机怠速正常工作，防止发动机过热或熄火 | 连接点火线圈 | 发动机转速 |
| 超车空转装置 | 使发动机有足够的动力 | 化油器边上 | 汽车加速信号 |

### 7.2.1 汽车空调的压力保护开关

空调制冷系统的低压管路和高压管路中，通常设有一个或几个压力保护开关，起系统高压保护和低压保护的作用。

1. 高压保护开关

1）制冷系统压力异常偏高的原因及影响

当冷凝器表面被污垢、杂物、碎纸或塑料膜等阻挡时，由于制冷剂无法正常散热，冷凝压力会升高；当制冷系统制冷剂量过多时，也会引起系统管路中的压力增高；还有冷凝器散热风扇不工作、储液干燥器阻塞等其他原因也会引起系统压力异常升高。过高的压力会引起冷凝器和高压管爆裂、压缩机的排气阀破裂以及压缩机其他零件和离合器损坏。

2) 高压保护开关的作用

高压保护开关安装在压缩机至冷凝器的高压管路上，或直接装在储液干燥器上。当制冷系统出现异常的高压时，常闭触点的高压保护开关其触点断开，切断压缩机电磁离合器线圈电路，使压缩机停止工作；常开触点的高压保护开关其触点闭合，接通冷凝器冷却风扇高速控制电路，以提高风扇的转速，使冷凝器的温度和压力迅速降低。可见，高压保护开关的作用就是防止制冷系统在异常高的压力下工作而损坏。

当制冷系统高压管路中的压力恢复正常时，压力保护开关又会自动复位，接通电磁离合器电路和断开冷凝器风扇高速挡电路，制冷系统又恢复正常工作。

3) 高压保护开关的结构

高压保护开关的结构如图 7.13 所示。常闭型高压开关串联在压缩机电磁离合器（或空调继电器线圈）电路中，当制冷系统压力异常（高至设定的限值）时，触点被顶开，压缩机电磁离合器断电而使压缩机停止工作。常开型高压开关串联在冷凝器高速风扇控制电路中，在系统压力异常高时压力开关触点闭合，使冷凝器高速风扇电动机通电工作。

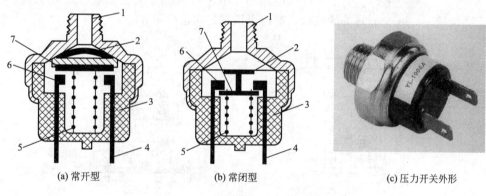

图 7.13 高压保护开关的结构与原理

1—管路接头；2—膜片；3—外壳；4—接线柱；5—弹簧；6—固定触点；7—活动触点

2. 低压保护开关

低压保护开关有两种，一种设在高压管路中，另一种设在低压管路中。

1) 设在高压管路的低压保护开关

设在高压管路的低压保护开关有两种作用，一是使压缩机在缺少制冷剂的情况下自动停止运转，以避免压缩机因缺乏润滑油而损坏；二是在低温环境下防止压缩机运行，以免制冷系统在环境温度过低的情况下工作而造成蒸发器表面结冰，并避免不必要的功耗。

2) 设在低压管路的低压保护开关

设在低压管路中的低压保护开关感受压缩机的吸气压力，用于控制高压旁通阀的蒸发器除霜，即当低压侧压力低至下限值时，接通高压旁通电磁阀线圈电路，旁通电磁阀打开，使部分高温高压蒸气从制冷管路高压端直接进入蒸发器出口端，通过提高蒸发器出口处的温度来达到蒸发器除霜的目的。这种低压开关一般用于大客车的空调器中。

### 3) 低压保护开关的结构

低压保护开关的结构如图 7.14 所示，其保护动作是触点断开。在正常压力时，制冷剂压力推动膜片使触点处于闭合状态，当压力低于设定的低限值时，弹簧力推动膜片使触点断开，切断电磁离合器电路而使压缩机停止工作。设在低压管路中的低压保护开关的保护动作是触点闭合，这种低压保护开关的结构与常闭型高压保护开关(图 7.13(b))相似。

### 3. 高低压复合保护开关

#### 1) 高低压复合保护开关结构

高低压复合开关将高压保护开关和低压保护开关组合为一体，其结构如图 7.15 所示。高低压复合开关通常安装在储液干燥器处，其内部的高压触点(14 和 15)和两个低压触点(1 和 2，6 和 7)为常闭，通过接线柱 11 串联在压缩机电磁离合器线圈电路中。由于将两个开关组合在一个开关壳体内，使系统结构紧凑，减少了开关的接口，制冷剂泄漏的可能性减小。

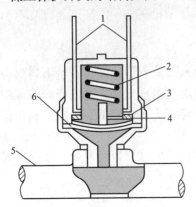

图 7.14 低压保护开关的结构与原理
1—接线柱及固定触点；2—弹簧；
3—活动触点；4—支座；
5—压力导入管；6—膜片

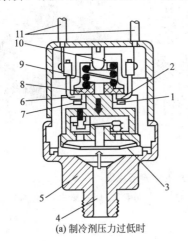 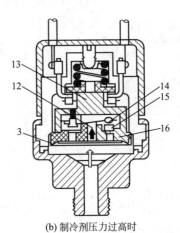

(a) 制冷剂压力过低时　　　(b) 制冷剂压力过高时

图 7.15 高低压复合式保护开关
1、7—低压固定触点；2、6—低压活动触点；3—膜片；4—制冷剂压力导入；
5—开关壳体；8—绝缘片；9—弹簧；10—调节螺钉；11—接线柱；
12—顶销；13—钢座；14—高压活动触点；15—高压固定触点；16—膜片座

#### 2) 高低压复合保护开关原理

当高压管路中的制冷剂压力正常时，制冷剂压力的上推力与金属膜片 3 和弹簧的弹力处于平衡状态，开关内高低压触点均处于闭合状态。此时，开关内部电流经低压触点 6、7 到高压触点 14、15，再经低压触点 1、2 形成通路。

当高压管路中的制冷剂压力降至低限值时，弹簧 9 的弹力推动钢座 13 下移，使低压触点断开(图 7.15(a))，切断压缩机电磁离合器电路，使压缩机停止工作。

当高压管路中的制冷剂压力升至高限值时,制冷剂压力推动膜片上移,通过顶销12将高压触点顶开,使压缩机电磁离合器断电,压缩机停止工作。

在各种类型的汽车空调中,所用到的压力保护开关的形式和所起的保护作用见表7-2。

表7-2 汽车空调所用的压力保护开关的形式与保护作用

| 开关类型 | 开关形式 | 开关特征 | 保护作用 |
| --- | --- | --- | --- |
| 低压开关 | C—H—+B | 常闭 | 高压管路压力正常时闭合,低于低限值时断开,使压缩机停止工作 |
| 高压开关 | C—H—+B | 常闭 | 高压管路压力正常时闭合,高于高限值时断开,使压缩机停止工作 |
| 低压开关 | D—L—+B | 常开 | 低压管路压力正常时开路,低于低限值时闭合,接通除霜电磁阀电路 |
| 高压开关 | F—H—+B | 常开 | 高压管路压力正常时开路,高于高限值时闭合,使冷凝器风扇电动机高速运转 |
| 高低压开关 | C—A—B—+B (H、H) | 常闭 | 高压管路压力正常时闭合,低于低限值时开关A断开,高于高限值时开关B断开,使压缩机停止工作 |

注:C为压缩机离合器;D为除霜电磁阀;F为冷却风扇;H为高压管路压力;L为低压管路压力;"↑"为压力升高的动作方向。

## 7.2.2 汽车空调的过热保护装置

过热保护装置的作用是防止压缩机温度过高,其保护动作是使压缩机停止工作。过热保护装置包括过热开关和热力熔断器两部分。

### 1. 过热开关

当制冷系统因制冷剂泄漏较多而压力下降时,如果压缩机继续工作就会出现过热现象。在这种情况下,制冷剂的温度升高但压力不增加,会使冷冻机油变质,进而损坏压缩机。过热开关的结构如图7.16所示,它安装在压缩机后盖紧靠吸气腔的位置,正常情况下开关触点处于断开状态。当出现高温低压现象时,过热开关膜片3上移而使触点闭合,使接线端子1与搭铁相连,引起串联在压缩机电磁离合器电路中的熔断器熔断,使压缩机停止工作。

早期的过热开关其下部有伸出的热敏管,用于感受压缩机的温度。新型过热开关取消了旧过热开关的热敏管。因此,新旧过热开关不能互换,错用会引发卡缸,导致压缩机毁坏。

### 2. 过热熔断器

由过热开关和熔断器等元件组成的过热保护电路如图7.17所示。热熔断器内有电热丝4和熔丝5。当过热开关因系统出现过热现象而其触点闭合时,接通电热丝电路,电热丝通电产生的热量使熔断器内熔丝熔断,致使压缩机电磁离合器线圈断电而使压缩机停止工作。

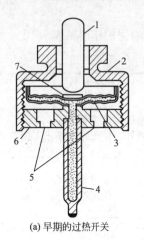 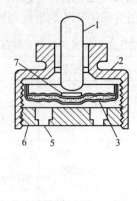

(a) 早期的过热开关　　　　(b) 新型过热开关

图 7.16　过热开关
1—接线端子；2—开关罩壳；3—膜片；
4—热敏管；5—基座开口；
6—膜片安装基座；7—触点

图 7.17　过热保护装置原理
1—离合器线圈；2—过热开关；
3—热熔断器；4—电热丝；
5—熔丝；6—空调开关

当熔断器断路时,一定要仔细检查制冷系统是否因泄漏而缺少制冷剂,找出并排除导致熔断器熔断的原因,否则,新换的熔丝很快又会烧断。如果仔细检查制冷系统后,确认不缺制冷剂,那么就可能是过热开关坏了,需要更换新的过热开关。

需要说明的是,由过热开关和熔断器组成的过热保护装置在汽车空调中已使用较少,大部汽车空调都采用低压保护开关来代替过热开关所起的保护功能。

### 7.2.3　汽车空调其他保护装置

除了压力保护开关和过热保护装置,一些汽车空调系统还设有其他的安全保护装置,用以确保空调系统正常工作。

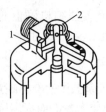

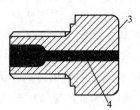

图 7.18　易熔塞结构
1—易熔塞；2—检视窗；
3—储液干燥器；4—螺栓；5—易熔合金

1. 易熔塞

在较早的汽车空调制冷系统中,采用易熔塞作压力过高保护,其安装位置如图 7.18 所示。易熔塞中有易熔合金,当冷凝压力过高,制冷剂的温度达到了易熔合金的熔化温度时,易熔合金就会立即熔化,使制冷管路的高压得以释放,起到了安全保护的作用。

利用易熔塞释放压力的保护方法,其缺点是制冷剂被释放掉了,这不仅损失了制冷剂,还会造成环境污染,尤其是使用 R12 制冷剂的汽车空调,此种过压保护方式还会对大气臭氧层造成破坏。此外,易熔塞熔化后,空气会进入制冷系统,检修时必须进行抽真空。因此,在现代汽车空调制冷系统中,使用易熔塞作高压保护的已较少见,取而代之的是泄压阀。

### 2. 泄压阀

泄压阀也称高压卸压阀,安装在压缩机高压侧或储液干燥器上,其结构如图 7.19 所示。

在正常情况下,弹簧力将密封塞 3 压向阀体 1,与 A 面凸缘紧贴,泄压阀处于关闭状态。当因冷凝器散热条件不好或其他原因使冷凝器压力和温度异常升高时,制冷系统的高压制冷剂作用于密封塞,推动密封塞克服弹簧力右移,阀被打开,释放高压制冷剂,使制冷管路压力立即下降。当制冷剂的压力降低后,弹簧力又会推动密封塞左移而使泄压阀重新关闭。

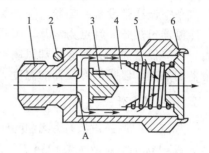

图 7.19 泄压阀

1—阀体;2—密封圈;3—密封塞;
4—下弹簧座;5—弹簧;6—上弹簧座

采用泄压阀保护方式,在起高压保护时,制冷剂的释放量较少,外面的空气也不会进入系统,而且便于判断故障原因。

(a) 安装位置

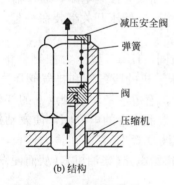

(b) 结构

图 7.20 减压安全阀结构

### 3. 减压安全阀

在一些汽车空调制冷系统中,设有减压安全阀,替代易熔塞或泄压阀的保护作用。减压安全阀安装在压缩机气缸体上,如图 7.20 所示。减压安全阀的内部结构与泄压阀相似,当制冷系统的压力高于设定的高限值时,减压安全阀打开,将部分高压制冷剂释放回低压端以降低系统异常高的压力。

由于减压安全阀起作用时,制冷剂被释放到系统的低压端而非系统外的大气中,因而解决了易熔塞、泄压阀起作用时对大气造成污染的问题。在现代汽车空调的制冷系统高压管路中,通常同时设有压力保护开关,因而减压安全阀只是作为压力开关的后备,起到了双保险的作用。

### 4. 冷却液过热开关和冷凝器过热开关

#### 1) 冷却液过热开关

一些汽车空调设有冷却液过热开关,该开关安装在散热器或冷却液管路上,在发动机温度过高时动作。冷却液过热开关通常采用双金属片式(图 7.21),开关触点常闭,串联在压缩机电磁离合器电路中。当发动机温度高于设定的高限值时,冷却液过热开关断开,压缩机停止工作,以减小过热发动机的负荷。

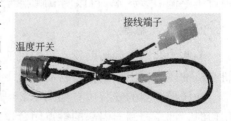

图 7.21 双金属式温度开关

2) 冷凝器过热开关

汽车空调通常设置冷凝器过热开关，该开关安装在冷凝器处，在冷凝器温度过高时动作。冷凝器过热开关触点为常开，串联在冷却风扇电动机控制电路中。当冷凝器的温度过高时，冷凝器过热开关接通冷却风扇电动机电路，通过风扇转动形成空气强制对流，加速冷凝器的散热，以降低冷凝器的温度。

5. 环境温度开关

一些汽车空调还设有环境温度开关，此开关也是串联在压缩机电磁离合器电路中，也有直接串联于空调放大器电路中。环境温度开关在温度高于4℃时处于闭合状态，而当环境温度低于4℃时断开，使压缩机不能工作。环境温度开关的作用是保护压缩机，因为在低温下冷冻机油的黏度大，流动性很差，此时压缩机工作就容易造成润滑不良而损坏。

### 7.2.4 独立式汽车空调的安全保护装置

独立式汽车空调的压缩机由辅助发动机驱动，压缩机的驱动方式有两种：一种是通过电磁离合器驱动，可与非独立式汽车空调系统那样，通过电磁离合器来控制压缩机工作；另一种是辅助发动机通过传动装置直接驱动压缩机。独立式汽车空调压缩机的驱动采用了专门的动力装置，因此，除了针对空调制冷系统的保护装置外，还需要设置针对动力装置的保护措施，以确保系统的正常工作。

1. 压力控制器

一些独立式汽车空调制冷系统也是通过压力开关来实现高压、低压保护的，只是高、低压力开关是切断汽油机的点火电路或切断柴油机的燃油供应控制电路，通过辅助发动机熄火停机使压缩机停止运转。为了使结构紧凑，通常将高、低压开关组装在一起，共用一对触头，并将这种组合式压力开关称之为压力控制器。

压力控制器的结构形式有多种，其原理基本相同。KB15型压力控制器的结构如图7.22所示。高、低压波纹管分别通过毛细管感知压缩机的吸气阀和排气阀压力，压力控制器触点常闭。当压缩机吸气压力过低时，波纹管3缩短，带动动触点6的杠杆下移，使触点分开，切断发动机的点火电路或柴油机燃油供给系统中的电磁阀，使发动机熄火，压缩机停止工作；当压缩机排气压力超过规定值时，波纹管12克服弹簧力伸长，使动触点8上移，也会切断发动机点火电路（汽油机）或燃油供给电路（柴油机），从而使发动机熄火，压缩机停止工作。

高压调节螺钉11和低压调节螺钉5用于调节高压保护或低压保护的触点断开压力值。通过压差调节螺钉4，可以调节触点断开与接通时的压力差。

2. 油压控制器

一些大客车空调辅助发动机的机油滤清器上设有油压控制器，其作用是保证辅助发动机在机油压力低于设定值时自动停止工作，以避免发动机因润滑不良而损坏。

油压控制器的安装位置如图7.23所示。当辅助发动机的机油压力降到低于设定的低限值时，油压控制器内部的触点闭合，使辅助发动机机油压力警告灯闪烁，与此同时，辅助发动机自动停止工作。

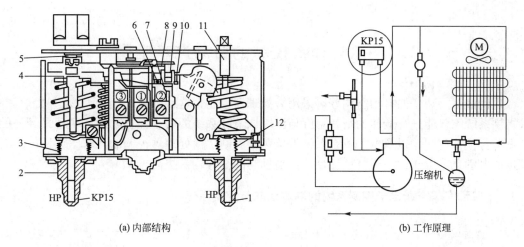

(a) 内部结构　　　　　　　　　　　　(b) 工作原理

**图 7.22　压力控制器**

1、2—高低压接头；3、12—高、低压波纹管；4—压差调节螺钉；
5—低压调节螺钉；6、8—动触点；7—静触点；9—低压弹跳触点；
10—高压弹跳触点；11—高压调节螺钉

**3. 水温控制器**

独立式汽车空调的辅助发动机上通常还安装有水温控制器，其作用是在辅助发动机的冷却液温度高于107℃时，自动停止辅助发动机工作，同时报警灯闪烁。水温控制器是一个石蜡式的温控开关，安装在水泵进口位置，如图7.24所示。

**4. 燃油切断电磁阀**

独立式汽车空调制冷系统工作时，如果压缩机的排气压力和吸气压力过高或过低、辅助发动机的冷却液温度过高、发动机的机油压过低时，

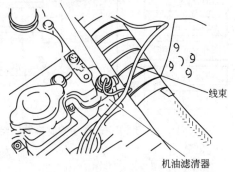

**图 7.23　机油压力控制器安装位置**

均会有相应的报警灯闪烁，以指示空调制冷系统有异常。与此同时，各传感器向汽车发动机控制器提供相应的信号，控制器根据传感器的信号进行分析处理，并输出控制信号，通过燃油切断电磁阀切断辅助发动机的燃油供给，使辅助发动机停止工作，以确保独立空调制冷系统的安全。燃油切断电磁阀的安装位置如图7.25所示。

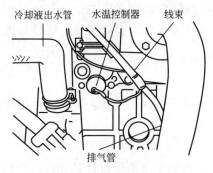　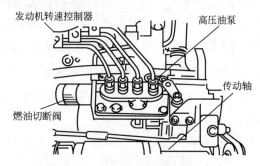

**图 7.24　水温控制器安装位置**　　　**图 7.25　燃油切断电磁阀安装位置**

## 7.3 微处理器控制的自动汽车空调

现代汽车上装备的自动空调普遍采用微处理器控制,这种以微处理器为核心的汽车空调控制系统不仅能进行最佳的空气温度与湿度调节和系统的安全保护,还可实现最经济的空调运行模式控制,以及电子控制系统的故障自诊断。微处理器控制的汽车空调系统具有高度的自动化、可靠性和经济性优良、舒适性与安全性均有提高。

### 7.3.1 自动汽车空调电子控制系统的基本组成与控制原理

**1. 汽车空调电子控制系统的基本组成**

微处理器控制的汽车空调系统,其电子控制系统包括传感器、ECU 和执行器三部分,基本组成如图 7.26 所示。

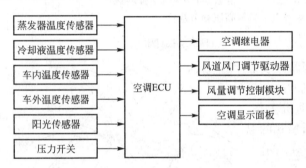

图 7.26 汽车空调电子控制系统的组成

1) 传感器

微处理器控制的汽车空调电子控制系统通常设有蒸发器温度传感器、发动机冷却液温度传感器、车内和车外温度传感器、阳光传感器及各压力开关等,用于将蒸发器出口处温度、发动机温度、车内外温度、阳光照射强度及制冷系统压力异常等参数转换为相应的电信号,并输送给电子控制器。

2) ECU

汽车空调 ECU 的核心是微处理器,配有用于传感器信号处理的输入电路,以及用于控制信号处理与驱动执行器的输出电路。ECU 根据各传感器及相关的各开关输入信号对空调的工作状态、热负荷、发动机的工况与状态等进行分析判断,并输出控制信号,控制执行器工作,使空调系统运行于最佳状态。

3) 执行器

微处理器控制的自动空调执行器由 ECU 输出的控制信号控制其工作,实现空调的最佳状态控制和安全保护。微处理器控制的自动空调系统通常设有温度调节、风量与送风方式调节、压缩机运行控制、热水阀控制等执行器。

**2. 汽车空调电子控制系统的控制原理**

微处理器控制的自动空调通常设有温度控制、经济运行方式控制、异常监测与保护控制、故障自诊断等功能。

1) 温度控制

ECU 根据各温度传感器的输入电信号和空调控制面板设定值进行计算分析,并对是否需要调节温度做出判断,然后输出相应的调控信号,通过相应的执行机构,对压缩机的工作、送风温度、送风模式及风量、热水阀开度等进行控制，以实现对车内空气温度的自动控制，使空调控制系统能对车内的环境进行全季节、全方位、多功能的最佳调节和控制。

2）经济运行方式控制

当驾驶员按下空调控制面板的"ECON"按键时，空调系统就会工作在经济运行方式，微处理器根据车内外温度传感器的信号控制压缩机在尽可能少的时间内工作，甚至不工作的情况下保持车内设置温度。例如，在春秋季节车外温度与设定温度相差不大时，控制器便选择在此方式下工作，以达到节能的目的。

3）异常监测与保护控制

当空调系统出现压力过高或过低、温度过高等异常情况时，控制器根据相关传感器或开关信号作出压力或温度异常的判断，并输出控制信号，使压缩机停止工作或使冷却风扇高速运转，以确保系统正常工作，避免制冷系统部件遭受损坏。

4）故障自诊断

ECU通过自诊断程序对输入的传感器信号和执行器电路的反馈信号进行监测，当电子控制系统出现故障，其信号缺失或信号异常时，ECU中的自诊断程序就会立刻做出相关电路和部件有故障的判断，通过相应的指示灯闪烁发出警告信号，并以故障代码的形式储存相应的故障信息。

## 7.3.2 汽车空调电子控制系统部件结构原理

由微处理器控制的汽车自动空调电子控制系统的基本组成部件及大致的安装位置如图7.27所示。

1. 传感器与开关

空调系统传感器与开关用于向空调电子控制器提供车内外空气温度状态、空调系统的温度与压力、驾驶员对空调的使用要求等信息，以使空调电子控制器进行最佳的车内空气环境控制及空调系统的安全保护。

1）车内温度传感器

车内温度传感器将车内的温度转换为相应的电信号，并送入空调ECU，用于车内温度自动控制。车内温度传感器的温度敏感元件是温度系数为负的热敏电阻，通常安装在仪表板下端。较早的车内温度传感器采用电动机式，即通过一个小电动机带动风扇转动来吸入被测空气（图7.28(a)）。现在使用较多的则是气流通过暖气装置的吸气式（图7.28(b)）。车内温度传感器采用吸气式温度感知方式可以克服轿车内部空间狭小，温度分布不均匀的缺点。

2）车外温度传感器

车外温度传感器将车外的温度转换为相应的电信号，并送入空调ECU，用于对车内温度的自动控制。车外温度传感器的温度敏感元件通常也是温度系数为负的热敏电阻，一般安装在前保险杠处。车外温度传感器的安装位置及内部结构如图7.29所示。

3）蒸发器温度传感器

蒸发器温度传感器将蒸发器处的温度转换为相应的电信号，并送入空调ECU，用于控制压缩机电磁离合器的工作，以避免蒸发器结冰和车内温度的自动控制。蒸发器温度传感器电阻随温度下降而增大，安装在蒸发器的出口处，如图7.30所示。

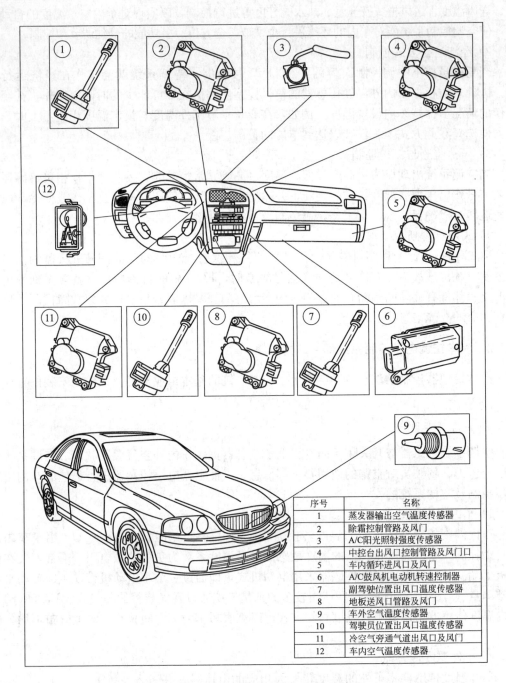

| 序号 | 名称 |
|---|---|
| 1 | 蒸发器输出空气温度传感器 |
| 2 | 除霜控制管路及风门 |
| 3 | A/C阳光照射强度传感器 |
| 4 | 中控台出风口控制管路及风门口 |
| 5 | 车内循环进风口及风门 |
| 6 | A/C鼓风机电动机转速控制器 |
| 7 | 副驾驶位置出风口温度传感器 |
| 8 | 地板送风口管路及风门 |
| 9 | 车外空气温度传感器 |
| 10 | 驾驶员位置出风口温度传感器 |
| 11 | 冷空气旁通气道出风口及风门 |
| 12 | 车内空气温度传感器 |

图 7.27 汽车空调电子控制系统组成部件

4) 冷却液温度传感器

一些微处理器控制的汽车空调系统还设有冷却液温度传感器，通常安装在加热器底部的水道中。该传感器是将发动机冷却液温度转换为相应电信号，送入空调ECU，用于低温时鼓风机转速控制。冷却液温度传感器的核心元件也是温度系数为负的热敏电阻。

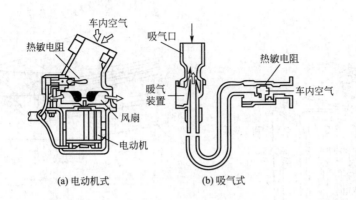

图 7.28 车内温度传感器

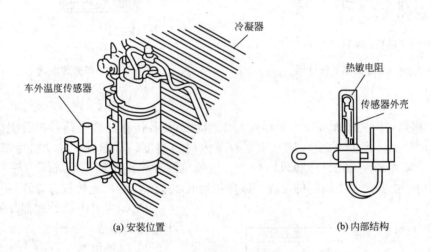

图 7.29 车外温度传感器

5) 阳光传感器

阳光传感器将车外阳光照射量转换为相应电流,并通过测量电路再转换为电压信号,送入空调 ECU,用于控制空调通风量和出风温度。阳光传感器一般安装在驾驶室仪表板上方易接受阳光之处,其安装位置及内部结构如图 7.31 所示。

6) 压力开关

压力开关向空调 ECU 提供制冷系统高压端或低压端压力异常电信号,当制冷系统压力出现过高或过低时,空调 ECU 根据压力开关输入的电信号立刻做出安全保护控制,以避免制冷系统在压力过高或过低时继续工作而损坏。

7) 空调操控开关

在微处理器控制的汽车空调操控面板上通常设有空调开关、自动开关、温度调节开关、经济运行选择开关、除霜开关、送风模式选择开关等多个空调操纵开关,由驾驶员手动操纵,用于空调的开、关和选择空调的工作方式等。

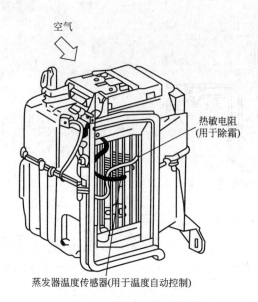

图7.30 蒸发器温度传感器

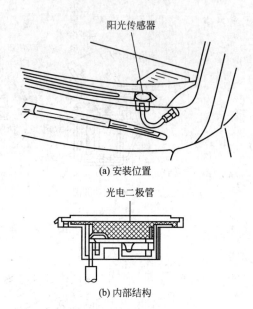

图7.31 阳光传感器

## 2. ECU

ECU根据空调控制面板设定的温度与工作状态及各传感器的电信号进行温度和通风状态的自动控制。ECU的输入信号主要有车内(外)温度、日照度、发动机冷却液温度、设定温度、空调运行模式、冷暖风门位置、压缩机制冷温度及制冷系统压力等。ECU输出的控制信号主要是各个风门的位置、鼓风机运转状态、压缩机运转状态等。

ECU主要由微处理器、输入与输出电路等组成，如图7.32所示。

1）微处理器

微处理器主要由中央微处理器(CPU)、只读存储器(ROM)、随机存储器(RAM)、输入/输出接口(I/O)等组成。微处理器是ECU的核心，它接受输入电路送来的各传感器及开关信号，再根据存储器中的控制程序和标准数据进行运算，并输出控制信号，通过输出电路控制执行器工作。

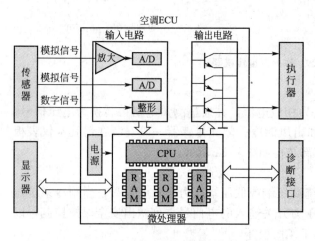

图7.32 ECU的基本组成

2）输入电路

ECU的输入电路包括信号处理电路和传感器电源，其作用之一是将各传感器及开关信号进行预处理，转换为CPU能够接受的数字信号；其二是向各传感器及开关提供一个电压稳定的电源，以确保各传感器及开关正常工作。对于输入的模拟信号，则需要通过模/数转换器(A/D)将模拟信号转换为数字信号再通过I/O接口输入CPU进行信号分析与处理。

3) 输出电路

ECU 的输出电路通常由信号处理电路和驱动电路组成。信号处理电路将 CPU 输出的控制指令(二进制代码)转换为相应的控制脉冲,再经驱动电路控制执行器工作。

3. 执行器

微处理器控制的汽车空调系统执行器主要有控制压缩机、冷却风扇及鼓风机工作的继电器、功率模块,控制风道中各风门及热水阀的驱动装置。

1) 继电器

微处理器控制的汽车空调系统中,ECU 通过继电器控制压缩机、冷却风扇、鼓风机等,即 ECU 控制继电器线圈电路的通断,由继电器触点通断压缩机电磁离合器、冷却风扇及鼓风机电动机电路。继电器的基本组成如图 7.33 所示。

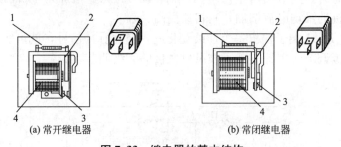

**图 7.33 继电器的基本结构**
1—弹簧;2—衔铁;3—触点;4—线圈

根据其触点的结构形式分,继电器有常开型、常闭型和混合型三种,用于控制压缩机工作的空调继电器电路原理如图 7.34 所示。该继电器为常开触点,当空调开关接通时,空调 ECU 使继电器线圈通电,接通压缩机电磁线圈电路,压缩机工作。工作中,空调 ECU 根据各传感器和开关信号对压缩机的运转进行自动控制。当需要停止压缩机运转时,空调 ECU 断开空调继电器线圈电路,继电器触点断开,压缩机电磁离合器断电,压缩机立即停止工作。

2) 鼓风机电动机及功率模块

鼓风机电动机及功率模块的外形如图 7.35 所示。功率模块根据空调 ECU 的控制信号控制电动机的运转,驱动鼓风机风扇在适宜的转速下运转。典型的鼓风机电动机转速控制原理如图 7.36 所示,该控制电路可实现鼓风机风量的手动和自动控制。

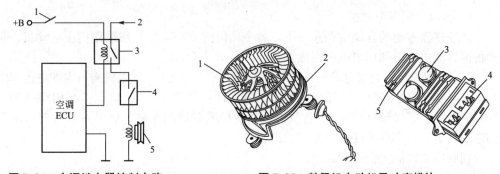

图 7.34 空调继电器控制电路　　　　　图 7.35 鼓风机电动机及功率模块
1—空调开关;2—接电源;3—空调继电器;　　1—风扇;2—电动机;3—大功率晶体管;
4—温度开关;5—压缩机电磁离合器　　　　4—插接器;5—散热片

(1) 手动控制。鼓风机手动控制方式如下：

按下高速按键，空调 ECU 输出高速控制信号(40 号端子搭铁)，使高速继电器线圈通电而吸合触点，鼓风机风扇电动机电流经高速继电器触点直接搭铁，此时电动机的电流最大而高速旋转，带动鼓风机风扇高速运转。

按下低速按键，空调 ECU 输出低速控制信号(31 号端子低电平)，鼓风机控制模块大功率晶体管 $VT_2$ 截止，鼓风机风扇电动机电流经风扇电阻搭铁，此时电动机电流最小而低速旋转，带动鼓风机风扇低速运转。

(2) 自动控制。鼓风机自动控制方式如下：

按下"自动控制"按键，空调 ECU 从 31 号端子输出相应电动机转速控制信号(31 端子输出占空比脉冲电压)使鼓风机控制模块大功率晶体管 $VT_2$ 间歇性导通。当空调 ECU 要调高电动机转速时，则输出占空比增大(脉冲电压的脉宽增加)，从而使 $VT_2$ 导通时间增加，风扇电动机的平均电流增加，其转速提高。

空调 ECU 通过 31 端子输出一个连续变化的占空比脉冲信号，就可实现对鼓风机风扇电动机转速的无级调节，也即实现了鼓风机风量的无级调节。

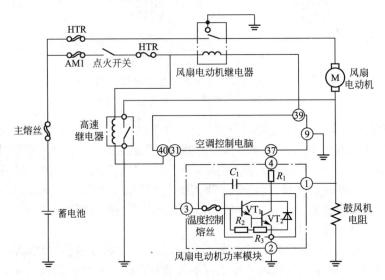

图 7.36　典型的鼓风机电动机转速控制电路

3) 各风门伺服电动机

微处理器控制的自动空调系统中，各个风门的驱动装置大都采用伺服电动机，伺服电动机由直流电动机和伺服机构组成。

(1) 进气口风门伺服电动机。其用于控制空气进入方式，伺服机构与内部电路如图 7.37 所示。电动机的电枢轴经连杆与进气口风门连接，当空调 ECU 输出"车内空气循环"或"车外空气导入"控制信号时，电动机带动连杆顺时针或逆时针转动，使进气口风门转至相应的位置，以实现改变进风方式的控制。

伺服电动机的工作原理如下：

按下"车外空气导入"按键时，空调 ECU 从 5 号端子输出电流，电流经伺服电动机 4 号端子→接触片 B→活动触点→接触片 A→电动机→伺服电动机 5 号端子→空调 ECU 6 号端子→空调 ECU 9 号端子到搭铁，电动机通电转动，带动进气口风门转动及活动触点移

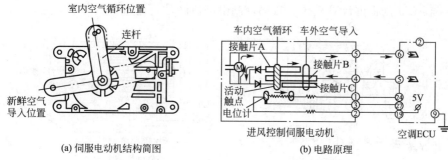

(a) 伺服电动机结构简图　　　　(b) 电路原理

图 7.37　进气口风门伺服电动机

动。当进气口风门转至"车外空气导入"位置时，活动触点与接触片 A 脱离，电动机断电停转，进气口风门停在车外进气通道开启、车内进气通道关闭的位置。

按下"车内空气循环"按键时，空调 ECU 从 6 号端子输出电流，电流经伺服电动机 5 号端子→电动机→接触片 C→活动触点→接触片 B→伺服电动机 4 号端子→空调 ECU 5 号端子→空调 ECU 9 号端子到搭铁，电动机通电转动，带动进气口风门及活动触点向相反的方向转动和移动。当进气口风门转至"车内空气循环"位置时，活动触点与接触片 C 脱离，电动机断电停转，进气口风门停在车内进气通道开启、车外进气通道关闭的位置。

按下"自动控制"按键时，空调 ECU 则根据各相关传感器的信号计算所需的出风温度，并根据计算结果自动控制进气口风门伺服电动机的转动方向，实现进气方式的自动控制。

进气口风门伺服电动机内部的电位计活动触点随电动机转动而移动，用于向空调 ECU 反馈进气口风门的位置电信号。

(2) 冷暖空气混合风门伺服电动机。其用于控制出风温度，结构与工作原理如图 7.38 所示。

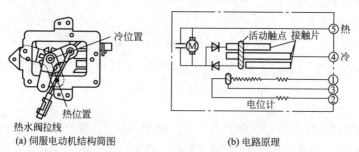

(a) 伺服电动机结构简图　　　　(b) 电路原理

图 7.38　冷暖空气混合风门伺服电动机

空调 ECU 根据驾驶员设置的温度高低及各传感器的电信号进行分析计算，得到所需的出风温度，当需要改变出风温度时，ECU 便输出控制信号，控制冷暖空气混合风门伺服电动机顺时针或逆时针转动，以改变冷暖空气混合风门的位置，通过改变冷、暖空气的混合比，实现出风温度的调节。

伺服电动机的工作原理与进风口风门伺服电动机相似，伺服电机电位计用于向 ECU 反馈冷暖空气混合风门的位置信息。

(3) 送风口风门伺服电动机。其用于控制送风方式，结构与工作原理如图 7.39 所示。

送风方式有手动设定和自动控制两种方式。手动设定时，按下空调控制面板上的某个送风方式按键，空调 ECU 就使送风风门伺服电动机的某个端子接地，电动机便转动相应的角度，带动送风口转动到相应的位置，使相应的送风口打开。按下"自动控制"

按键，空调 ECU 则根据计算结果，自动控制电动机转动，送风方式自动改变。

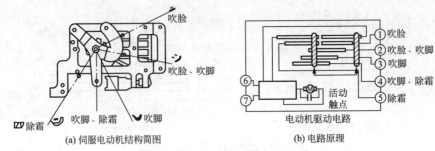

图 7.39 送风口风门伺服电动机

## 7.4 汽车空调系统电路实例

### 7.4.1 手动汽车空调系统电路

典型的手动汽车空调系统电路一例如图 7.40 和图 7.41 所示。

1. 电路特点

与所有采用电控发动机的汽车一样，该车空调开启时的发动机高怠速控制由发动机/ECT ECU 控制。设有空调放大器，可根据蒸发器温度传感器和压力开关的信号控制压缩机和散热风扇电动机的工作，实现蒸发器处的温度控制和冷凝器温度异常保护控制。

2. 电路工作原理

1) 空调的启动

空调制冷系统的启动和停止由 A/C 开关控制，鼓风机的风量由鼓风机开关调节，该鼓风机风量调节分 LO、M1、M2、H1 四级。

2) 空调蒸发器的温度控制

蒸发器温度传感器连接 A/C 放大器的 TE 和 SG 端子，通过 A/C 放大器的 MGC 端子控制压缩机电磁离合器继电器线圈电路的通断，使压缩机间歇工作，将蒸发器出口处制冷剂的温度控制在设定的范围之内。

3) 空调系统压力异常保护

A/C 双重压力开关具有压力过高保护和压力过低保护功能，串联在压缩机电磁离合器继电器线圈电路中，通过 PRS 端子连接 A/C 放大器。当空调制冷管路中的压力过高时，空调双重压力开关中的高压开关触点断开，使压缩机电磁离合器继电器线圈电路断电，压缩机停止工作；当空调制冷管路中的压力过低时，则是压力开关中的低压保护开关触点断开，使压缩机立刻停止工作。

4) 空调系统温度过高保护

散热器风扇与冷凝器风扇电动机的转动和转速受 A/C 放大器、发动机/ECT ECU 及 A/C 单压力开关的控制。当需要散热风扇正常运转时，A/C 放大器的 CFN+ 与 CFN- 通路，1 号风扇继电器线圈通电，其触点闭合，风扇电动机经 2 号继电器的 3、4 号端子和散

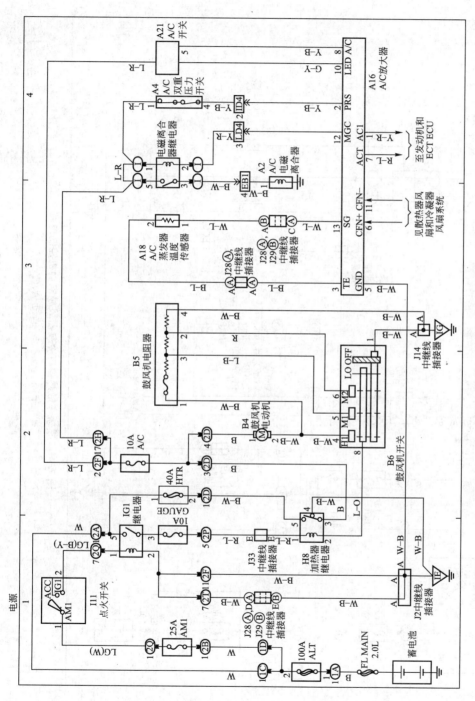

图 7.40　某轿车手动空调系统电路

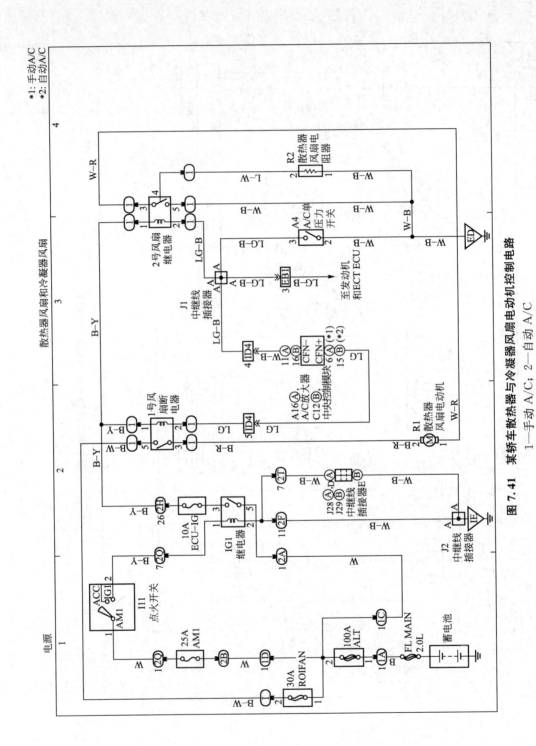

图 7.41 某轿车散热器风扇与冷凝器风扇电动机控制电路
1—手动 A/C；2—自动 A/C

热器风扇电阻器形成通路。当冷凝器的温度过高时，单压力开关的触点闭合，使 2 号风扇继电器线圈通电，接通继电器的 3、5 号端子，将散热器风扇电阻器短路，从而使散热器风扇电动机高速运转，以降低冷凝器的温度。

### 7.4.2 自动汽车空调系统电路

典型的自动汽车空调系统电路一例如图 7.42 所示。

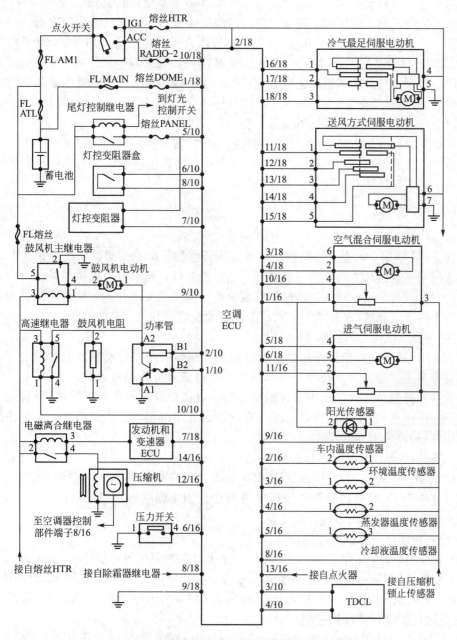

图 7.42 丰田雷克萨斯轿车 LS400 轿车空调控制系统电路

1. 电路特点

丰田雷克萨斯 LS400 轿车自动空调控制系统电路除了能够实现空调的温度、出风温度及送风方式等自动控制功能外，还具有冷气最足送风控制功能，用于使车内迅速凉爽。空调 ECU 可通过冷气最足伺服电动机控制冷气最足风门在全开、中间和关闭三个位置。

空调 ECU 通过 18 端子、16 端子和 10 端子三个插接器与各传感器、执行器及各反馈信号电路连接。该自动空调 ECU 的输入信号来自蒸发器温度传感器、车内温度传感器、车外温度传感器、阳光传感器、发动机冷却液温度传感器、压缩机锁止传感器，以及进气风门位置、空气混合风门位置、压力开关、电磁离合器继电器等，通过 16 端子插接器输入空调 ECU。该自动空调通过 18 端子插接器和 10 端子插接器输出控制信号，分别控制进气口风门、冷暖空气混合风门、送风方式风门、冷气最足风门、压缩机电磁离合器继电器及鼓风机控制模块(功率管)等，实现车内空气循环/车外空气导入、进气温度、送风方式、冷气最足、压缩机停机及鼓风机风量等控制。

空调压缩机设有锁止传感器，传感器为磁感应式转速传感器，压缩机转一圈，产生四个脉冲信号，空调 ECU 根据此传感器信号与发动机转速传感器信号的比较来判断压缩机的工作情况，实现压缩机工作异常的保护控制。

2. 电路工作原理

1) 空调的送风温度与方式控制

空调 ECU 根据车内温度传感器、车外温度传感器、阳光传感器及温度设定开关、送风方式选择开关、进风方式选择开关及相关的反馈信号，通过信号分析与处理后，输出控制信号，对进气口伺服电动机、冷暖空气混合伺服电动机及冷气最足伺服电动机等进行控制，实现车内空气循环/车外空气导入、出风温度及送风方式的自动控制。

2) 空调鼓风机风量的控制

空调 ECU 根据车内温度传感器、车外温度传感器、阳光传感器及温度设定开关、送风方式选择开关、进风方式选择开关等信号，通过信号分析与处理后，由 2/10、1/10 端子输出脉冲式控制信号，控制功率管的导通率，以实现鼓风机电动机转速(风量)的控制。空调 ECU 由 10/10 端子输出控制信号，通过控制高速继电器线圈的通断，实现鼓风机最高转速运转(最高风量)的控制。

3) 空调制冷系统压力异常保护控制

当空调制冷系统的压力超出了限定值时，压力开关由 6/16 端子向空调 ECU 输送压力异常信号，空调 ECU 通过控制压缩机电磁离合器继电器线圈断电，使压缩机停止工作，以保护空调制冷系统因压力过高而受损。

4) 空调压缩机异常保护控制

当空调压缩机处于工作状态时，空调 ECU 将锁止传感器的脉冲信号与发动机转速信号进行比较，如果两个转速信号的偏差率连续 3s 超过 80%，空调 ECU 就会判定压缩机被锁止，在以故障码的方式储存故障信息的同时，输出控制信号使空调开关指示灯闪烁，以示报警。

5) 发动机温度过高保护控制

当发动机的温度过高时，发动机冷却液温度传感器信号 8/16 端子输入空调 ECU，空调 ECU 通过控制压缩机电磁离合器继电器线圈断电，使压缩机停止工作，以减轻发动机的负荷。

## 本 章 小 结

本章重点介绍了汽车空调的控制器件及基本控制电路，可使读者对汽车空调温控器的结构类型及工作原理，其他控制器件的结构与工作原理均有较为深入的了解，并熟悉汽车空调的基本控制电路。本章还介绍了压力异常保护和过热保护装置的结构类型与工作原理，以使读者对汽车空调的保护内容、保护装置的结构及保护方式有较为全面的了解。本章还系统地介绍了以微处理器为控制核心的自动空调系统，以使读者能掌握目前在汽车上广泛使用的自动空调的基本组成与控制功能，并熟悉自动空调电子控制系统的控制原理。

## 思 考 题

1. 汽车空调通常设有哪些控制功能？
2. 温控器起什么作用？汽车空调中常用的温控器是如何工作的？
3. 旁路电磁阀是如何工作的？它在汽车空调制冷系统中起何作用？
4. 汽车空调怠速提高控制电路的作用是什么？化油器发动机和电喷发动机的空调怠速提高控制是如何实现的？
5. 一些汽车空调设置空调自动停止控制的目的是什么？常见的汽车空调自动停止控制控制装置是如何工作的？
6. 最基本的空调控制电路应具有哪些控制功能？
7. 汽车空调电路中为什么要设置空调继电器？
8. 汽车空调中通常设有哪些保护装置？这些保护装置各起什么保护作用？
9. 汽车空调系统中的压力开关有哪些类型？各种压力开关是如何起保护作用的？
10. 有些汽车空调中设置的过热开关有何作用？它是如何起保护作用的？
11. 非独立式汽车空调除了压力开关和过热开关，还有哪些保护装置？这些保护装置是如何起保护作用的？
12. 独立式汽车空调通常设有哪些保护装置？这些保护装置是如何起保护作用的？
13. 微处理器控制的自动空调其电子控制系统有哪些组成部分？各组成部分的作用是什么？
14. 微处理器控制的自动空调系统如何实现温度的自动控制？除了温度控制，微处理器控制的自动空调通常还有哪些控制功能？
15. 自动空调电子控制系统通常设有哪些传感器？各个传感器的作用是什么？
16. 自动空调 ECU 有哪些组成部分？各组成部分的作用是什么？
17. 自动空调电子控制系统的执行有哪些？各个执行器是如何工作的？
18. 鼓风机电动机转速控制电路是如何实现鼓风机风量的控制？
19. 各风门伺服电动机的主要组成部分是哪些？如何实现各风门的定点驱动？

# 第 8 章

# 汽车空调的使用与故障检修方法

教学目标

掌握汽车空调的正确使用方法，熟悉汽车空调常见故障的可能原因，并掌握故障诊断的基本方法，了解汽车空调检修的仪器和专用工具并初步掌握汽车空调的检测与维修方法。

教学要点

| 知识要点 | 能力要求 | 相关知识 |
| --- | --- | --- |
| 汽车空调的使用 | 熟悉并掌握汽车空调的正确使用方法 | 汽车空调控制面板与操控开关、汽车空调日常维护内容与部件定期维护内容、周期 |
| 汽车空调的故障分析与诊断 | 了解汽车空调常见故障现象，并熟悉各故障现象可能的故障原因，掌握故障分析与诊断方法 | 汽车空调制冷系统结构原理、机械装置结构原理、空调控制电路原理、电子控制系统的组成原理 |
| 汽车空调的性能检测与维修 | 了解汽车空调专用检修设备与工具，掌握汽车空调性能检测与故障维修方法 | 汽车空调压力检测、汽车空调温度检测、汽车空调制冷剂泄漏检测、制冷系统抽真空、充注制冷剂、汽车空调部件检测 |

## 8.1 汽车空调的使用与维护

合理地使用汽车空调,并对汽车空调进行正确而又及时的维护,不仅可以节约能源、减少空调系统故障,还可使汽车空调系统始终保持良好的技术状态,发挥出最大的效率并延长使用寿命。

### 8.1.1 汽车空调的正确使用方法

轿车和中小客车上广泛采用的是非独立式汽车空调,在使用汽车空调过程中应注意如下事项。

**1. 启用空调时要正确操控空调开关**

不同的汽车其空调操控开关的设置会有所不同,使用空调前应充分了解各个操控开关(按键、旋钮或推杆)的作用,以避免操作不当而影响空调系统的正常工作。图 8.1~图 8.5 列出了几种空调控制面板,从中可大致了解汽车空调操控开关的设置情况。

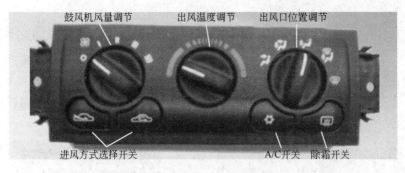

图 8.1 手动空调控制面板(一)

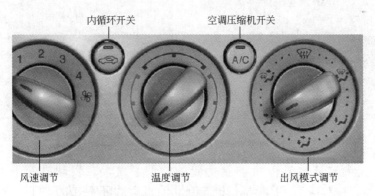

图 8.2 手动空调控制面板(二)

对于一些无相关设置和自动控制的汽车空调,启用空调时还应注意如下几点:

(1)起动发动机时,应确认空调开关处于关闭位置,发动机发动后,也应在发动机稳定运行几分钟后再使用空调。

(2) 在开启空调时,应先打开鼓风机至某一挡位,再打开空调开关启动空调压缩机。关闭汽车空调时,则应先关闭空调压缩机,然后再关闭鼓风机。

(3) 手动汽车空调在夏天启用空调制冷系统时,应将温度调节开关(冷暖空气混合风门)调到最冷端。

2. 空调制冷系统工作有异常时应及时关闭空调

在空调系统工作过程中,如果空调系统出现异常情况应立即关闭空调开关,使压缩机迅速停止工作,并查明空调系统有异常的原因,及时排除故障,以避免空调系统造成更大损坏。需及时关闭空调的空调系统异常情况如下:

(1) 压缩机或压缩机电磁离合器发出异常响声。

(2) 已打开鼓风机开关但无冷风吹出。

(3) 制冷量突然减少或完全不制冷。

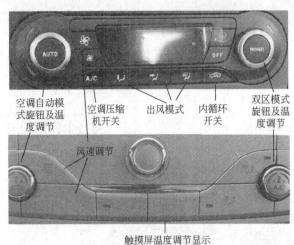

图 8.3 自动空调控制面板两例

3. 适时地停止使用空调

对非独立式汽车空调,为确保发动机正常工作,有时需要停止使用空调。下列情况下应关闭空调制冷开关,使空调制冷系统停止工作。

图 8.4 自动空调控制旋钮和按键

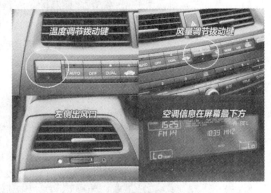

图 8.5 自动空调控制拨动钮

(1) 对于无大负荷自动停机控制功能的空调系统,在发动机处于大负荷(超车、上长陡坡等)时,应停止使用空调,以避免发动机动力不足或发动机因超负荷运转而过热。

(2) 汽车在运行过程中,如果发动机出现过热,则应立即停止使用空调,直到发动机温度恢复正常时再启用空调。

(3) 在夜间行车时,应尽可能不使用空调,因为夜间行车时前照灯等电气设备的用电量较大,同时使用空调通常需要蓄电池协助供电,如果长时间使用空调,容易引起蓄电池亏电。

**4. 汽车停驶时避免长时间使用空调**

在汽车停驶时不能长时间开启空调,其主要原因如下:

(1) 在汽车停驶时,发动机是在怠速工况下带动空调压缩机,这时发电机的转速低,不能对蓄电池进行正常的充电,且在压缩机电磁离合器通电时,通常需要蓄电池协助供电,因而长时间使用空调会耗尽蓄电池电能,造成发动机再次起动困难。

(2) 如果汽车是停在通风不良的室内,发动机怠速运转排出的废气容易被吸入车内而造成车内乘员中毒。

(3) 车辆在停驶状态下,冷凝器和散热器的散热条件相对较差,容易造成制冷系统和发动机过热,影响空调的性能和发动机的寿命。

**5. 正确操控鼓风机和温度开关**

正确操控鼓风机风量开关和出风温度调节开关,使鼓风机的风量与冷暖空气混合门位置互相协调。在操控时应注意如下两点:

(1) 在低风量时,温度调节旋钮不宜调得过低。温度调节在最低位置时,如果通过蒸发器的空气量少,蒸发器就容易结霜而产生风阻,使温度不能进一步下降,并且有可能出现压缩机液击现象。

(2) 需要迅速降低车内温度时,应将温度调节至最冷,并将鼓风机的风量调节至最大,这不仅可迅速降低车内的温度,还可以避免蒸发器因温度低而结霜。

**6. 合理地调节进气口和出风口风门**

合理地调节进气口风门和出风口风门的位置,可以提高空调的工作效率,并达到最佳的空气调节效果。进气口风门和出风口风门的调节应注意如下几点:

(1) 在车内空气良好的情况下,应将进气口风门调整到车内空气循环(RECIRC)位置,这可降低空调的制冷负荷,有利于节能;而当车内空气质量较差时,应及时将进气口风门调节至车外空气导入(FRESH)的位置,以提高车内的空气质量。

(2) 当车辆在尘土飞扬的道路上行驶时,或在城市街道上行车遇到堵车时,应将进气口风门置于车内循环(RECIRC)位置,以避免车外灰尘或附近车辆发动机废气进入车内而造成车内空气污染。

(3) 长时间地使用车内空气循环会导致车内空气质量下降,因此,经常将进气口风门调节到车外空气导入并保持一段时间是必要的,但必须注意车外的空气质量状况。

(4) 要调整好出风口的位置与风向,以使冷风或暖风均匀地吹入车内,使车内的温度分布适宜。

**7. 独立式汽车空调使用注意事项**

对于独立式汽车空调,通常由遥控装置控制辅助发动机的起动和运行,起动方法要比非独立式空调复杂,应严格按使用说明书的规定起动和运行汽车空调。使用时的一般注意事项与非独立式汽车空调大体相同,但由于辅助发动机有单独的油箱,因而还需要经常注意检查油箱的储油情况,并要注意检查辅助发动机水温、油压等情况。

### 8.1.2 汽车空调使用过程中的日常检查与维护

在使用过程中，做好空调系统的日常维护，对确保空调系统正常工作、及时排除空调系统的故障、延长空调的使用寿命均十分重要。汽车空调的日常检查工作主要有如下内容。

**1. 保持冷凝器、蒸发器的清洁**

经常检查冷凝器、蒸发器的表面有无污物，其散热片有无弯曲阻塞等。如果冷凝器或蒸发器表面有脏污，应该用压缩空气吹净或用具有一定压力的清水冲洗干净，以确保其良好的散热。

**2. 保持进气口空气过滤器的清洁**

经常检查通风通道进气口空气过滤器是否有灰尘或杂物堵塞。如果过滤器有堵塞，应打开进气通道入口处的蒸发器检查门，并卸下过滤器的滤网予以清洁。

**3. 检查制冷剂是否充足**

经常检查制冷剂量是否充足。一般是通过观察储液干燥器处的检视窗来检查制冷剂量是否充足。在发动机低速运转时，观察检视孔，若发现有气泡，则为制冷剂不足，应及时检修空调制冷系统和补充制冷剂。

**4. 检查压缩机传动带**

经常检查压缩机传动带的松紧度是否适当。传动带过紧会加剧轴承磨损，过松则会使传动带打滑，使压缩机转速过低或不转，导致制冷不足或不制冷。如果检查结果为传动带过紧或过松，应及时对压缩机传动带进行调整。

**5. 定期开启空调制冷系统**

在不使用空调制冷系统的春秋季节，应每隔半月启动空调制冷系统一次，使空调压缩机运行5~10min，这是因为制冷系统长时间不工作，其系统管路中的密封胶圈、压缩机轴封等均会因缺油而干燥，导致密封不良；而压缩机、膨胀阀以及制冷系统其他活动部件则容易结胶粘滞或生锈。

需要注意的是，定期开启空调制冷系统应在环境温度高于4℃时进行，因为在环境温度过低时进行此项工作，由于冷冻油黏度过大，其流动性差，容易造成压缩机润滑不良而损坏。

**6. 检查制冷系统连接处**

经常检查制冷系统管路连接处有无松动泄漏、螺栓螺钉连接处有无松动和损伤，传动机构工作是否正常、胶管有无老化破损等。如果发现异常应及时修理。

**7. 检查电路连接**

经常检查空调系统电路连接，查看插接器有无松动，线束有无破损等。如果插接器有松动，应将其插紧，导线破损则需更换线束。

**8. 检查空调工作情况**

经常注意观察空调系统工作时有无噪声、异响、振动和异常气味等，若有异常情况应及时查明原因，排除故障。

### 8.1.3 汽车空调的定期维护

汽车空调定期维护是使空调系统保持良好工作状态所必需的，需要由汽车空调维修专业人员来做。汽车空调的定期维护有以下内容。

1) 压缩机的定期维护

压缩机的定期维护时间一般是3年进行一次，其检查内容包括：进、排气压力是否正常，各紧固件有无松动，有无漏气现象等。

应该注意的是，压缩机拆修后必须更换压缩机的各密封件。由于压缩机的维修专业性强，因此，对于缺乏技术和配件的一般汽车修理厂，通常不对压缩机进行拆修。

2) 冷凝器及冷却风扇的定期维护

冷凝器及冷却风扇的定期维护周期是1年左右，其检查和维护的内容包括：清洁冷凝器表面的灰尘、检查冷凝器有无破损与泄漏、修复弯折变形的散热片等；检查冷却风扇电动机工作是否正常、电动机电刷磨损是否严重等。

3) 蒸发器的定期维护

蒸发器的定期维护时间也是在1年左右，其检查维护的内容主要是：用检漏仪检查有无泄漏；清除进风口滤网和送风通道中的灰尘和杂物。一般2~3年对蒸发器内部进行一次清洁。

4) 电磁离合器的检查与维护

压缩机电磁离合器的定期维护周期为1~2年，其检查的内容包括：直观检查离合器的动作是否正常，有无打滑；接合面、离合器轴承等有无严重磨损等；用厚薄规检查离合器的间隙是否正常。

5) 储液干燥器的更换

储液干燥器的更换时间一般为3年左右。除此之外，如果制冷系统进水、制冷系统管路出现破损或被打开，通常情况下也需更换储液干燥器。

6) 膨胀阀的维护

膨胀阀的定期维护周期为1~2年，其检查内容包括：阀的动作是否正常、开度大小是否合适、进口滤网有无堵塞等。如果膨胀阀检查发现有异常，需予以调整或更换。

7) 制冷系统管路的维护

制冷系统管路接头通常是每年检查一次，除了用检漏仪检查有无泄漏外，还应检查配管有无与其他部件相碰，软管有无老化、裂纹等。空调系统的软管一般3~5年应予以更换。

8) 驱动机构的检查与维护

压缩机驱动机构也应定期维护，V形带一般每使用1000h检查一次张紧度和磨损情况；张紧轮及轴承每年检查一次，并加注润滑油，使用3年左右应更换新件。

9) 冷冻机油的更换

冷冻机油一般两年左右检查或更换一次。当系统管路有泄漏时，应及时检查和补充冷冻机油。

10) 安全装置的检查与更换

空调制冷系统中的压力开关、温度开关等安全保护装置一般应每年检查一次，每5年更换一次。

11) 其他

空调系统各部件的安装螺栓螺母等紧固件应每 3 个月紧固一次；防震隔振橡胶应每年检查其是否老化、变形，如果有应及时更换；管路保温材料应每年检查一次是否老化失效；制冷状况的检查应每两年进行一次，通常用测量进、出口温度差来检查，其温度差应在 7~10℃左右，如果进出口温度差过小，应检查制冷剂量及制冷系统的部件和管路。

以上空调系统部件的定期检查与维护周期仅供参考，汽车空调的使用频率和工作环境各不相同，其检查维护周期应根据汽车空调的实际使用情况而定，或参考相应的车辆维修手册进行，不能生搬硬套。

## 8.2 汽车空调的故障分析

当汽车空调系统出现故障时，应根据故障现象分析可能的故障原因，并采取适当的检测方法，准确而又迅速地找到故障的确切部位，以便及时排除空调系统的故障，迅速恢复其正常工作。

### 8.2.1 非独立式汽车空调常见故障现象与原因分析

非独立式汽车空调系统工作不正常或不能工作时，其故障可能的原因包括空调的机械系统、制冷系统、采暖系统和电气系统几方面。非独立式汽车空调系统常见的故障现象及其可能的故障原因分析如下。

1. 空调系统不制冷

故障现象：汽车空调处在工作状态，出风口有风吹出，但无凉的感觉，车内温度降不下来。这种现象说明空调系统不制冷，可能的故障原因包括空调的电气系统、制冷系统和机械系统。

1) 汽车空调电气系统故障

汽车空调的电气系统有故障，导致压缩机不工作而使制冷系统不制冷，可能的故障原因如下：

(1) 空调控制电路中的熔断器烧断，使空调继电器不能通电工作。

(2) 空调开关接触不良而使制冷控制系统电路不能通电工作。

(3) 空调控制电路的线路有断路或接触不良。

(4) 压力开关触点接触不良而使压缩机电磁离合器不能通电工作。

(5) 蒸发器温度传感器不良，导致压缩机不工作。

(6) 温度控制继电器触点接触不良，使压缩机电磁离合器不通电工作。

(7) 空调电子控制器有故障（自动空调系统），导致制冷系统不工作。

(8) 温度控制器（温控开关）有故障，导致压缩不能正常工作。

(9) 压缩机电磁离合器线圈有断路或短路故障而使压缩机不能工作。

2) 汽车空调机械装置故障

汽车空调的机械装置有故障而导致压缩机不工作。可能的故障原因如下：

(1) 压缩机传动带松弛或断裂而使压缩机不能运转。
(2) 压缩机本身有故障而导致无制冷剂循环或制冷剂循环流量太少。
(3) 压缩机电磁离合器有故障，导致压缩机不能工作。

3) 汽车空调制冷系统故障

汽车空调制冷系统管路及部件有故障，使得制冷系统无制冷剂循环而导致不制冷。可能的故障原因如下：

(1) 膨胀阀有故障(CCTXV 制冷系统)或节流孔管(CCOT 制冷系统)有堵塞，导致制冷剂不能流通或制冷剂循环流量太小。
(2) 储液干燥器或制冷系统管路有堵塞而使制冷剂不循环或循环不畅。
(3) 制冷系统管路有泄漏而使制冷剂严重不足或无制冷剂。

2. 冷气时有时无

故障现象：开启空调制冷开关后，吹入车内的空气时而有凉意，时而又毫无凉爽的感觉。这种故障现象可能的原因有空调的机械故障、制冷系统的故障及电气系统的故障。

1) 汽车空调机械故障

汽车空调机械方面的故障而导致压缩机工作断断续续。可能的故障原因如下：

(1) 压缩机传动带松弛，时而有打滑的情况，使压缩机时而工作，时而不工作。
(2) 压缩机电磁离合器打滑，使压缩机时而运转，时而不转。

2) 制冷系统故障

汽车空调制冷系统有某种故障而导致制冷剂循环不连续。可能的故障原因如下：

(1) 膨胀阀有故障而使制冷剂循环不畅，断断续续。
(2) 制冷剂中含有过多的水分，导致间歇性不制冷。

3) 汽车空调电气系统故障

汽车空调电气线路某处有故障而使制冷控制电路时通时断，造成压缩机时而工作，时而不工作。可能的故障原因如下：

(1) 制冷系统电气控制线路连接处有松脱而使电路时通时断。
(2) 压力开关不良，在制冷剂压力波动时压力开关触点间歇性断开。

3. 只是在高速时有冷气

故障现象：打开空调制冷开关后，车内只有在车速很高时才有凉意，在低速时出风口吹出的风不凉，车内也无凉爽的感觉。这种故障现象多为机械和制冷系统有故障。

1) 汽车空调机械故障

汽车空调机械方面的原因导致压缩机的工作性能不良。可能的故障原因如下：

(1) 传动带松弛打滑，导致压缩机在发动机低转速时其转速过低。
(2) 压缩机本身性能不良，使制冷剂循环流量太少。

2) 汽车空调制冷系统故障

汽车空调制冷系统有故障而导致制冷效率下降、中低车速时制冷剂循环流量不足。可能的故障原因如下：

(1) 冷凝器有阻塞，其导热性能下降，导致制冷效率下降。
(2) 制冷剂中有空气而导致制冷效率下降。
(3) 制冷剂不足或过多，导致制冷循环流量不足，制冷效率下降。

**4. 空调冷气不足**

故障现象：打开空调制冷开关后，无论车速高低，从出风口吹出的风总是不够凉爽，车内的温度也降不下来。这种故障现象的可能故障原因也涉及汽车空调的机械、制冷系统及电气系统三个方面。

1）汽车空调机械故障

汽车空调机械方面的故障而使压缩机工作性能不良。可能的故障部位如下：

(1) 传动带因松弛而有打滑现象，使压缩机的转速过低，导致制冷剂循环流量不足。

(2) 压缩机本身性能不良，使制冷剂循环流量偏低。

(3) 压缩机电磁离合器打滑而使压缩机转速过低，导致制冷剂循环流量不足。

2）制冷系统故障

制冷系统的故障而使制冷剂循环流量过小或制冷效率过低。可能的故障原因如下：

(1) 膨胀阀有故障，导致了制冷剂循环流量过小。

(2) 冷凝器有阻塞，其导热性能下降，导致制冷效率下降。

(3) 制冷剂中有空气而导致制冷效率下降。

(4) 制冷剂不足或过多，导致制冷循环流量不足，制冷效率下降。

(5) 储液干燥器有阻塞，导致制冷循环流量不足，制冷效率下降。

(6) 压缩机润滑油过多而导致制冷效率下降。

3）电气系统故障

电气系统有故障而使温度控制不正常。可能的故障原因如下：

(1) 蒸发器温度传感器不良，导致压缩机工作时间太短而制冷量不足。

(2) 空调调节控制器不良，导致压缩机工作时间太短而制冷量不足。

**5. 空调冷气风量不足**

故障现象：打开空调制冷开关后，在风口感觉风很凉，但风量明显不足，用风量调节开关不能将风量调大，车内总是不够凉爽。这种故障现象主要是机械和电气控制方面的原因。

1）汽车空调机械故障

汽车空调机械方面的故障而使鼓风机风量损失。可能的故障原因如下：

(1) 冷气通道有空气渗漏之处，导致冷气损失而使出风口的风量不足。

(2) 空气进口处空气滤芯脏污造成阻塞，导致进风量过小。

2）电气系统故障

电气系统有故障而使鼓风机工作性能不良。可能的故障原因如下：

(1) 鼓风机电动机有故障而使其性能不良。

(2) 鼓风机电动机控制模块有故障或电路接触不良，导致鼓风机电动机转速偏低。

除以上原因外，蒸发器结霜严重时也会导致冷气风量不足。

**6. 空调系统有噪声**

故障现象：打开空调制冷开关后，车内有凉意，但可以听到空调系统有噪声。空调系统的噪声主要来自压缩机和鼓风机。

1) 空调压缩机噪声

来自空调压缩机的噪声主要如下：

(1) 压缩机内部因磨损严重或有损伤而产生工作噪声。

(2) 压缩机安装不牢固而产生振动噪声。

(3) 压缩机内缺少冷冻机油而产生摩擦噪声。

(4) 压缩机进入制冷剂液体或冷冻机油过多而产生液击(敲缸)。

(5) 压缩机传动带松动或磨损严重而产生的摩擦与振动噪声。

(6) 压缩机电磁离合器接触不良而产生碰擦噪声。

2) 鼓风机噪声

鼓风机产生噪声的原因主要如下：

(1) 鼓风机风扇松动或磨损过度而产生的工作噪声。

(2) 鼓风机电动机磨损过度而产生的工作噪声。

7．空调系统不送暖风

**故障现象**：打开空调暖风控制开关后，风口无暖风吹出。不送暖风的故障原因有电气系统和采暖系统两个方面。

1) 空调电气系统故障

汽车空调电气系统有故障而导致鼓风机电动机没有工作，可能的故障原因如下：

(1) 鼓风机电动机故障而使鼓风机没有转动。

(2) 鼓风机控制模块故障或鼓风机继电器有故障而使鼓风机不转。

(3) 冷却液温度控制器故障而导致鼓风机电动机不工作。

(4) 鼓风机开关或控制线路有断路或短路而导致鼓风机电动机不工作。

**说明**：对冷暖一体化汽车空调，当出现以上故障原因而使鼓风机电动机不转时，除了不送暖风外，在打开空调制冷开关时，还会有不送凉风的故障现象。

2) 采暖系统故障

采暖系统可能的故障原因如下：

(1) 暖风及通风控制开关总成有故障。

(2) 导风管及风门开关机构有故障。

8．空调暖风量过小

**故障现象**：打开空调暖风控制开关后，虽有暖风吹出，但风量很小且不能调大。

1) 采暖系统的故障

采暖系统有漏气或空气阻塞，可能的故障原因如下：

(1) 暖风机壳体或风道有破损或裂口而漏风。

(2) 暖风调节开关总成有故障。

(3) 空调通风通道空气进口处有阻塞。

2) 电气系统故障

电气系统有故障而使鼓风机只能低速运转，可能的故障原因如下：

(1) 鼓风机控制模块故障。

(2) 冷却液温度控制器故障。

(3) 鼓风机电动机性能不良。

9. 空调暖风送风温度低

故障现象：打开空调暖风控制开关后，从出风口送出的空气温度低或为凉风。可能的故障原因有空调采暖系统和电气系统。

1) 空调采暖系统的故障

汽车空调采暖系统的故障而使冷却液未经热交换器循环或循环量小而无热量交换或散热量小等，可能的故障原因如下：

（1）暖风水管堵塞。

（2）热交换器堵塞或表面脏污。

2) 空调电气系统故障

流经热交换器的冷却液温度低，可能的故障部位为冷却液温度控制器。

### 8.2.2 独立式汽车空调常见故障现象与原因分析

独立式汽车空调中还包括了驱动压缩机的辅助发动机，因而其故障现象及故障原因比非独立式汽车空调更为复杂。下面以独立整体式汽车空调为例，分析独立式汽车空调常见故障现象的故障原因。

1. 辅助发动机停止工作，制冷系统压力警告灯亮起

故障现象：辅助发动机不工作，空调系统不制冷，制冷系统压力警告灯亮。这种故障现象的原因多为制冷系统管路中的压力异常，压力保护开关起作用（高压保护开关断开或低压保护开关断开）而使辅助发动机自动停止工作。

1) 高压保护开关断开

制冷系统高压管路中压力过高而使高压保护开关动作，可能的故障原因如下：

（1）冷凝器脏污或有异物堵塞，导致其散热不良，温度和压力过高。

（2）冷凝器冷却风扇V形带打滑，导致冷凝器冷却风量不足而使系统的温度和压力过高。

（3）制冷剂中有过多的空气。

（4）从压缩机排气口到储液干燥器之间的制冷管路有堵塞。

（5）来自发动机的热空气回流到冷凝器处，导致冷凝器内部制冷剂的热量散发不出来而温度和压力过高。

（6）充入的制冷剂过量也会使制冷高压管路压力过高。

除以上可能的故障原因外，高压保护开关失效，在制冷系统高压端压力并不过高的情况下，高压保护开关误动作也会引起压力警告灯亮和辅助发动机不工作的故障现象出现。

2) 低压保护开关断开

制冷系统低压管路中压力过低而使低压保护开关动作，可能的故障原因如下：

（1）因制冷管路有泄漏或充入的制冷剂量过少而使制冷剂不足。

（2）从膨胀阀出口到压缩机吸气口之间的管路有堵塞。

（3）通风通道入口处空气过滤器滤芯堵塞，使蒸发器通风量过小而导致温度和压力过低。

（4）蒸发器结霜或鼓风机风扇V形带打滑而使风量过小，导致蒸发器内部温度和压力过低。

(5) 压缩机中冷冻机油量过多也会引起制冷系统低压端压力过低。
(6) 膨胀阀有阻塞。

除以上可能的故障原因外，低压保护开关失效，在制冷系统低压端压力并不过低的情况下，低压保护开关误动作也会引起压力警告灯亮和辅助发动机不工作的故障现象。

2. 辅助发动机停止工作，冷却液温度警告灯亮

故障现象：辅助发动机不工作，空调系统不制冷，辅助发动机冷却液温度警告灯亮。这种故障现象说明辅助发动机过热，其温度保护开关起过热保护作用。辅助发动机温度过高的原因如下：

(1) 辅助发动机散热器冷却液不足。
(2) 辅助发动机的冷却水泵已损坏。
(3) 辅助发动机散热器脏污或有异物阻塞，导致散热器散热不良。
(4) 辅助发动机散热器风扇转速过低或不转。

除以上原因外，温度保护开关失效，其开启温度低于设定的温度也会有辅助发动机停止工作且冷却液温度警告灯亮的故障现象出现。

3. 辅助发动机自动停止工作、压力和温度警告灯均不亮

故障现象：辅助发动机自动停止工作，制冷系统不制冷，但压力和温度警告灯均没有亮起。这种故障现象有警告灯电路故障和辅助发动机控制电路故障两种可能。

1) 警告灯电路故障

制冷系统压力或温度异常而引起辅助发动机自动停止工作，但警告灯电路有故障而不亮，可能的原因如下：

(1) 制冷系统压力警告灯或辅助发动机温度警告灯烧坏。
(2) 制冷系统压力警告灯电路或辅助发动机温度警告灯电路有断路。
(3) 接通制冷系统压力警告灯压力开关或接通辅助发动机温度警告灯温度开关有故障。

2) 辅助发动机控制电路故障

因控制电路有故障而导致辅助发动机不能工作，故障部位如下：

(1) 燃油切断电磁阀不良或其电路有断路。
(2) 辅助发动机停止继电器不良或其电路有断路。

除以上两种原因外，辅助发动机无油、辅助发动机本身的故障(如供油系统、点火系统等有故障)也同样会有辅助发动机自动停止工作、压力和温度警告灯均不亮的故障现象。

4. 接通控制开关时机油压力警告灯不亮

故障现象：接通空调控制开关，辅助发动机还未工作时，辅助发动机机油压力警告灯不亮。这种故障现象是由于机油压力警告灯或其电路有故障所引起，可能的故障部位如下：

(1) 机油压力警告灯电路有断路或其相关的熔断器已烧断。
(2) 机油压力警告灯已烧坏或机油压力警告灯插头连接不良。
(3) 机油压力开关触点接触不良。
(4) 空调控制开关不良。

**5. 辅助发动机运行时机油压力警告灯亮**

故障现象：辅助发动机正常运转时，机油压力警告灯亮起。这种故障现象说明辅助动机润滑系统出现了故障，可能的原因如下：

(1) 辅助发动机缺少机油。

(2) 发动机机油压力开关失效(需要很高的压力才能将其断开)。

(3) 发动机机油滤芯阻塞，或发动机润滑油路有阻塞。

(4) 发动机机油泵已损坏。

(5) 发动机机油黏度太低。

**6. 辅助发动机不能高速运转**

故障现象：当控制开关旋转至"自动"位置时，辅助发动机不能高速运转。这种故障现象的可能原因如下：

(1) 相关控制电路有故障，或相关电路熔断器熔丝已烧断。

(2) 放大器有故障。

(3) 辅助发动机速度转换拉杆有故障。

(4) 电磁阀或调速臂操纵杆不良。

(5) 燃油喷射泵调速器有故障。

**7. 接通空调控制开关时起动机不运行**

故障现象：接通空调控制开关时，辅助发动机起动机不运行，发动机无法起动。可能的故障原因如下：

(1) 辅助发动机起动控制电路有断路。

(2) 辅助发动机起动机有故障。

(3) 控制开关不良(连接点断路或触点接触不良)。

(4) 辅助发动机电源开关接触不良。

**8. 独立空调系统有异响**

故障现象：独立空调系统在工作时，可以听到有异响发出。异响可能来自整个动力装置、压缩机或风扇。

1) 异响来自整个动力装置或制冷装置

如果异响来自整个动力装置或制冷装置，则可能是整体式空调装置的安装螺栓松动或橡胶垫破损。

2) 异响来自压缩机

如果是压缩机产生的异响，可能的原因如下：

(1) 吸气或排气阀片破损。

(2) 压缩机内部磨损严重。

(3) 有液态制冷剂进入压缩机而产生液击。

3) 异响来自冷却风扇或鼓风机风扇

如果异响来自冷却风扇或鼓风机风扇，可能的原因如下：

(1) 风扇传动机构磨损严重。

(2) 轴或万向节等传动部件润滑脂过量。
(3) 鼓风机或冷却风扇松动而与机架或箱体有刮碰。

## 8.3　汽车空调的故障检测方法

当汽车空调出现故障时，就会有某种故障现象。在根据故障现象分析可能的故障原因的基础上，通过直观检查和用仪器检测，就可准确迅速地找到故障的确切部位。

### 8.3.1　汽车空调的直观检查

汽车空调的一些故障，可通过直观检查（眼看、手摸、耳听）往往能简便而又迅速地判断故障所在，迅速排除故障。

1. 通过眼睛观察检查故障

1）查看制冷系统部件外观

仔细观察管路有无破损、冷凝器及蒸发器的表面有无裂纹或油渍。如果冷凝器、蒸发器或其管路某处有油渍，则可能是此处有制冷剂渗漏。确认有无渗漏可用皂泡法或其他检漏方法，重点检查渗漏的部位如下：

(1) 各管路的接头处和阀的连接处。
(2) 软管及软管接头处。
(3) 压缩机轴封、前后盖板、密封垫、加油塞等处。
(4) 冷凝器、蒸发器等表面有刮伤变形处。

2）观察检视窗

汽车空调通常在储液干燥器处设有检视窗，用于检查干燥器中干燥剂的湿度和制冷剂的情况。检查储液干燥器中干燥剂湿度的检视窗可根据所观察的颜色判断干燥剂的湿度。例如，观察到呈蓝色为正常；如果呈红色，则说明干燥剂的水分含量已达饱和状态，应缓慢排尽系统中的制冷剂，更换储液干燥器后再加注制冷剂。

用于检查制冷剂的检视窗如图 8.6 所示。观察前先要起动发动机，然后打开空调制冷开关，并使发动机以 1500~2000r/min 的转速运行 5min 左右，然后再通过检视窗查看制冷剂的循环流动情况。有如下几种情况：

(1) 清晰，无气泡，则有制冷剂充足或无制冷剂两种可能：如果出风口有冷风吹出，说明制冷剂正常；如果出风口吹出的风不冷，则可能是制冷剂已全部漏完。

(2) 偶尔出现一个气泡，属于制冷剂量正常。若气泡时而出现，且伴有膨胀阀结霜，说明系统中有水分；若时而有气泡出现但膨胀阀没有结霜现象，则可能是制冷剂有些不足或制冷剂中有空气。

(3) 有较多的气泡，形成连续不断的泡沫，则说明制冷剂不足，或者制冷剂中有水分。

(4) 检视窗的玻璃上有条纹状的油渍，说明冷冻机油过多，应从系统内释放一些冷冻机油，并补充适量的制冷剂。

(5) 检视窗玻璃上留下的油渍呈黑色或有其他杂物，则说明系统内的冷冻机油已变质、污浊，必须清洗制冷系统。

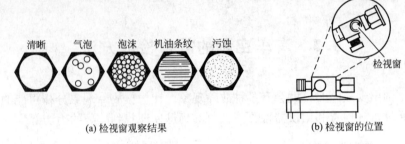

(a) 检视窗观察结果　　　　　(b) 检视窗的位置

图 8.6　储液干燥器处的制冷剂检视窗

3）查看电气线路

仔细检查空调系统相关的线路有无破损烧焦、线路连接有无断脱之处。

2．通过手感检查故障

1）检查空调制冷系统高压端

接通空调开关，使制冷压缩机工作 10～20min 后，用手触摸空调系统高压端管路及部件。从压缩机出口→冷凝器→储液干燥器到膨胀阀进口处，手感应是从暖到热，温度逐渐升高。

如果中间的某处特别热，则说明其散热不良；如果这些部件发凉，则说明空调制冷系统可能有阻塞、无制冷剂、压缩机不工作或工作不良等故障。

2）检查空调制冷系统低压端

接通空调开关，使制冷压缩机工作 10～20min 后，用手触摸空调系统低压端管路及部件。从储液干燥器出口→蒸发器到压缩机进口处，手感应是从凉到冷，温度逐渐降低。

如果不凉或是某处出现了霜冻，均说明制冷系统有异常。

3）检查压缩机进出口端温度差

接通空调开关，使制冷压缩机工作 10～20min 后，用手触摸压缩机进出口两端。压缩机的高、低压端应有明显的温度差，高压端温度高、低压端温度低。

如果温差不明显或无温差，则可能是已完全无制冷剂或制冷剂严重不足。

4）检查线路

用手检查空调系统线路各插接器连接是否松动，插接器表面有无发热。

如果插接器有松动或手感插接器表面的温度较高（发热），则说明插接器内部接触不良而导致空调系统不工作或工作不正常。

3．用耳听声音检查故障

1）听压缩机是否正常运行

仔细听压缩机有无运行所发出的声响，压缩机正常工作时可听到压缩机清脆而均匀的阀片跳动声。如果压缩机有异响而听不到压缩机正常工作的声响，就需要检查空调压缩机控制电路和压缩机电磁离合器。

2）辨别压缩机工作时的异响

压缩机发出异响时，就应仔细辨别响声。如果听到类似敲击的声响，则可能是有液态制冷剂进入压缩机或冷冻机油过多而产生"液击"。如果听到压缩机机体内有较严重的摩擦声,以及离合器时而发出摩擦声和发热,则可能是压缩机负荷太重、冷冻机油不足或者断油及离合器打滑所造成。如果压缩机外部有拍击声,则可能是皮带太松或磨损严重。

3) 听空调鼓风机风扇转动是否有响声

仔细听空调鼓风机风扇运转是否有异响发出,如果有异响,则可能是风扇轴承磨损或缺少润滑油,也有可能是风扇叶片碰击物体。

4) 听压缩机停机时是否有异响

在压缩机停机时仔细听有无异响发出。如果压缩机在停机过程中,能清晰地听到机体内运动部件的连续撞击声,则可能是内部的运动部件的磨损严重,引起轴与轴承之间、活塞与缸体之间、连杆与轴之间间隙过大或者安装有松动。

### 8.3.2 汽车空调的仪器与仪表检测

通过看、摸、听等直观检查有时可以迅速地发现空调制冷系统的一些不正常的现象,但有些故障通常还需要通过检漏仪、温度计、万用表及压力表等相关仪器、仪表的测试,获得更加明确的测试参数才能做出准确的故障判断。汽车空调系统用仪器、仪表检测的项目主要有如下几项:

(1) 用检漏仪检漏。用检漏仪检查制冷系统各接头处是否泄漏。

(2) 用万用表检查。用万用表检查空调控制电路各器件和线路,通过检测电阻、电压等参数,判断器件是否有故障,线路有无断路或短路。

(3) 用温度计检查温度。用温度计检测制冷系统相关部位的温度可判断蒸发器、冷凝器、储液干燥器等制冷系统部件是否有故障。

(4) 用压力表检查压力。用压力表检测制冷系统高压端和低压端的压力,用以判断制冷系统各部件、制冷剂等是否正常。

### 8.3.3 制冷系统温度与压力检测

温度与压力是判断汽车空调制冷系统故障与否、性能好坏的重要参数,通过检测仪器对空调制冷系统的温度和压力进行检测,可以准确判断空调制冷系统性能是否良好,并可分析和判断制冷系统故障的性质和故障的范围。

**1. 汽车空调的温度测量**

通过在最大通风量时测量车外温度和出风口的温度,以检验制冷系统的制冷能力。进行温度测量前,先起动发动机,待发动机达正常温度后,将发动机转速升到 3000r/min,并盖严发动机罩。然后开启空调制冷开关,将鼓风机打开到最大通风量,各通风口均打开。

测量时,先使空调压缩机工作约 3min 左右,然后用温度计测定中央通风口的温度和车外的温度,并以车外温度为横坐标,车内出风口温度为纵坐标,查看两温度的交点是否在正常范围之内(图 8.7)。

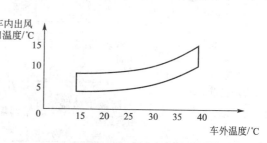

图 8.7 汽车空调制冷温度检查曲线

如果检测的车内出风口的温度与车外温度相交点不在正常区域内,则说明制冷系统的温度不正常,制冷系统有故障存在,应检修空调制冷系统的相关部件。

2. 制冷系统温度压力检查

同时测量车外温度和制冷系统高、低压两侧的压力,可较为准确地检验空调制冷系统是否正常。测量前,将已热机的发动机转速升到 2000r/min,盖严发动机罩,然后接通空调冷气开关,将风扇速度调节开关置于外循环最大挡,空气温度调节开关置于最冷,并将所有的通风口打开至最大位置。

在用温度计测量车外温度的同时,用压力表测量压缩机高压侧压力和低压侧压力,观察在一定的温度下,制冷系统内的压力是否在正常范围之内。如果检测到某个温度下的压力不在正常范围内(表 8-1),则说明制冷系统有故障存在,应予以检修。

表 8-1 车外温度与制冷系统压力关系

| 车外温度/℃ | 高压侧压力/MPa | 低压侧压力/MPa |
| --- | --- | --- |
| 15.5 | 0.84~1.19 | 0.10~0.15 |
| 21.1 | 1.05~1.75 | 0.10~0.15 |
| 26.6 | 2.26~1.93 | 0.10~0.15 |
| 32.2 | 2.40~2.18 | 0.15~0.20 |
| 37.7 | 1.61~2.30 | 0.20~0.25 |
| 43.3 | 1.89~2.53 | 0.25~0.30 |

3. 制冷系统压力异常故障分析

制冷系统温度检测或温度压力检查不正常时,可通过用压力表检测制冷系统高、低压侧的压力情况来判断制冷系统的故障。

如果制冷系统高、低压侧压力不正常,则说明制冷系统有故障。可能故障原因及故障排除方法见表 8-2。

表 8-2 制冷系统压力不正常的故障原因及处理

| 测得的压力 | 相关的检查症状 | 故障原因 | 故障处理 |
| --- | --- | --- | --- |
| 低压侧压力有时正常、有时为真空 | 间歇制冷 | 制冷剂中有空气 | ① 反复抽出空气,将系统内的水分排出;<br>② 补充制冷剂 |
| 高、低压侧的压力均过低 | 观察检视窗可见气泡 | 制冷剂不足 | ① 检查制冷系统管路有无泄漏;<br>② 补充制冷剂 |
| | 储液干燥器至机组管路结霜 | 储液干燥器因有污垢而使制冷剂流通不畅 | 更换储液干燥器 |

(续)

| 测得的压力 | 相关的检查症状 | 故障原因 | 故障处理 |
|---|---|---|---|
| 高、低压侧的压力均过高 | 制冷不足 | 冷凝器冷却不良 | ① 清洗冷凝器散热片；<br>② 检查风扇电动机是否运转正常 |
| | | 制冷剂过多 | 检查制冷剂总量，并排出过量的制冷剂 |
| | | 系统内有空气 | ① 检查冷冻机油是否脏污或不足；<br>② 排出系统中的空气；<br>③ 补充制冷剂 |
| 低压侧压力指示真空，高压侧压力很低 | 低压侧管路上有霜或有大量露水 | 膨胀阀不良 | 检查或更换膨胀阀 |
| | 不制冷或间断制冷，在储液干燥器或膨胀阀前后的管路上结霜或有露水 | 制冷剂不循环或循环不畅 | ① 拆下膨胀阀并用压缩空气清洁膨胀阀或更换新的膨胀阀；<br>② 排尽系统的空气；<br>③ 补充制冷剂 |
| 低压侧压力过高，高压侧压力过低 | 不制冷 | 压缩机工作不良 | 检修或更换压缩机 |
| 高压侧压力高或低压侧压力低 | 制冷不足 | 制冷剂过多 | 放出制冷剂直到出现气泡，然后加注制冷剂至气泡消失 |
| | | 发动机冷却效果差或冷凝器冷却不良 | ① 检查冷却风扇的运转情况；<br>② 清洗冷凝器散热片 |
| 高压侧压力过高或低压侧压力过低 | 储液干燥器或冷凝器输出管路上有结霜 | 制冷系统管路有阻塞 | 检查并清洁管路 |
| 高压侧压力正常，低压侧压力过高 | 间歇制冷 | 蒸发器传感器或空调调节控制器有故障 | ① 检查或更换蒸发器传感器；<br>② 检查或更换空调调节控制器 |

## 8.4 汽车空调常见故障诊断程序

汽车空调是一个较为复杂的系统，许多故障现象其可能的故障原因涉及机械、电气及制冷三个方面。当空调系统出现故障时，应根据故障现象分析可能的故障原因，并用适当的检测方法确诊故障所在。在故障诊断过程中，合理的故障诊断程序可以帮助我们有条不紊地进行空调系统的故障检修工作，准确而又迅速地排除故障。

### 8.4.1 汽车空调故障诊断的一般原则

与汽车中其他复杂系统的故障诊断一样，汽车空调系统的故障诊断程序也应遵循"先思后行"、"先简后繁"、"先熟后生""代码优先"的原则。

1. 先思后行

所谓"先思后行"是指汽车空调系统出现故障时，首先应根据故障现象分析可能的故障原因，在全面了解可能的故障原因的基础上，再按适当的程序进行故障诊断操作。这样既防止了故障诊断操作的盲目性，又避免了对无关的部位作无效的检查，且不会漏检有关的部位，可使故障的确诊和排除准确而又迅速。

2. 先简后繁

汽车空调各个部位的故障检查难易程度是不一样的。"先简后繁"是指能以简单方法检查的可能故障部位先予以检查，如果检查未发现异常，再进行较为复杂的故障检查。例如，直观检查最为简单，一些较为明显的故障通过看、摸、听、闻等直观检查方法就可以确认，因此，可通过直观检查的可能故障部位应先予以检查。需要用仪器、仪表或其他专用工具进行检测的，通常也应将容易检查的安排在前面。这样，往往可使空调系统的故障诊断与排除变得很简单。

3. 先熟后生

汽车空调系统各种故障现象的可能故障原因有多种，在这些可能的故障原因中，有的经常出现，有的则很少出现，即各种可能的故障原因实际出现的概率是不同的。"熟"是指较为常见的故障原因，"先熟后生"是指对故障出现概率高的可能故障部位先行检查，如果故障未能排除，再去检查故障出现概率较低的可能故障部位。遵循先熟后生的原则，往往可迅速地确定故障部位，可使汽车空调系统的故障排除变得省时省力。

4. 代码优先

微处理器控制的自动空调系统具有故障自诊断功能，当空调电子控制系统出现故障时，其故障自诊断系统就会报警，并以代码的方式储存故障信息。但并不是所有的故障都会报警，因此，无论是否出现过空调系统的故障报警信息，在检修汽车空调系统前，均应先进行读取故障码操作，以便充分利用故障自诊断系统的功能，迅速而又准确地排除汽车空调电子控制系统的故障。

### 8.4.2　手动空调系统故障诊断程序

1. 空调制冷系统不制冷

打开空调制冷开关后车内温度降不下来，说明空调制冷系统没有制冷，机械系统、电气系统和制冷系统存在故障均会导致空调系统不制冷。故障诊断程序如下：

1) 检查有无风吹出

打开空调制冷开关，查看空调出风口有无冷风吹出。如果无冷风，则可能也会无暖风吹出，按"空调系统不送风"的故障诊断程序检查故障；如果有风吹出，但风不凉，则进行下一步检查。

2) 检查压缩机是否工作

打开空调制冷开关后使发动机怠速运行，仔细观察发动机的转速变化情况以判断压缩机是否工作。如果压缩机工作则进行第6)步，查找制冷系统导致不制冷的故障部位；如果压缩机不工作，则进行第3)~5)步，检查电气系统和机械系统导致压缩机不工作的原因。

3) 直观检查
(1) 直观检查空调控制线路有无断路或接触不良。
(2) 直观检查压缩机传动带是否松动打滑。
如果直观检查未发现有异常,进行下一步检查。
4) 检查电气系统
查找空调控制电路的问题而引起压缩机不工作的可能故障部位,检查内容与顺序如下:
(1) 检查空调控制电路的熔断器是否烧断。
(2) 检查空调温度控制器是否有故障。
(3) 检查空调冷气开关触点是否接触不良。
(4) 检查空调压力开关触点是否接触不良。
如果以上电气系统检查均正常,则需检查机械系统的故障。
5) 检查机械系统
查找机械系统有无导致压缩机不工作的故障,检查内容与顺序如下:
(1) 直观检查压缩机传动带是否松动打滑。
(2) 检查压缩机电磁离合器是否间隙过大、离合器接触面是否有污物等。
(3) 检查压缩机内部是否卡死。
6) 检查制冷系统
查找制冷系统部件及管路故障导致无制冷剂循环的可能故障原因,检查内容与顺序如下:
(1) 检查制冷管路有无泄漏或堵塞。
(2) 检查制冷剂是否严重不足或无制冷剂。
(3) 检查膨胀阀是否损坏。

2. 制冷不足

空调制冷系统工作时,车内温度虽有所下降,但温度明显偏高。这说明制冷系统制冷不足。故障诊断程序如下:
1) 检查出风温度和风量
调节鼓风机风量并用手试出风口风的温度,查看风量是否能调大、冷风是否足够冷。如果感觉风足够冷,但风量不能调大,则进行第5)步,查找导致冷风量不足的故障原因;如果风量正常但不够冷,则进行下一步检查。
2) 检查机械系统
查找机械系统故障而导致制冷剂循环流量过小的可能故障原因,检查内容与顺序如下:
(1) 直观检查压缩机传动带是否有打滑现象。
(2) 检查压缩机电磁离合器是否有打滑现象。
(3) 检查压缩机本身是否性能不良。
如果机械系统均正常,则需检查制冷系统的故障。
3) 检查制冷系统
查找制冷系统部件及管路故障导致制冷剂循环流量过小或制冷效率过低的故障原因,检查内容与顺序如下:
(1) 直观检查制冷剂中有无空气、制冷剂是否不足。
(2) 检查冷凝器有无脏污堵塞。

(3) 检查储液干燥器有无堵塞。
(4) 检查膨胀阀是否有故障。
(5) 检查压缩机润滑油是否过多。
如果检查制冷系统未发现异常，则需检查电气系统。

4) 检查电气系统

查找电气系统故障而导致温度控制不正常的故障原因，检查内容与顺序如下：
(1) 蒸发器温度传感器是否失效。
(2) 温度控制器是否有故障。

5) 检查冷风量不足

查找导致冷风量不足的原因，检查内容与顺序如下：
(1) 检查蒸发器是否有堵塞。
(2) 检查蒸发器是否结霜。
(3) 检查通风风道是否有堵塞或漏气。
(4) 检查鼓风机工作是否正常。
(5) 检查鼓风机电动机调速电阻是否损坏。

**3．出风口无风吹出**

打开空调开关和鼓风机开关后出风口无冷风吹出，调节鼓风机风量也不起作用。这说明空调系统的鼓风机电动机没有工作而导致不送风。故障检查内容与顺序如下：
(1) 检查空调控制电路熔断器是否烧断。
(2) 检查鼓风机开关或控制线路有无接触不良或断路。
(3) 检查鼓风机控制模块有无故障或鼓风机继电器是否有故障。
(4) 检查是否因鼓风机电动机故障而导致鼓风机不转。
(5) 检查冷却液温度控制器是否有故障。

**4．空调系统有噪声**

打开汽车空调时，可听到空调系统有噪声。压缩机和鼓风机是汽车空调主要的噪声来源，故障检查程序如下：

1) 查找噪声的来源

打开发动机盖，仔细辨别噪声来自何处。如果噪声来自压缩机，进行第3)步检查；如果噪声来自鼓风机，则进行下一步检查。

2) 检查鼓风机

鼓风机产生噪声的检查内容和顺序如下：
(1) 检查鼓风机风扇是否松动或轴承是否磨损严重。
(2) 检查鼓风机电动机是否磨损过度。

3) 检查压缩机

压缩机噪声故障检查内容和顺序如下：
(1) 检查压缩机是否安装有松动。
(2) 检查压缩机是否磨损严重。
(3) 检查压缩机是否缺少冷冻机油或冷冻机油过多。
(4) 检查压缩机电磁离合器是否接触不良。

(5) 检查压缩机是否产生了液击，如果分辨噪声为液击，则应检查温控器、感温包、膨胀阀等部件。

### 8.4.3 自动空调的故障诊断程序

1. 自动空调故障诊断基本程序

微处理器控制的自动空调系统其控制电路较为复杂，故障检修时首先应利用其故障自诊断功能判断是否有控制电路的故障。如果通过故障自诊断操作获取了控制电路的故障信息，就可根据故障信息排除相应的故障，然后再检验空调系统是否恢复了正常。如果自诊断系统没有故障信息，或在排除了自诊断故障信息所指示的故障后空调系统仍不能正常工作，则应按故障症状分析故障原因，并按适当的故障诊断程序查寻和排除故障。微处理器控制的自动空调的故障诊断基本程序如图8.8所示。

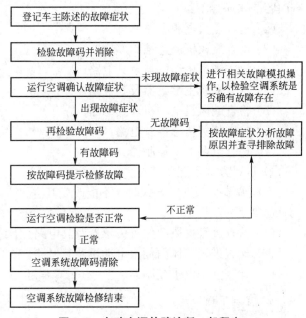

图8.8 自动空调故障诊断一般程序

2. 自动空调系统风量控制故障的诊断程序

自动空调风量控制故障有鼓风机不运行、风量不足、风量不能调节、进风方式不能调节等，故障检修前应根据具体的故障现象分析可能的故障原因，然后按适当的程序检查故障。

1) 鼓风机不运行

鼓风机控制开关打开后，出风口无风吹出，调节鼓风机风量也不起作用。鼓风机不运行故障的检查内容与顺序如下：

(1) 检查点火电源电路。
(2) 检查空调控制电路电源电路。
(3) 检查鼓风机继电器及其电路。
(4) 检查鼓风机电动机及其电路。
(5) 检查相关传感器及其电路。
(6) 检查空调电子控制器。

2) 出风口风量过小

鼓风机控制开关打开后，出风口有风吹出，但鼓风机风量明显不足，将鼓风机风量调节开关调至风量最大也不起作用。风量不足故障的检查内容与顺序如下：

(1) 检查鼓风机电动机电路。
(2) 检查鼓风机电动机。
(3) 检查鼓风机风扇。
(4) 检查蒸发器是否严重结霜。

(5) 检查通风通道有无堵塞或破损漏气。
(6) 检查空调电子控制器。

3) 不能调节风量

鼓风机控制开关打开后,出风口有风吹出,但不能调节风量。风量不能调节的故障检查内容与顺序如下:

(1) 检查点火电源电路。
(2) 检查鼓风机调速控制模块。
(3) 检查鼓风机继电器及其电路。
(4) 检查采暖主继电器及其电路。
(5) 检查鼓风机电动机及其电路。
(6) 检查相关传感器及电路。
(7) 检查空调电子控制器。

4) 进风方式不能调节

手动调节空调进风方式时,不能改变其进风方式。进风方式不能调节故障的检查内容与顺序如下:

(1) 检查进气口风门位置传感器及其电路。
(2) 检查进气口风门伺服电动机及其电路。
(3) 检查空调电子控制器。

3. 空调不送冷风

空调运行时虽有风吹出,但风不冷。有机械系统、电气系统和制冷系统三方面的原因,故障诊断程序如下:

1) 检查机械系统

查寻机械系统导致压缩机不工作的故障原因,检查内容与顺序如下:

(1) 检查压缩机传动带是否张力不够或断裂。
(2) 检查压缩机电磁离合器是否间隙过大、离合器接触面是否有污物等。
(3) 检查压缩机内部是否卡死。

如果机械系统未发现异常,则需检查电气线路和电子控制系统。

2) 检查电路和电子控制系统

查寻空调控制电路和电子控制系统导致压缩机不工作的故障原因,检查内容与顺序如下:

(1) 检查冷暖空气混合风门位置传感器及其电路。
(2) 检查冷暖空气混合风门伺服电动机及其电路。
(3) 检查车内温度传感器及其电路。
(4) 检查车外温度传感器及其电路。
(5) 检查蒸发器温度传感器及其电路。
(6) 检查压力开关及其电路。
(7) 检查空调控制电路电源电路。
(8) 检查空调电子控制器。

如果空调电气线路未发现异常,则需检查制冷系统管路及部件。

3) 检查制冷系统

查找制冷系统部件及管路故障导致无制冷剂循环的可能故障原因，检查内容与顺序如下：

(1) 检查制冷管路有无泄漏或堵塞。
(2) 检查制冷剂是否严重不足或无制冷剂。
(3) 检查膨胀阀是否损坏。

4. 空调不送暖风

空调送出的风不暖，有采暖系统和电气系统的原因，故障诊断程序如下：

1) 检查采暖系统

采暖系统故障导致空调送出的风不暖的检查内容与顺序如下：

(1) 检查热水阀是否有故障。
(2) 检查采暖水管是否松脱破裂。
(3) 检查加热器有无堵塞或表面脏污。

如果以上检查未发现异常，则需检查空调电气线路和电子控制系统。

2) 检查电路与电子控制系统

电气系统故障导致空调送出的风不暖的检查内容与顺序如下：

(1) 检查冷却液温度传感器及其电路。
(2) 检查冷暖空气混合风门位置传感器及其电路。
(3) 检查冷暖空气混合风门伺服电动机及其电路。
(4) 检查采暖继电器及其电路。
(5) 检查车内温度传感器及其电路。
(6) 检查环境温度传感器及其电路。
(7) 检查空调电子控制器。

5. 出风温度偏高或偏低

出风口吹出的空气温度明显高于或低于规定值，车内温度也偏高或偏低。有机械、电气或制冷系统的原因，故障诊断程序如下：

1) 检查机械系统

机械系统导致出风温度偏高的故障检查内容与顺序如下：

(1) 检查压缩机传动带张紧力。
(2) 检查压缩机电磁离合器是否有打滑现象。
(3) 检查压缩机本身是否性能不良。

如果以上检查均正常，则需检查空调电气系统。

2) 检查电气系统

查找电气系统故障而导致温度控制不正常的故障原因，检查内容与顺序如下：

(1) 检查冷凝器风扇电动机电路。
(2) 检查车内温度传感器及其电路
(3) 检查环境温度传感器及其电路。
(4) 检查蒸发器温度传感器及其电路。
(5) 检查冷却液温度传感器及其电路。
(6) 检查冷暖空气混合风门位置传感器及其电路。

(7) 检查冷暖空气混合风门伺服电动机及其电路。
(8) 检查空调电子控制器。

如果以上检查均正常，则需检查制冷系统管路及部件。

3) 检查制冷系统

查找制冷系统部件及管路故障导致出风温度偏高的故障原因，检查内容与顺序如下：

(1) 检查制冷剂中有无空气、制冷剂是否不足。
(2) 检查冷凝器有无脏污堵塞。
(3) 检查储液干燥器有无堵塞。
(4) 检查膨胀阀是否有故障。
(5) 检查压缩机润滑油是否过多。

4) 检查采暖系统

查找采暖系统管路及部件故障导致出风温度偏低的故障原因，检查内容与顺序如下：

(1) 检查热水阀是否不良。
(2) 检查采暖水管有无松脱破裂。
(3) 检查加热器是否堵塞或表面脏污。

## 8.5 汽车空调制冷系统的维修

### 8.5.1 汽车空调制冷系统的检修设备与工具

汽车空调制冷系统的维修需要用专用的检修设备和工具，在对汽车空调制冷系统进行检修时，应正确地使用这些工具和设备，以确保空调检修顺利进行。汽车空调制冷系统专用检修仪器和工具简介如下：

1. 歧管压力表

歧管压力表是汽车空调制冷系统维修必不可少的工具，歧管压力表不仅用于制冷系统维修时的抽真空、加注制冷剂和添加冷冻机油，还用于制冷系统故障检测。歧管压力表由高压表和低压表组成，还配有手动高低压阀及三个接头，其结构如图8.9所示。

(a) 外形图

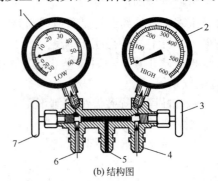
(b) 结构图

图 8.9 歧管压力表

1—低压表；2—高压表；3—手动高压阀；4—高压管接头；
5—中间管接头；6—低压管接头；7—手动低压阀

歧管压力表的高压表通过手动高压阀和高压管接头与制冷系统高压侧相连，用于检测制冷系统高压侧压力，而低压表则是通过手动低压阀和低压管接头与制冷系统低压侧相连，用于检测制冷系统低压侧压力。中间管接头连接真空泵或制冷剂钢瓶。

1) 歧管压力表工作原理

歧管压力表有四种工作方式，如图8.10所示。

(1) 高压阀B和低压阀A同时关闭，如图8.10(a)所示。此时可进行高、低压侧压力检测。

(2) 高压阀B和低压阀A同时打开，如图8.10(b)所示开。此时可进行制冷剂加注、抽真空操作，同时可检测高、低压侧压力。

(3) 只开启手动低压阀A，手动高压阀B关闭，如图8.10(c)所示。此时低压管路、中间管路及低压表相通，可进行低压侧加注气态制冷剂或排放制冷剂，同时可检测高、低压侧压力。

(4) 只开启手动高压阀B，手动低压阀A关闭，如图8.10(d)所示。此时高压管路、中间管路及高压表相通，可进行高压侧加注液态制冷剂或排放制冷剂，同时可检测高、低压侧压力。

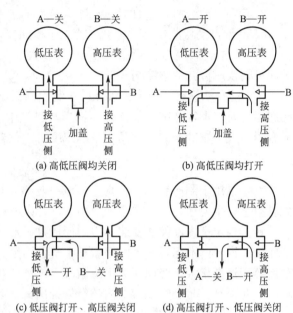

图8.10 歧管压力表的工作方式

2) 歧管压力表使用注意事项

(1) 压力表连接软管时，要用手拧紧，不能使用扳手，以免拧坏接头螺纹。

(2) 使用时，要将软管中的空气排净。

(3) 不使用时，软管要与管接头连接起来，以防止灰尘、杂物或水进入管内。

(4) 压力表为精密测量仪表，应细心维护，保持仪表及软管接头的清洁，并应轻拿轻放。

2. 检漏仪

检漏仪用于检测制冷管路有无制冷剂泄漏。检漏仪有很多种，如卤素检漏仪、染料检漏仪、电子检漏仪、氦质谱检漏仪、超声波检漏仪等，其中卤素检漏仪只能用于R12、R22等卤素类制冷剂的检漏，对不含氯离子的R134a等则无效。图8.11所示的是能适用于R134a制冷剂检漏的电子检漏仪。

1) 5650型电子检漏仪的组成

5650型电子检漏仪由探测部分和仪器主体

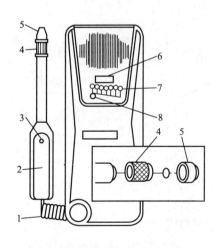

图8.11 5650型制冷剂检漏仪
1—螺旋线；2—探测手柄；3—复位键；
4—传感器头；5—保护套；6—选择开关；
7—泄漏强度指示灯；8—电源指示灯

部分组成。探测部分主要由保护套、传感器头、复位键、探测手柄等组成。传感器头内装有加热白金阳极和阴极，探测手柄内装有小吸气风扇。仪器主体部分的控制面板上设有选择开关、泄漏强度指示灯、电源指示灯等。

2) 5650型自动检漏仪的特点

5650型自动检漏仪是一种新一代电子检漏仪，其特点如下：

(1) 功能比较完善。可以用于R12、R22、R134a等多种制冷剂的检漏，通过选择开关即可转换所检漏的制冷剂。

(2) 能自动标定。当检漏仪在已被制冷剂污染的空气中使用时，接通开关蜂鸣器便会响起，这时按下复位键，仪器就会将当时空气中制冷剂的浓度作为基准(零点)，检测中，只有当空气中制冷剂的浓度高于基准浓度时，仪器才会有数字显示。

3. 真空泵

真空泵用于制冷系统的抽真空，以排除系统内的空气和水分。图8.12所示的是叶片式真空泵，主要由转子、定子(气缸)、叶片及排气阀等组成。

转子与定子内圆偏心安装，之间形成月牙形空腔。工作时，叶片在弹簧的弹力和离心力作用下沿径向滑出，其外端面紧贴于气缸内壁，形成吸气腔和排气腔。转子转动时，吸气腔容积逐渐增大，腔内压力下降而吸入气体；排气腔容积逐渐减小，压力升高而排出气体。如此循环，将吸气端容器内的空气抽出，达到抽真空的目的。

真空泵抽真空过程中并不能直接将制冷系统中的水分抽出，而是通过抽真空降低了系统内的压力，使水的沸点降低了。水在较低的温度下沸腾，从而以水蒸气的形式被真空泵抽出。

4. 制冷剂注入阀

制冷剂注入阀与制冷剂罐配合，用于制冷剂的充注。制冷剂注入阀的结构如图8.13所示。需要向制冷系统充注制冷剂时，将制冷剂注入阀安装到制冷剂罐上，旋动制冷剂注入阀手柄，使阀针刺穿制冷剂罐密封塞即可充注制冷剂。

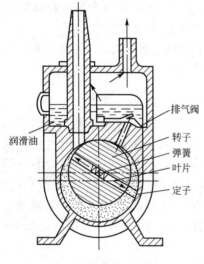

图8.12 叶片式真空泵

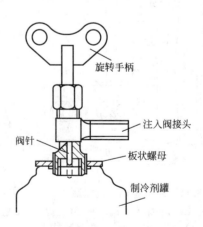

图8.13 制冷剂注入阀

#### 5. 专用组合工具

成套的汽车空调专用维修工具如图8.14所示。在汽车空调专用维修工具箱内，通常配备了汽车空调检测与维修所必需的仪器和工具，如歧管压力表、检漏仪、制冷管固定架、制冷管割刀、扩口工具、检测阀扳手、制冷注入阀、备用储气瓶等。

#### 6. 检修阀

汽车空调系统维修时，离不开检测与试验。在压缩机等部件上设置检修阀，就是给空调维修过程中连接压力表等检测仪表提供方便。通常在制冷系统高压侧和低压侧各安装一个检修阀。检修阀有手动型和自动型两种。

1) 手动检修阀

手动检修阀也称维修辅助阀，安装在压缩机吸、排气口处的手动检修阀如图8.15所示。此检修阀连接三个通道，故也称三通阀，有前位、中位和后位三个工作位置，通过检修阀一端的调节螺杆来调节。

将调节螺杆顺时针旋转到底，使阀前端封闭，制冷系统液流被切断（图8.15(a)）。将调节螺杆反时针旋转到底，使阀后端封闭，系统内部畅通，但关闭了系统对外的通道（图8.15(b)）。将调节螺杆旋到中间位置，此为三通位置，制冷系统处于通路状态，同时对外的通道也被接通（图8.15(c)），这时，检修口可连接压力表，在制冷系统工作的情况下，通过测压力来判断制冷系统的工作状况。检修口还做抽真空、充注制冷剂等之用。

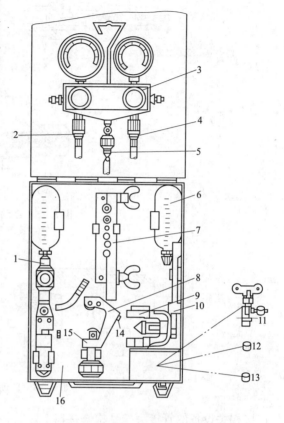

**图8.14 汽车空调专用组合工具**
1—检漏仪；2—低压注入软管(蓝色)；
3—歧管压力表；4—高压注入软管(红色)；
5—中间连接软管(绿色或黄色)；6—备用储气瓶；
7—制冷剂管固定架；8—制冷管割刀；
9—扩管口工具；10—检修阀扳手；11—制冷剂注入阀；
12—注入软管口衬垫；13—检修阀衬垫；
14—铰刀；15—刀片；16—工具箱

需要注意的是，汽车空调维修结束以后，一定要将检修阀旋回到后位，以避免制冷剂泄漏。

2) 自动检修阀

一些汽车空调制冷系统中，并没有安装维修辅助阀，而是在检修接口中安装了一个类似于轮胎气门嘴的自动阀(称之为施拉德阀)。自动检修阀只有开和关两个工作状态。如图8.16所示。

正常情况下施拉德阀处于关闭状态，当需要检测系统压力、抽真空或加注制冷剂时，

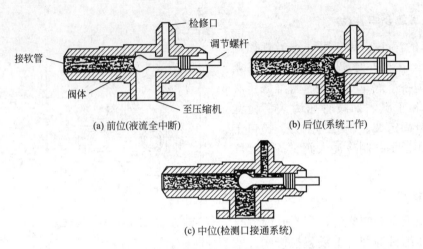

图 8.15 手动检修阀

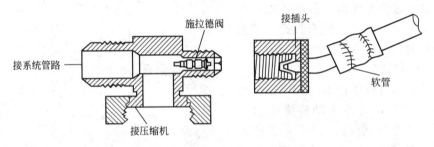

图 8.16 自动检修阀

将连接相关设备的管接头拧到检修接口上,管接头中央的顶针顶开施拉德阀的阀芯,就可以进行相关的检修操作了。检修结束,拧开管接头时,施拉德阀自动关闭,立刻切断制冷系统与外界的连通。

### 8.5.2 汽车空调制冷系统维修基本操作

1. 汽车空调制冷系统维修操作注意事项

汽车空调制冷系统维修操作包括制冷管路的拆装、制冷系统的检漏、制冷剂的排放、制冷系统的抽真空、制冷剂的充注及冷冻机油的充注等。正确的维修操作不仅可确保汽车空调维修质量,还可避免发生事故。汽车空调制冷系统维修注意事项如下:

1) 作业环境

在检修汽车空调制冷系统时,应确保作业环境清洁、通风、防潮和防火,避免在拆装空调制冷系统部件时有灰尘、杂质、水分或污物进入系统管路。

2) 制冷剂钢瓶

在保存和运送制冷剂钢瓶时,应按要求存放,严禁直接对制冷剂钢瓶加热或放在40℃以上的水中加热。

3) 更换部件

更换空调制冷系统部件时,必须按该车型的维修手册补充冷冻机油。在给压缩机补充冷冻机油时，必须使用指定的牌号，不能混用不同牌号的冷冻机油或发动机润滑油。

4）拆装制冷管路

拆卸制冷剂管路时，应立即将管道或管路接头封住，以避免灰尘、潮气进入制冷管路内。严禁用嘴或未经干燥的压缩空气去吹制冷管路和制冷系统部件。

5）装卸管路接头

拧紧或拧松制冷管路接头时，应用两把开口扳手，并按规定的力矩拧紧。不同材料，不同规格的制冷管路的拧紧力矩见表8-3和表8-4。

表8-3 橡胶软管拧紧力矩

| 软管外径/mm | 管接头材料 | |
| --- | --- | --- |
| | 钢或铜/(N·m) | 铝/(N·m) |
| 6 | 10～20 | 6.4～9 |
| 8 | 15～25 | 10～20 |
| 10 | 15～25 | 10～20 |
| 12 | 25～34 | 20～29 |
| 16 | 25～34 | 20～29 |

表8-4 金属管拧紧力矩

| 金属管外径/mm | 管接头材料 | |
| --- | --- | --- |
| | 钢或铜/(N·m) | 铝/(N·m) |
| 6 | 10～20 | 6.4～9 |
| 8 | 15～25 | 10～20 |
| 10 | 15～25 | 10～20 |
| 12 | 20～29 | 15～25 |
| 16 | 25～34 | 20～29 |
| 19 | 25～34 | 20～29 |

6）修理制冷管路

修理制冷管路需要弯曲管道时，应事先退火且弯曲半径尽可能大。切管时应使管口平整光洁，并清除管内积屑。清洗管道时应使用三氯乙烯液体并充分加以干燥。

7）拆装歧管压力表

连接歧管压力表时，应注意高低压接头所对应压缩机进出阀的正确连接，不能接错。拆卸高压软管时，应在压缩机停止工作，待高压侧压力下降后再进行。

8）充注制冷剂

当发动机处于运行状态时，不可打开歧管压力表上的手动高压阀，以免制冷剂倒流入制冷剂罐而引起爆炸。发动机运转过程中，如果是在低压侧加注气态制冷剂，千万不能将制冷剂钢瓶倒置，以避免压缩机产生"液击"。

2. 汽车空调制冷系统检漏

制冷管路的密封性好坏对制冷系统的工作影响很大，因此制冷剂检漏是汽车空调维修操作的重要环节。重点检漏的部位有拆修过的制冷系统部件、压缩机轴封、前后端盖密封垫、冷凝器散热片、制冷管接头等。汽车空调常见的检漏方法如下：

1) 查看油迹检漏法

由于制冷剂与冷冻机油互溶，有制冷剂泄漏处就会有冷冻机油存留，因此，通过仔细观察可疑之处有无油迹，可判断较为明显的制冷剂泄漏。

2) 肥皂水检漏法

利用肥皂水检漏也是一种简便的检漏方法。可将怀疑有泄漏处擦拭干净，然后涂上肥皂液，再仔细观察肥皂液，如果有气泡或鼓泡，则说明该处有泄漏。

3) 着色检漏法

在检漏处涂上着色剂，着色剂是一种遇到制冷剂就会变为红色的液体。如果涂上着色剂之处变为红色，就可判断该处存在制冷剂泄漏故障。

4) 电子检漏仪检漏法

以上几种检漏方法适用于暴露在外表人眼能看到的部位，其精度也较低。电子检漏仪检漏精度较高，能检测人眼不能观察到的部位。电子检漏仪检漏时，通常需要通电预热十分钟左右，然后将检漏仪调到所要求的灵敏度。检测时，检漏仪探头移动要覆盖所有被检部位以免漏检。一旦查到泄漏部位，应将探头立即移开，以免缩短仪器使用寿命。

5) 加压检漏法

加压检漏法通过向制冷系统加压来检验其气密性。检测时先连接好歧管压力表，再向制冷管路内充入干燥的氮气，使高压侧的压力达到 1.5MPa 左右时停止充气，然后观察压力的变化情况。如果压力不变且能保持 24~48h，说明制冷管路密封性良好；如果压力不能保持，则为制冷管路有泄漏，需通过肥皂水检漏、电子检漏仪检漏等方法找到泄漏之处，并予以修理，然后再做气密性检验。

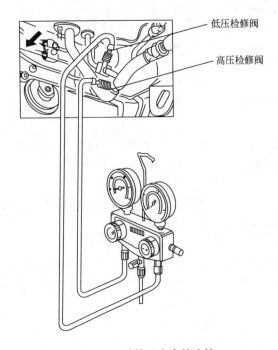

图 8.17 歧管压力表的连接

6) 真空检漏法

用真空泵对制冷管路抽真空，真空度应能达到 0.1MPa，如果不能达到或真空度不能保持较长的时间，则说明制冷管路有泄漏。

3. 歧管压力表的连接

制冷系统压力检测、系统管路抽真空、充注制冷剂等均需将歧管压力表与制冷管路连接，歧管压力表的连接如图 8.17 所示。将歧管压力表高、低压软管分别连接于压缩机的排气侧检修阀（高压管路）和吸气侧检修阀（低压管路），不能误接。

判断压缩机高低压侧的方法如下：

(1) 按制冷剂的流向判断。从压缩机流向冷凝器方向的为高压侧，从蒸发器流向压缩机方向的为低压侧。

(2) 按连接压缩机的管道温度判断。使压缩机工作几分钟，手摸连接压缩机的管路，热的一侧为高压管路，冷的一侧为低压管路。

(3) 按连接压缩机管道的粗细判断。观察连接压缩机的管路，较粗的管道连接的是压缩机的低压侧检修阀，较细的管道连接的是压缩机高压侧检修阀。

**4. 制冷剂的排放**

汽车空调制冷系统维修过程中，有时需要将制冷系统内部的制冷剂排空，有排入大气和回收两种方法。制冷剂直接排入大气中易造成环境污染，较好的排放方法是用密闭的容器将制冷剂回收。制冷剂排放的具体操作方法如下：

(1) 将歧管压力表高、低压手动阀关闭后，其高、低压软管分别与压缩机的高、低压检修阀连接，中间软管则罩上一块干净的布或放入量杯中(图 8.18)。

(2) 慢慢打开手动高压阀，使制冷剂从中间软管缓缓排出。注意观察是否有冷冻机油排出，如果有较多的冷冻机油随制冷剂一起流出，就必须适当减小手动阀的开度，以避免大量的冷冻机油排出。

(3) 观察歧管压力表，当压力降至 340kPa 左右时，再慢慢打开手动低压阀，使制冷剂从制冷系统高、低压两侧同时排出。此时如果有较多的冷冻机油排出，也应适当减小高、低压手动阀的开度。

(4) 随着压力的降低，可逐渐开大手动高、低压阀的开度。当压力降至 0 时，制冷剂排放结束，此时应将手动高、低压阀关闭。

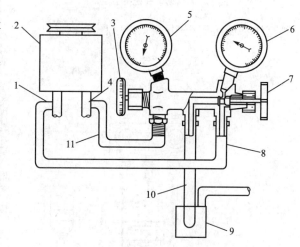

图 8.18 制冷剂的排放
1—高压检修阀；2—压缩机；3—手动低压阀；
4—低压检修阀；5—低压表；6—高压表；
7—手动高压阀；8—高压软管；9—量杯；
10—中间软管；11—低压软管

(5) 在制冷剂排放过程中如果有较多的冷冻机油排出（油量超过 14.2g），应向制冷系统注入等量的新冷冻机油。

**5. 制冷系统抽真空**

制冷系统经过修理后，需要进行抽真空操作，以排除修理过程中进入系统内部的空气和水分。真空泵不能直接抽出制冷系统内的水分，是通过抽真空降低了水的沸点，水分蒸发后，水蒸气被真空泵抽出。抽真空的操作方法如下：

(1) 将歧管压力表和真空泵与制冷系统连接，如图 8.19 所示。通常在中间软管的接头上连接一个三通阀，用于同时连接真空泵和制冷剂罐，以便抽真空结束后，在充注制冷剂时不会有空气进入。

(2) 打开歧管压力表的手动高、低压阀后开启真空泵，并观察低压表，几分钟后应有大于 100kPa 的真空度。如果不能达到此真空度，说明制冷系统气密性不良，需进行检漏操作。

(3) 达到 100kPa 的真空度后，关闭真空泵和手动高、低压阀，并观察压力表的压力

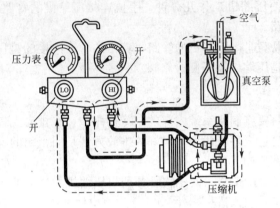

图 8.19 制冷系统抽真空

是否回升。如果压力回升,也说明系统的气密性不良,需要进行检漏操作。如果压力保持稳定,则说明系统无泄漏,此时,再打开手动高、低压阀,并开启真空泵继续抽真空 15~30min,以尽可能将系统内的水分排除干净。

(4)关闭手动高、低压阀,然后再关闭真空泵,抽真空结束。

6. 制冷剂的充注

制冷系统抽真空并检验其气密性良好,可以充注制冷剂。制冷剂的充注有高压侧充注和低压侧充注两种方法(图 8.20)。

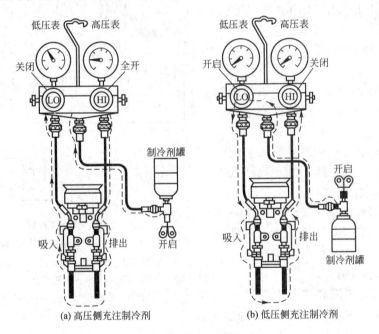

(a) 高压侧充注制冷剂　　(b) 低压侧充注制冷剂

图 8.20 制冷系统充注制冷剂

1)高压侧充注制冷剂

从制冷系统高压侧充注制冷剂时,充入的是液态制冷剂,充注速度较快,适用于抽真空后的第一次充注。高压侧充注制冷剂的方法如下:

(1)在制冷系统完成抽真空和检漏后,将歧管压力表的中间软管与制冷剂罐连接(图 8.20(a)),并关闭手动高、低压阀。

(2)通过制冷剂注入阀打开制冷剂罐,并拧松歧管压力表中间管接头螺母,直到能听见制冷剂排出的"咝咝"声,然后再拧紧螺母。此举是为了排除中间软管内的空气。

(3)打开歧管压力表的手动高压阀,并将制冷剂罐倒置,使液态制冷剂进入制冷系统管路,直到制冷管路中的制冷剂量达到规定值。注意的是,此时手动低压阀应处于关闭状态,发动机不能起动。

（4）当充注了适量的制冷剂（充入 400～600g 制冷剂，或感觉制冷剂罐中的制冷剂质量不再下降）时，关闭歧管压力表的手动高压阀。

（5）将制冷剂罐正立后起动发动机，以防止液态制冷剂进入制冷管路，然后打开空调开关，并将鼓风机置于高速挡，打开所有车门。再打开歧管压力表手动低压阀，使制冷剂以气态的形式进入制冷管路。

（6）当充注达到标准（高压侧压力 1.01～1.64MPa、低压侧压力 0.118～0.198MPa）后，关闭手动低压阀和制冷剂罐，拆下歧管压力表，制冷剂充注结束。

2）低压侧充注制冷剂

从制冷系统低压侧充注制冷剂时，充入的是气态制冷剂，充注速度较慢，可用于补充制冷剂的充注。低压侧充注制冷剂的方法如下：

（1）制冷系统抽真空与检漏完成后，将歧管压力表的中间软管与制冷剂罐连接（图 8.20(b)），并关闭手动高、低压阀。

（2）拧松歧管压力表中间管接头螺母，并通过制冷剂注入阀打开制冷剂罐以排除中间软管内的空气，直到能听见制冷剂排出的"咝咝"声后再拧紧螺母。

（3）打开歧管压力表手动低压阀，且使制冷剂罐正立，以确保进入系统低压侧的制冷剂为气态。当低压侧压力不再上升时，关闭手动低压阀。

（4）起动发动机，并打开空调开关，并将鼓风机置于高转速挡，打开所有车门，然后再打开歧管压力表手动低压阀，使气态制冷剂继续充入制冷管路。

（5）当充注达到标准（高压侧压力 1.01～1.64MPa、低压侧压力 0.118～0.198MPa）后，关闭手动低压阀和制冷剂罐，关闭发动机并拆下歧管压力表，制冷剂充注结束。

7. 冷冻机油的充注

汽车空调制冷系统在正常工作时，系统内部的冷冻机油消耗量很小，平时检修时通常不需要检查和补充。当制冷系统进行了大修、更换了制冷系统的部件，或制冷系统出现了异常而怀疑冷冻机油量不足时，就需要对冷冻机油进行检查和补充。

1）冷冻机油的检查

（1）通过检视窗观察检查。对于有检视窗的压缩机，可通过观察检视窗检查压缩机的冷冻机油量是否正常。仔细观察检视窗，如果油面达到检视窗高度的80%属正常；如果油面在检视窗高度80%以下，说明冷冻机油不足，需要补充；如果油面在检视窗高度80%以上，则应放出过多的冷冻机油。

（2）利用油尺检查。没有冷冻机油检视窗的压缩机，可用油尺检查冷冻机油量。对装有油尺的压缩机，可拧松油塞后抽出油尺，将油尺上的油擦净后再插入，直到油尺的端部碰到压缩机壳体（图 8.21），然后再抽出油尺，油面应在规定的上下限之间。对本身无油尺的压缩机可用专用的油尺检查冷冻机油，拧开油塞后将专用的油尺插入，看其油面是否在上下限范围之内。

2）冷冻机油的加注

当检查发现冷冻机油不足时，就需要加注。此外，当维修时更换了制冷系统的某个部件时，也需要加注相应数量的冷冻

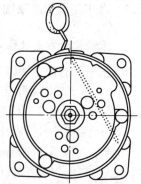

图 8.21 压缩机冷冻机油液面的检查

机油(表8-5),因为制冷系统工作以后,会有部分冷冻机油存留在压缩机以外的制冷系统部件中,更换了新的部件,就应补充该部件所带走的那部分冷冻机油。

表8-5 更换各制冷系统部件所需补充的冷冻机油量

| 更换的系统部件 | 冷凝器 | 蒸发器 | 储液干燥器 | 系统管路 |
| --- | --- | --- | --- | --- |
| 冷冻机油补充量/mL | 40~50 | 40~50 | 10~20 | 10~20 |

冷冻机油可在抽真空前或在抽真空后加注。抽真空前加注冷冻机油比较简单,可将适量的冷冻机油从压缩机的加油塞口注入即可。抽真空后加注冷冻机油需要专用的设备,如图8.22所示,具体加注方法如下:

(1) 将歧管压力表、真空泵、注油器(具有加油塞、放油阀和油量刻度的容器)等设备与制冷系统连接。

(2) 开启真空泵,并将歧管压力表的手动高压阀打开,手动低压阀和注油器放油阀关闭。

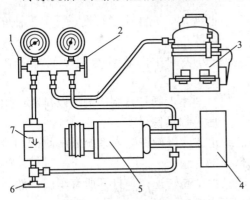

图8.22 冷冻机油的加注
1—手动低压阀;2—手动高压阀;
3—真空泵;4—制冷系统;5—压缩机;
6—放油阀;7—注油器

(3) 打开注油器的加油塞,加足冷冻机油,然后关闭加油塞。

(4) 当真空度大于98kPa时,打开注油器放油阀,使冷冻机油内的水分蒸发后随空气一起被抽走。

(5) 使真空泵继续运行5min,以便让冷冻机油中的水分完全汽化后被抽走。然后关闭歧管压力表手动高压阀和真空泵,并拆下中间软管,打开手动低压阀(开度不要过大),使冷冻机油注入制冷系统低压侧。

(6) 当适量的冷冻机油注入制冷系统(注油器油量减少到预定值)时,立即关闭放油阀。

(7) 关闭手动低压阀,冷冻机油注入结束,然后进行制冷剂注入操作。

### 8.5.3 汽车空调制冷系统主要部件的检修

1. 压缩机的常见故障与检修

1) 压缩机的常见故障

压缩机是汽车空调制冷系统的重要部件,最常见的故障有内部运动部件发卡、内部有渗漏、不能压缩制冷和噪音过大等。

(1) 压缩机发卡。即压缩机不能转动,卡住的原因通常是润滑不良或者没有润滑。制冷系统泄漏而使制冷剂严重缺乏或无制冷剂、溢油管堵塞(恒温膨胀阀-吸气节流阀控制的制冷系统)或放油阀堵塞(POASTV、VIR、STV、EPR阀)、油气分离器(CCOT制冷系统)的油孔堵塞等,均会使压缩机因得不到足够的冷冻机油而卡住。

如果电磁离合器打滑和皮带打滑是由压缩机卡住所致,则应检查制冷系统是否泄漏,如果无泄漏,则需要检修相应的油管或阀。

需要注意的是，压缩机停用时间较长也会有轻微的卡住现象产生，原因是压缩机不运动时，环境温度的变化引起制冷剂和冷冻机油的膨胀，导致接触表面的冷冻机油流出，时间一长，接触表面就会产生锈蚀、腐蚀、冷焊等现象。压缩机停机时间越长，这种现象越严重，最后发展为严重卡住。解决办法是在汽车空调制冷系统的停用期间，经常开启空调压缩机 2～3min。

(2) 渗漏。渗漏也是压缩机的常见故障。压缩机的轴封有很微量的泄漏属于正常，但每年的泄漏量应小于 14.2g，微量的泄漏不会影响制冷系统的性能。如果泄漏量超过 14.2g，则会影响空调制冷系统的性能，必须对压缩机进行检修。

(3) 压缩机无制冷剂输出或者压缩不良。压缩机的抽吸和压缩作用较弱，吸气压力与排气压力相差不大或几乎无差别，这将导致制冷系统制冷不足或不制冷。除了缺乏制冷剂或无制冷剂会造成此种故障现象外，压缩机本身的原因如下：

① 压缩机内部窜气，即排气口的高温高压蒸气窜回到吸气口，再次压缩，产生温度更高的蒸气。这样来回地在压缩机内部循环压缩，蒸气温度越来越高，最后会把冷冻机油烧焦，造成压缩机报废。如果手摸压缩机的吸气口端发热，则可能原因是压缩机内部窜气，应及时检修。

② 压缩机吸气阀或排气阀破损或失效，也将造成压缩机不能压缩制冷剂或压缩不良。这种故障只会导致吸气压力和排气压力相同或相差不大，不会引起压缩机发热。

以上故障实际上可以归类为压缩机内部泄漏，需要对压缩机进行解体检修。

(4) 噪声过大。压缩机噪声过大的主要原因如下：

① 电磁离合器打滑而发出的尖叫声，这是压缩机过大噪声的最主要来源。如果确认是离合器发出的噪声，就需要拆卸压缩机电磁离合器检修。

② 压缩机轴承和内部磨损过度而产生的振动噪声，需要拆解压缩机检修。

③ 压缩机传动带安装过紧、安装螺栓松动等引起的振动噪声，应及时检修，以避免压缩机损坏。

④ 压缩机轴承等部位缺少润滑而产生的噪声。压缩机缺少润滑应及时检修，并补充冷冻机油，否则压缩机会很快损坏。

2) 压缩机的拆卸

汽车空调压缩机出现故障后，大部分故障都要拆卸下来修理。尽管大多数压缩机都能完全修复，但是由于压缩机的零配件不易得到，而且装配精度要求高，需要专用装配工具和夹具，所以越来越多的压缩机都不在汽车修理车间进行修理，而是集中于另一个专门修理汽车空调压缩机的工厂进行维修，以保证压缩机的质量。

(1) 压缩机拆卸注意事项。压缩机过程中应注意：

① 拆卸压缩机时首先要清楚其结构，拆下的零件应按部件分类摆放，以免搞乱。

② 压出或打出轴套和销子时应先辨别方向然后再操作，一般要用木槌敲打，以免损坏零件表面。

③ 拆卸零件时不要用力过猛，以免损伤零件。

④ 拆卸形状和尺寸相同的零件时，需做好记号，以防装错。

⑤ 拆卸的零件用冷冻机油清洗，清洗时要用软毛刷，不能用碎布、纱头擦洗零件，以防污物存留零件内部和表面。

(2) 压缩机拆卸步骤。压缩机的拆卸步骤如下：

① 拆除电磁离合器连接导线。

② 从制冷系统内排出制冷剂。

③ 从压缩机吸、排气口卸下软管。软管和压缩机吸、排气口应加盖，以免灰尘和水汽进入系统内部。

④ 拆除压缩机传动带。

⑤ 从托架上卸下压缩机固定螺钉和压缩机，再将压缩机安装在一个固定支架上，支架装夹在台虎钳上。排出压缩机内的冷冻机油，用量筒测量出油量，并检查冷冻机油是否变色和混有杂质。

3) 电磁离合器的拆卸和修理

(1) 电磁离合器的拆卸。压缩机电磁离合器的拆卸方法与顺序如下：

① 用一爪形夹具上的三个定位销插入离合器盘上的孔内，以固定离合器的驱动盘，然后用套筒扳手拆下主轴上的六角锁紧螺母，如图 8.23 所示。

② 拆除锁紧螺母后，用专用拉器拆下压板，并用卡簧钳拆下内卡簧（图 8.24）。

③ 如图 8.25 所示，用拉拔工具拆卸离合器驱动盘，将压缩机皮带轮和轴承拔出。

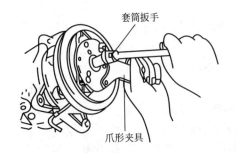

图 8.23 拆卸压缩机主轴锁紧螺母

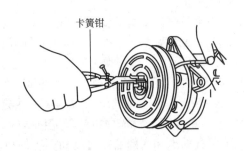

图 8.24 用卡簧钳拆卸内卡簧

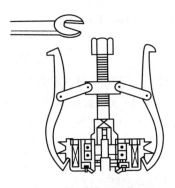

图 8.25 拆卸离合器驱动盘

④ 拆下键和垫片。垫片是用于调整驱动盘和摩擦盘之间的间隙，安装时用它来调整到规定的间隙值。

⑤ 用螺钉旋具拆下电磁线圈安装螺钉，卸下电磁线圈。

(2) 电磁离合器的修理。电磁离合器的检修顺序与方法如下：

① 电磁离合器拆解后，检查离合器从动盘的摩擦表面是否由于过热和打滑而留下了刮痕，并仔细检查摩擦表面是否有翘曲变形。若从动盘有刮痕损伤或变形，就要更换带轮总成。如果离合器摩擦表面有油污和污物，则应用清洁剂擦洗干净。

② 检查电磁离合器轴承有无松动或卡滞，如果轴承已损坏，就需用专用工具从主轴上拆下轴承，并更换同规格的新轴承。

③ 用万用表测量电磁离合器线圈的电阻，查看其有无短路或断路。如果线圈有短路或断路故障，则需更换电磁离合器线圈。

④ 电磁离合器检修完成后，按拆卸时相反的步骤装配。装好后应检查离合器的从动盘和主动盘以及带轮等部件是否能自由转动，并检查从动盘和主动盘之间的间隙，其间隙

一般为 0.3~0.6mm。

4) 压缩机轴封拆卸和修理

(1) 压缩机轴封的拆卸。压缩机轴封的拆卸与修理方法如下:

① 先将离合器总成拆下。

② 用卡环钳,取下密封座卡环,如图 8.26 所示。

③ 将密封件拆卸工具伸入到密封座的位置,然后使其锁紧密封座的内周面,向外拉出油封。

④ 用钩子取出密封件上的 O 形密封圈。

(2) 压缩机轴封的修理和安装。压缩机轴封的修理与安装的顺序、方法如下:

① 检查轴封摩擦表面是否良好以及石墨环是否磨损,拆下的轴封不能再用,必须更换新的轴封。

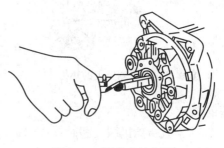

图 8.26 取出密封卡环

② 用清洁的冷冻机油清洗压缩机密封部位。

③ 用清洁的冷冻机油涂抹 O 形密封圈,并将其装入密封沟槽内。

④ 用清洁的冷冻机油涂抹轴封座,并小心地将其压入安装孔中。

⑤ 安装卡环和油封盖,然后重新装上离合器。

5) 压缩机进、排气阀的修理

(1) 压缩机进、排气阀的常见故障。汽车空调压缩机大都采用结构紧凑的簧片阀,其厚度通常只有 0.16~0.30mm。簧片阀的常见故障如下:

① 阀片发生变形,与阀板贴合面不严而造成制冷剂泄漏,使压缩机排气量减少,引起制冷量下降。

② 阀片破损,与阀板不能很好贴合,导致压缩机不能压缩制冷剂气体。

③ 阀片发生局部折断,使高、低压气体串通,制冷效果下降甚至不能制冷。

④ 阀片的固定螺钉松动或断裂也可能使簧片阀失效。

⑤ 阀片锈蚀或积炭而使气阀关闭不严。

(2) 压缩机进、排气阀的修理方法。空调压缩机进、排气阀的修理方法如下:

① 如果只是阀片锈蚀或积炭,又没有新的阀片可更换时,可将阀片研磨抛光后再用。

② 一般情况下,压缩机中的阀片磨损变形是不能修复的,必须更换新件。

③ 阀板的表面可以通过研磨修复,研磨时将阀板固定在卡具上,在厚玻璃板上用研磨膏进行研磨,手工研磨时用力要均匀,采用"8"字形研磨,不要只在一个方向或一个位置上研磨,必须不断地改变位置和方向。

④ 阀板研磨平整后应进行清洗,使阀片保持清洁平整。如果阀片有较大的变形或损坏,则必须更换新阀片。检修完后,应进行阀片的气密性检查。

6) 压缩机内部零部件的拆卸和修理

以往复活塞式压缩机为例,说明压缩机内部零部件的拆卸与修理。

(1) 压缩机内部零部件的拆卸。压缩机内部零部件的拆卸方法如下:

① 将从发动机上卸下的压缩机安装在专用具上并夹紧,依次拆下离合器压板、皮带轮、离合器线圈及轴封等,从放油孔释放出压缩机内冷冻机油,并用量筒测量出油量。

② 用内六角扳手松开端盖上所有螺栓,然后取下螺栓,如图 8.27 所示。

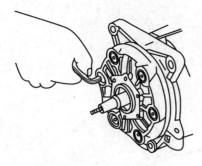

图 8.27　卸下端盖上的螺栓

③ 用木槌轻轻敲击端盖凸缘，使它从压缩机上分开。当压缩机的前后端盖打开后，就能较容易地抽出其活塞等部件。

④ 取下气缸垫、O 形密封圈、簧片阀板，取出内部的活塞组件和轴承等。

(2) 压缩机内部零件的修理。压缩机内部的零部件拆下后，可按如下方法进行修理：

① 检查压缩机活塞和气缸有无拉毛现象，若有则需更换压缩机。

② 检查压缩机轴承，若有松旷或发卡等均需更换压缩机。

③ 检查压缩机阀片和阀板，阀板修理可以用油石打磨平整，阀片、缸垫和 O 形密封圈损坏则需更换。

④ 压缩机检修后，在重新装配前，应将所有零部件清洗干净，其油路必须畅通，并在各摩擦部位涂上冷冻机油。

⑤ 压缩机部件所有接合面需清洁干净，并在垫上涂上冷冻机油，均匀地压紧螺栓，装上前后盖板。

⑥ 安装好后，用手转动压缩机，以检查其运转是否良好。

(3) 压缩机密封性检查。压缩机装复后，应按如下方法进行密封性检查：

① 检查压缩机的内部泄漏，将压缩机安装在工作台上，并将歧管压力表与压缩机的检修阀连接起来，在手动高、低压阀均关闭时，用手转动压缩机的主轴，以每秒转一圈的速度转动 10 圈，然后打开手动高压阀，高压表指示的压力应大于 0.345MPa，如果压力低于 0.310MPa，则说明压缩机内部有泄漏，需重新装修或更换阀片、阀板或缸垫等零件。

② 检查压缩机的外部泄漏，从压缩机的吸气口注入少量的制冷剂，然后用手转动压缩机主轴，并用检漏仪检查轴封、端盖、吸排气阀口等处有无泄漏，如果有泄漏则需拆解压缩机重新修理，如果无泄漏则压缩机检修结束，可装回发动机并补充冷冻机油。

2. 冷凝器的常见故障与检修

冷凝器的常见故障是表面脏污、翅片变形、冷凝管内脏堵、管子破损泄漏等。

1) 冷凝器的检查

(1) 直观检查冷凝器外表面外有无脏污和翅片变形。如果有就需要进行清洁和修理，否则会造成其散热不良。

(2) 用检漏仪检查冷凝器泄漏情况。冷凝器有泄漏时，必须更换同型号、同规格的冷凝器。

(3) 检查冷凝器管内有无脏、堵或管外有无弯、瘪。如果发现压缩机排气压力过高，不能正常制冷，管外有结霜、结露现象，说明存在管内脏、堵或管外弯、瘪，均需修理或更换冷凝器。

2) 冷凝器拆卸

冷凝器有泄漏、管内堵塞等故障时，就需拆修或更换，冷凝器的拆卸方法如下：

(1) 将制冷系统中的制冷剂慢慢地排出。

(2) 将制冷剂管从冷凝器的进、出口螺纹管接头上拆卸下来。
(3) 拆卸冷凝器,拧下连接螺栓,取出衬垫。
3) 冷凝器的维修
(1) 如果只是表面积灰,用高压空气吹洗即可;如果翅片有变形,则需要用梳翅工具修理变形的翅片。
(2) 冷凝器由于碰撞或振动而有破损时,就需要对冷凝器进行焊接修补。无法修理时,应更换同规格的冷凝器,并向压缩机补充 40~50mL 的冷冻机油。
(3) 冷凝器管内脏、堵时,应拆开冷凝器出口和进口接头,用高压氮气吹出污物。
(4) 冷凝器管接头处泄漏时,应更换管接头,并重新进行检漏试压。

3. 蒸发器的常见故障与检修

蒸发器的常见故障也是表面脏污、翅片变形、蒸发器管内脏、堵、管子破损泄漏等。
1) 蒸发器的检查
(1) 检查蒸发器管是否有损坏、翅片是否有破损变形。
(2) 用检漏仪检查其是否泄漏。
(3) 观察蒸发器外表面是否有积垢、异物等。
2) 蒸发器的拆卸
(1) 将制冷系统中的制冷剂慢慢地排出。
(2) 将制冷剂软管分别从蒸发器的进口和出口螺纹管接头上拆卸下来,并立即盖住开口部位,以防湿气进入系统内部。
3) 蒸发器的维修
(1) 如果蒸发器表面脏污,可用软毛刷轻刷表面灰尘或用吸尘器吸除灰尘,也可用高压空气吹除蒸发器外表面积垢、异物。
(2) 如果蒸发器管有泄漏,应进行焊补,无法焊补时应更换蒸发器总成,并向压缩机补充 40~50mL 的冷冻油。
(3) 清洁排泄管路,并清除积聚在底板的水分。

4. 储液干燥器的常见故障与检修

储液干燥器长期使用后,制冷剂中的水分会使干燥剂达到过饱和状态,引起干燥剂材料的膨胀,其通道间隙减小,从而导致制冷剂通道的堵塞;制冷剂中的其他杂质则会使过滤网积污过多,这也会引起制冷剂通道堵塞,增加制冷剂循环的阻力。储液干燥器有堵塞时会使冷凝器出来的制冷剂温度过低,严重时在储液干燥器外表面会出现潮湿冰冷现象(俗称"出汗"),储液干燥器的进出口会有较大的温差。

确认储液干燥器内部堵塞时,需要更换新的储液干燥器,更换步骤如下:
(1) 先将系统内制冷剂排放干净,然后拆下储液干燥器。
(2) 用堵头塞住储液干燥器两端的连接管口,以防止潮气进入制冷系统。
(3) 更换新的储液干燥器时,连接管口的扭力为 15~5N·m,同时向压缩机添加约 10~20mL 的冷冻机油。
(4) 对制冷系统进行检漏、抽真空、充注制冷剂操作。

需要说明的是,储液干燥器内的干燥剂失效时应及时更换储液干燥器,否则,干燥剂不能及时吸收制冷剂中的水分,容易导致制冷系统内含有较多的水分,这样就容易使部分与制冷剂不相溶的水在膨胀阀处发生"冰塞",直接影响制冷系统的正常工作。

5. 膨胀阀的常见故障与检修

膨胀阀的常见故障是制冷剂通道堵塞和节流调节性能不良。

1) 通过直观检查看膨胀阀是否有故障

如果膨胀阀出现堵塞故障,可用手触摸感觉进、出口是否有明显的温差来判断,也可根据蒸发器吸入口与排出口的温差来判断,如果温差大,则说明膨胀阀有堵塞。如果确定是膨胀阀失效,需更换同型号的膨胀阀。需要注意的是,感温包的位置和安装不正确也会直接影响膨胀阀的正常工作。因此,应该检查感温包的安装位置是否适当,感温包是否扎紧,感温包是否与外界空气绝热、保温。

2) 膨胀阀的性能试验

直观检查不能准确判断膨胀阀的性能时,需要通过试验的方法测定。

(1) 在汽车上做膨胀阀性能测定。在汽车上测定膨胀阀性能的方法如下:

① 将歧管压力表与空调制冷系统相连。

② 起动发动机,并将转速调到 1000~1200r/min。

③ 将空调鼓风机风量调至最大,冷暖空气风门调到最冷位置,并运行 10~15min。

④ 观察低压表读数。如果压力上升到正常值,或接近正常值,表明系统中有水分。这时应更换储液干燥器,并排除系统中水分。

⑤ 如果压力不上升,那么拆下在蒸发器出口处的热力膨胀阀的感温包,握在手中或放入 52℃ 的热水中加热。观察低压表的读数,如果压力表显示压力有所上升,表明感温包放置位置不合适,或者感温包与蒸发器没有扎紧。这时,应改变感温包的位置,扎紧感温包,采取绝热措施来校正压力上升值。然后,再进行系统试验。

⑥ 如果压力低,通过⑤的检修过程而问题仍未得到解决,则需要从系统上拆下膨胀阀进行台架试验。在拆卸膨胀阀时,应注意观察进口滤网。如果滤网被堵塞,在修理或清洗热力膨胀阀后,必须更换储液干燥器。

⑦ 如果低压表读数异常的高,也要从蒸发器出口处拆下感温包,放在冰水中,使其温度降低到 0℃ 以下。如果这时压力降到正常值,问题可能是在感温包处绝热不够,改善绝热措施后再试验;或者感温包的位置不合适,改变感温包位置再试验。如果压力降不到正常值或接近正常值,则要拆下热力膨胀阀进行台架试验。

(2) 膨胀阀拆下后的台架测试。将膨胀阀拆下后的试验步骤如下:

① 将从空调制冷系统中拆下的膨胀阀按图 8.28 所示连接起来。

② 将感温包浸泡在可调水温的容器中,并关闭歧管压力表上的手动低压阀,然后将制冷剂注入阀打开,以排除管路中的空气。

③ 打开歧管压力表手动高压阀,并将压力调整到 0.490MPa,在读压力表示值的同时,测量容器的水温。

④ 将测得的压力和温度与图 8.29 所示的压力—温度曲线比较,正常情况应在两条曲线之间,否则,说明膨胀阀不良,需要进行调整或更换。

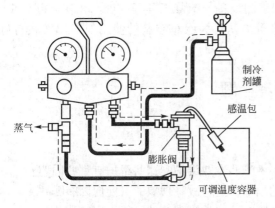

图 8.28 热力膨胀阀性能试验连接

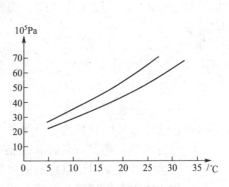

图 8.29 膨胀阀的压力与温度曲线

3) 膨胀阀的流量检验与调整

(1) 最大流量检验。其方法是,将感温包浸入温度为 52℃盛水容器中,并打开手动高压阀,慢慢地将压力调整为 0.392MPa,读低压表示值,最大流量压力应为 0.245～0.314MPa。如果压力高于 0.314MPa,说明膨胀阀开度过大;如果压力低于 0.245MPa,则说明膨胀阀开度过小。

(2) 最小流量检验。其方法是,将感温包浸入温度为 0℃盛水容器中,并打开手动高压阀,慢慢地将压力调整为 0.392MPa,读低压表示值,从表 8-6 中找出相应的过热度。如果不在表中规定值范围之内则为异常。

表 8-6 膨胀阀过热度与表压力关系

| 过热度/℃ | 5 | 6 | 7 | 8 | 9 | 10 | 11 | 12 | 13 | 14 |
|---|---|---|---|---|---|---|---|---|---|---|
| 表压力/MPa | 0.162～0.183 | 0.156～0.178 | 0.151～0.172 | 0.148～0.169 | 0.142～0.163 | 0.137～0.158 | 0.133～0.155 | 0.127～0.148 | 0.123～0.144 | 0.120～0.140 |

4) 热力膨胀阀的维修

热力膨胀阀的修理方法如下:

(1) 首先排放系统内的制冷剂,再拆下膨胀阀,与此同时更换储液干燥器。

(2) 拧下调整螺母,并记下转动的圈数。重新装配时,要转回同样的圈数,或者使用游标卡尺测量调整螺母所调整的位置,以保证制冷剂在蒸发器上的过热度。

(3) 拆下膨胀阀的弹簧、阀座、阀门和推杆,并检查其是否损坏。

(4) 取出膨胀阀出口处的滤网,并清除滤网上的污物。

(5) 用冷冻机油清洗所有零部件并吹干净。

(6) 按与拆卸相反的顺序装配好膨胀阀。

## 本 章 小 结

本章系统地介绍了汽车空调的使用、故障分析与诊断、性能检测与维修等内容。通过本章的学习,读者可充分了解汽车空调的正确使用方法、日常维护项目与维护周期、空调

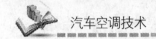

系统常见故障及可能的故障原因、空调专用检测设备与维修工具等内容,并在此基础上,初步掌握汽车空调系统故障诊断、部件检修等方法,为汽车空调的使用与检修实践打好基础。

## 思 考 题

1. 汽车空调使用时应该注意些什么?
2. 在使用过程中日常维护有哪些内容?
3. 为使汽车空调保持良好的性能,需要做哪些专业维护?这些维护有哪些内容?
4. 非独立式汽车空调系统有哪些常见的故障?这些故障现象的可能原因有哪些?
5. 独立式汽车空调系统有哪些常见的故障?这些故障现象的可能原因有哪些?
6. 如何通过直观检查方法来判断汽车空调系统故障与否或故障的部位?
7. 汽车空调的检测仪器与仪表有哪些?
8. 如何通过温度测量来判断汽车空调的性能?
9. 如何通过温度与压力测量来判断汽车空调的性能?
10. 汽车空调故障诊断的一般原则是什么?遵循这一原则的意义是什么?
11. 手动空调制冷系统不制冷的故障原因有哪些?如何诊断故障所在?
12. 手动空调制冷系统制冷量不足的故障原因有哪些?如何诊断故障所在?
13. 汽车空调不送风的故障原因有哪些?如何诊断故障所在?
14. 空调系统有噪声的故障原因有哪些?如何诊断故障所在?
15. 自动空调系统故障诊断一般应按照什么样的程序进行?
16. 自动空调系统风量控制系统有哪些常见故障?这些故障应如何进行故障诊断?
17. 歧管压力表在空调维修中起何作用?如何使用歧管压力表?
18. 汽车空调维修专用设备还有哪些?各种专用设备各起什么作用?
19. 汽车空调维修中应注意哪些事项?
20. 汽车空调检漏方法有哪些?各种检漏方法如何进行检漏?
21. 汽车空调维修时如何进行制冷剂的排放?
22. 汽车空调维修时为什么要抽真空?如何进行抽真空操作?
23. 制冷剂的充注方法有哪些?如何进行制冷剂充注?
24. 空调压缩机的常见故障有哪些?如何检修空调压缩机?
25. 冷凝器的常见故障有哪些?如何检修冷凝器?
26. 蒸发器的常见故障有哪些?如何检修蒸发器?
27. 热力膨胀阀的常见故障有哪些?如何检修膨胀阀?
28. 储液干燥器的常见故障有哪些?如何更换储液干燥器?

# 第 9 章 典型汽车空调的结构与检修

教学目标

了解手动与自动汽车空调的基本构成及控制电路的结构与常用控制器件，了解手动汽车空调与自动汽车空调的特点，初步掌握汽车空调系统故障分析与诊断、性能检测与故障维修方法。

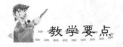教学要点

| 知识要点 | 能力要求 | 相关知识 |
| --- | --- | --- |
| 手动汽车空调的结构特点与故障检修 | 了解手动汽车空调系统的构成及控制电路，初步掌握手动汽车空调系统故障诊断及部件故障检修方法 | 雪铁龙车系紧凑型轿车等手动空调系统结构与控制电路、汽车空调系统故障检修基本原则、汽车空调制冷系统部件的检修等 |
| 自动汽车空调的结构特点与故障检修 | 了解自动汽车空调系统的构成及控制电路，初步掌握自动汽车空调系统故障诊断及部件故障检修方法 | 广州本田雅阁轿车等自动空调系统结构与控制电路、自动空调系统故障自诊断方法、自动空调系统故障诊断程序等 |

本章以雪铁龙车系紧凑型轿车(富康系列、爱丽舍等)中使用的手动空调和运用于广州本田雅阁B级轿车中的自动空调为典型实例，介绍手动汽车空调和自动汽车空调的基本组成、工作原理及故障检修方法。通过本章的学习，既可全面复习前面各章的内容，还可以进一步熟悉和掌握汽车空调故障诊断与维修的技能。

## 9.1 雪铁龙车系紧凑型轿车空调系统

### 9.1.1 雪铁龙车系紧凑型轿车空调系统的基本组成

富康两厢和三厢轿车、爱丽舍等轿车均装备了冷暖一体化汽车空调系统，该空调系统具有结构紧凑、操作方便、功能齐全等特点，是较为典型的手动汽车空调系统。

**1. 雪铁龙车系紧凑型轿车制冷系统的组成**

雪铁龙车系紧凑型轿车制冷系统的组成如图9.1所示，与所有非独立式汽车空调一样，其主要由压缩机、冷凝器、蒸发器、膨胀阀、储液干燥器、鼓风机等组成。

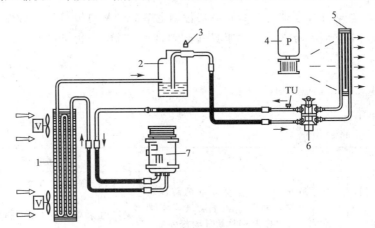

图9.1 雪铁龙车系紧凑型轿车制冷系统的组成
1—冷凝器；2—储液干燥器；3—压力开关；4—鼓风机；
5—蒸发器；6—膨胀阀；7—压缩机

1) 压缩机

雪铁龙车系紧凑型轿车空调采用摆盘往复活塞式压缩机，其结构如图9.2所示。该压缩机的主要组成部件有摆盘、活塞、齿盘、驱动斜盘、进排气阀等。

压缩机工作时，转动的主轴驱动斜盘6转动，并推动摆盘7摆动。摆盘圆周分布有7个球节，通过球头连杆与活塞2相连。当摆盘摆动时，使一侧的活塞上行，另一侧的活塞下行。上行的活塞压缩制冷剂，推开排气阀，将高压气态制冷剂压入冷凝器；下行的活塞产生吸力，使进气阀打开，气态制冷剂被吸入。每个气缸活塞在摆盘的驱动下不断地上下行交替进行，实现对制冷剂的抽吸和压缩，并使其循环流动。每个气缸上都有一个排气阀和一个进气阀，在活塞下行时，只有进气阀能够打开，而在活塞上行时，只有排气阀才能打开。

2）冷凝器

冷凝器为全铝管带式结构，安装在发动机散热器的前面，通过散热器风扇和汽车的迎面来风进行强制冷却。制冷剂在冷凝器中的液化(冷凝)经历了三个过程(图9.3)。

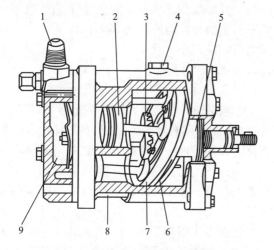

图9.2 空调压缩机的结构

1—高(S)、低(D)压管接口；2—活塞；
3—齿盘；4—加油塞；5—轴承；6—驱动斜盘；
7—摆盘；8—壳体；9—进、排气阀

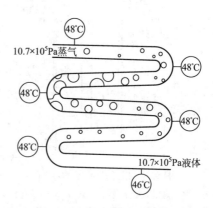

图9.3 制冷剂在冷凝器中的冷凝过程

(1) 高温高压制冷剂蒸气放热降温，转变为饱和蒸气过程。

(2) 饱和制冷剂蒸气转化为饱和液态过程，制冷剂释放出大量的热量，但这一过程制冷剂的温度保持不变。

(3) 饱和液态制冷剂继续放热，冷却为过冷液体过程。

3）蒸发器

蒸发器的构造与冷凝器相似，节流后的制冷剂湿蒸气进入蒸发器后，吸收热量而沸腾，并成为饱和蒸气。这一过程中蒸发压力始终保持不变，对应的蒸发温度也保持不变。鼓风机不断地将蒸发器外表面温度较低的空气吹入车厢内，使车内的温度降低。

4）膨胀阀

雪铁龙车系紧凑型轿车空调系统采用H形膨胀阀，其结构如图9.4所示。

该膨胀阀有两个制冷剂通道，即入口通道和出口通道。入口通道下的球阀控制着制冷剂的流量，球阀弹簧力使球阀关闭，阻断制冷剂经过，而由膜片推动的顶杆下移可使球阀打开，制冷剂流经的通道开启。当蒸发器出口温度上升时，膜片上方温度

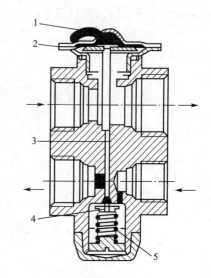

图9.4 H形膨胀阀

1—温度敏感元件；2—膜片；
3—顶杆；4—球阀座；
5—弹簧

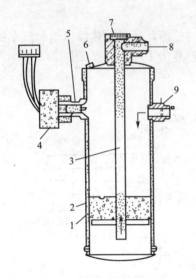

敏感元件膨胀,使膜片向下弯曲,推动顶杆下移,使球阀开度增大,这时制冷剂的流量就相应增加。随着较多制冷剂流过蒸发器,在离开蒸发器时,其温度会比较低,温度敏感元件收缩,膜片下压力减小,球阀在弹簧力作用下关小,制冷剂流量相应减小。

5) 储液干燥器

储液干燥器的结构如图9.5所示。

储液干燥器的容量为制冷系统工质体积的1/3,两过滤网的中间是吸水后会变颜色的硅胶质干燥剂。检视窗A用于检查制冷剂的湿度(通过观察颜色来判断制冷剂的湿度),检视窗B则是用于检查制冷剂的循环情况(通过观察气泡来判断制冷剂的液量)。

安装在干燥器上的压力开关为复合式压力开关,内部有常开触点和常闭触点,当制冷系统的压力过高或过低时,压力开关就会动作,控制压缩机和冷却风扇电动机电路的通断,以实现制冷系统的高压和低压保护。

图9.5 储液干燥器的结构

1—第一滤芯;2—第二滤芯;3—回流管;
4—压力开关;5—调压阀;6—检视窗A;
7—检视窗B;8—接膨胀阀;9—接冷凝器

**2. 雪铁龙车系紧凑型轿车采暖与通风系统的组成**

雪铁龙车系紧凑型轿车采暖系统主要由加热器、冷却液管路及鼓风机、导风管、下风道及控制机构等组成。采暖系统的暖风机组壳体与蒸发器壳体相接组成一体,鼓风机和风道等与制冷系统共用,其组成如图9.6所示。

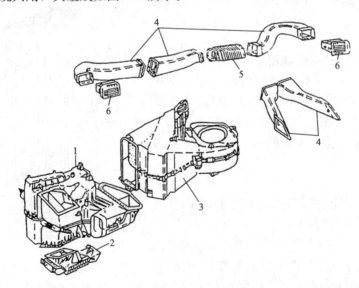

图9.6 采暖与通风系统的组成

1—暖风机壳体;2—下风道;3—蒸发器壳体;4—通风管;5—通风软管;6—出风口

1）加热器

加热器是暖风系统的核心部件，其组成与外形如图9.7所示。加热器安装在暖风机壳体内，加热器的进水管口流入来自发动机的高温冷却液，出水管口连接发动机的水泵。具有高热量的冷却液在加热器中循环流动时，通过加热器水管和散热片传递热量，加热其周围的空气，并通过鼓风机和导风管将暖空气输送至车厢内升温，或吹向风窗玻璃除霜。流经加热器冷却液的流量由发动机出水口处的节温器控制。

2）通风与温度控制开关

雪铁龙车系紧凑型轿车送风的风量和温度控制开关面板如图9.8所示。风扇转动速度（鼓风机风量）由调节开关1控制，出风温度由温度调节开关2来调节，出风方式则是由送风方式控制开关控制。在通风通道中的导风管内装有四个风门，由驾驶员通过控制开关面板上的三个控制开关操纵，控制开关与风门之间通过内部的拉索连接。四个风门分别为：一个车外空气导入/车内空气再循环风门，用于新鲜空气和循环空气控制；一个冷暖空气混合调节风门，用于调节出风的温度；两个车厢空气流向分配风门，用于调节送风的位置与流向。

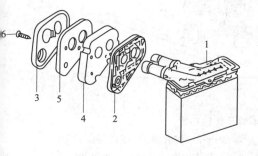

图9.7 加热器

1—加热器；2、3—密封垫压板；
4、5—密封垫；6—自攻螺钉

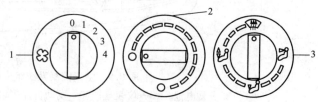

图9.8 富康系列轿车空调控制开关面板

1—鼓风机风量调节开关；2—出风温度调节开关；
3—送风方式控制开关

3. 雪铁龙车系紧凑型轿车空调控制系统的组成

富康轿车空调控制系统包括电源控制电路、压缩机电磁离合器控制电路和安全保护控制电路，主要由空调开关、继电器、蒸发器温度传感器、冷却液温度传感器、压力开关、电磁阀、温度控制器等部件组成。空调控制系统组成部件及线路布置如图9.9所示，其电路原理如图9.10所示。

其中，255为空调压缩机离合器；其余见图9.9。

1）制冷温度控制

制冷温度控制电路原理如图9.11所示，主要由蒸发器温度传感器6、空调调节控制器8、温度控制继电器9及相关的电路组成。当蒸发器出口处的温度变化时，蒸发器温度传感器的电阻相应改变，使空调调节控制器得到与温度相应的电压信号，此信号经控制器内放大电路放大后，用于控制温度控制继电器的工作，其控制方式如下：

当温度控制继电器接通时，压缩机电磁离合器接合，压缩机工作，蒸发器出口处温度下降；当温度控制继电器断开时，压缩机电磁离合器松开，压缩机停止工作，蒸发器出口处温度上升。制冷温度控制电路通过对压缩机工作的控制，使蒸发器出口处温度保持在设

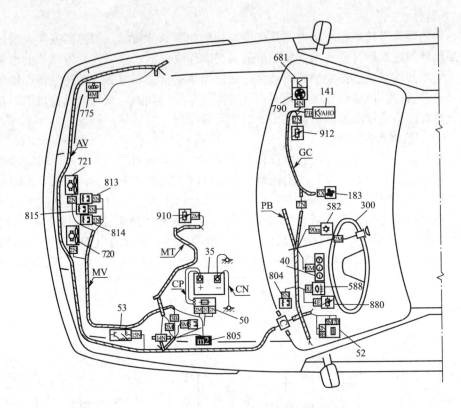

**图9.9 空调控制系统组成部件及线路布置**

35—蓄电池；40—仪表盘；50—发动机盖下熔断器盒；52—驾驶室内熔断器盒；
53—冷却液温度控制器；141—空调调节控制器；183—鼓风机开关；300—点火开关；
582—冷气开关；588—后雾灯开；681—鼓风机控制模块；720—冷却风扇（单只或左边）；
721—冷却风扇（右边）；775—压力开关；790—鼓风机；804—空调继电器；
805—温度控制继电器；813—低速冷却风扇继电器；814—高速冷却风扇继电器；
815—冷却风扇转换继电器；880—仪表照明变阻器；910—冷却液温度传感器；
912—蒸发器温度传感器；917—散热器冷却液温度警报传感器

定的范围之内。

电喷发动机为使发动机在一些特殊工况下减轻负荷，对压缩机的工作也进行了控制。发动机工作，空调继电器处于接通状态时，计算机的32号端子接收空调压力开关信号，再根据发动机转速传感器、车速传感器、节气门位置传感器、起动开关等信号，通过23号端子对继电器进行控制，使得压缩机在发动机起动、车辆起步、汽车急加速和超发动机转速运转时停止工作。

2) 安全保护控制

安全保护控制主要是确保空调制冷系统正常工作，通过安装在储液干燥器上的压力开关和蒸发器温度传感器来监测系统的压力和温度，由电子控制器实现安全保护控制，其控制电路参见图9.10和图9.11。雪铁龙车系紧凑型轿车空调系统有如下安全保护控制功能：

(1) 压力过低保护功能。当压力低于250kPa时，压力开关（4M1、4M2之间）断开，压缩机电磁离合器断电，压缩机停止工作。

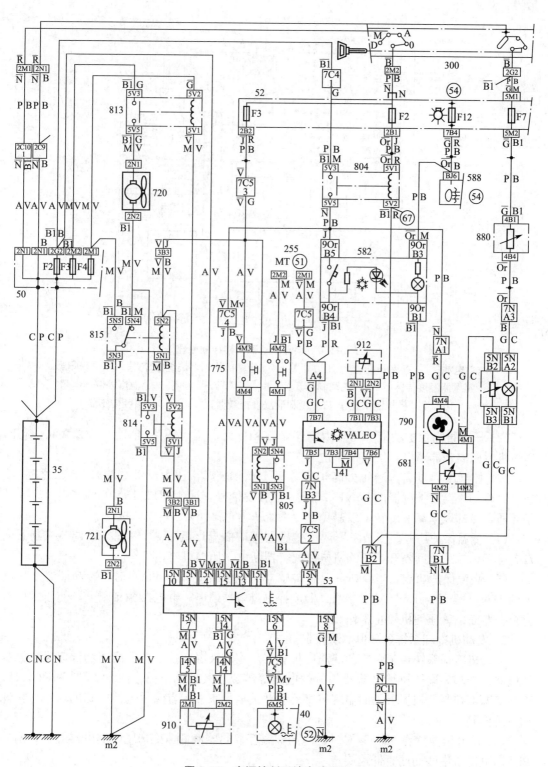

图 9.10 空调控制系统电路原理

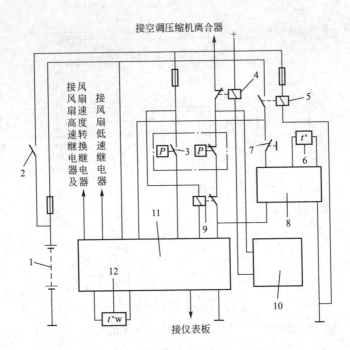

**图 9.11　空调压缩机离合器控制原理**

1—蓄电池；2—点火开关；3—压力开关；4—计算机控制空调继电器；5—空调继电器；
6—蒸发器温度传感器；7—空调制冷开关；8—空调调节控制器；9—温度控制继电器；
10—发动机控制单元；11—冷却液温度控制器；12—冷却液温度传感器

（2）压力过高保护功能。当压力高于 2400kPa 时，压力开关（4M1、4M2 之间）断开，压缩机电磁离合器断电，压缩机停止工作。

（3）控制压力过高。当压力高于或等于 1700kPa 时，压力开关（4M3、4M4 之间）接通，给冷却液温度控制器的 15N13 端子一个触发信号，使 15N1、15N10 端子与 15N8 端子导通，冷却风扇高速旋转，以避免制冷系统压力过高。

（4）低温保护功能。当蒸发器温度传感器感应的温度低于 3℃时，空调调节控制器的 7B7 与 7B5 端子之间断开，压缩机电磁离合器断电，压缩机停止工作。

（5）高温保护功能。当冷却液温度传感器感应的温度高于 112℃时，冷却液温度控制器的 15N11 端子与 15N8 端子接通，温度控制继电器通电，继电器触点断开，使压缩机电磁离合器断电，压缩机停止工作。

3）发动机冷却系统（冷却风扇）控制

发动机冷却系统控制由冷却液温度传感器、冷却液温度控制器、高速和低速风扇控制继电器、冷却风扇转换继电器及相关的电路等组成，其控制电路参见图 9.10 和图 9.11。冷却液温度控制器根据有关的温度传感器和开关信号来控制有关继电器电路的通断，实现如下的控制：

（1）冷却液温度在 92～97℃时，冷却液温度控制器使低速冷却风扇继电器通电，两冷却风扇电动机串联而同时低速旋转。

（2）冷却液温度达到 101℃时，冷却液温度控制器使低速冷却风扇继电器、高速冷却风扇继电器和冷却风扇转换继电器同时通电，两冷却风扇电动机并联而同时高速旋转。

(3) 冷却液温度达到118℃时,冷却液温度控制器接通冷却液温度报警灯电路,在仪表盘上的冷却液温度报警灯亮。

(4) 发动机停机时,如果冷却液温度高于112℃,温度控制器使冷却风扇继续低速旋转,进行6min的延时冷却。

(5) 空调开关闭合时,不论冷却液温度高低,冷却风扇均低速旋转。

(6) 接通点火开关时,若冷却液温度控制器的15N15端子无电压(空调继电器损坏或驾驶舱内熔断器盒中的熔断器F2熔断),而15N6端子有电压(处于接通冷却液温度报警灯电路状态),则冷却风扇高速旋转。

(7) 制冷系统压力大于1700kPa时,冷却风扇高速旋转。

(8) 若冷却液温度信号不正常(冷却液温度传感器损坏),冷却液温度控制器将认为发动机处于大负荷运转状况,冷却风扇高速旋转。

## 9.1.2 雪铁龙车系紧凑型轿车空调系统故障检测

**1. 故障原因分析**

雪铁龙车系紧凑型轿车空调系统故障可能的部位可分为机械、制冷、采暖和电气等几个方面。当空调系统出现故障时,首先应根据故障现象分析可能的故障原因,即"先思后行",以便于迅速而又准确地找到故障的部位,缩短故障排除时间。

雪铁龙车系紧凑型轿车空调系统常见的故障现象和故障原因参见第8.2节的相关内容。

**2. 故障检测方法**

根据故障现象分析了可能的故障原因后,就可以在"先简后繁"、"先熟后生"的故障诊断基本原则下,以最适当的方法迅速查出故障所在。

1) 直观检查空调系统故障

(1) 查看制冷系统部件外观。当空调系统出现不制冷或制冷量不足时,可先查看制冷系统管路有无破损、管路连接有无松动和泄漏渍迹、冷凝器及蒸发器的表面有无刮伤变形等,如果怀疑某处有泄漏,则需要进行泄漏检测予以确认。

(2) 观察检视窗。通过观察设在储液干燥器处的A、B检视窗(图9.5),以判断干燥剂是否失效、制冷剂是否正常,方法如下:

① 观察检视窗A以判断内部干燥剂情况,如果检视窗A呈蓝色为正常;如果呈红色,则为干燥剂的水分含量已达饱和状态,应更换储液干燥器。

② 起动发动机并打开空调制冷开关,让发动机以高怠速(1500～2000r/min)运行5min,然后观察检视窗B。如果观察结果只是偶尔出现气泡,制冷剂属正常;如果观察为清晰、无气泡,且制冷系统不制冷,则可能是无制冷剂;如果能看到有较多的气泡,说明制冷剂不足。

(3) 查看电气线路。如果压缩机不工作,则应仔细观察空调系统线路连接有无断脱之处,驾驶室内熔断器盒中F2、F3、F7、F12等相关熔断器的熔丝是否有烧断。

(4) 通过手感检查故障。空调系统不制冷,但通过以上检查还不能确认问题所在,可通过手摸的方法来判断故障,方法如下:

① 用手触摸制冷系统高压端。接通空调开关,使压缩机工作10～20min后,用手触

摸空调系统高压端管路及部件。从压缩机出口到膨胀阀进口处，手感温度应是从暖到热。如果其中某处特别热或这些部件发凉，则说明该处散热不良或空调制冷系统可能有阻塞、无制冷剂、压缩机不工作或工作不良等故障。

② 用手触摸制冷系统低压端。接通空调开关，使制冷压缩机工作 10～20min 后，用手触摸空调系统低压端管路及部件。从干燥器出口到压缩机进口处，手感温度应是从凉到冷。如果不凉或是某处出现了霜冻，均说明制冷系统有故障存在，需进行检修。

③ 用手触摸压缩机进出口两端。接通空调开关，使制冷压缩机工作 10～20min 后，用手触摸压缩机进出口两端。压缩机的高、低压端应有明显的温度差。如果温差不明显或无温差，则可能是已完全无制冷剂或制冷剂严重不足。

④ 用手触摸线路插接器连接是否良好。如果插接器有松动或手感插接器表面的温度较高(发热)，则说明插接器内部接触不良而导致了空调系统不工作或工作不正常。

(5) 用耳听检查故障。仔细听压缩机有无异响、压缩机是否工作，以判断空调系统不制冷或制冷不良是否出自压缩机或压缩机控制电路。

2) 空调系统温度检测

汽车空调系统在有些情况下，通过直观检查不能确认故障与否和故障所在，需要通过温度检测来判断空调制冷系统是否正常。

(1) 温度测量的条件。进行温度测量时，需要做如下准备：

① 发动机热机后，将转速升到 3000r/min，将发动机罩盖严。

② 将空调制冷开关接通。

③ 将鼓风机打开到车外空气导入最大通风量，并将所有的通风口打开。

(2) 温度检测方法。温度检测方法如下：

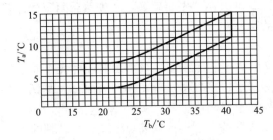

图 9.12 空调制冷温度检查曲线图

待制冷系统工作 3min 后，用温度计测定中央通风口的温度($T_a$)和外界的温度($T_b$)，然后根据图 9.12 判断温度正常与否。如果检测的 $T_a$ 和 $T_b$ 相交点不在图 9.12 所示的正常区域内，则说明制冷系统的温度不正常，制冷系统有故障存在，应予以检修。

3) 空调系统温度压力检测

通过对空调制冷系统温度与压力的同时检测，可比较准确地判断空调制冷系统是否正常。

(1) 温度与压力测量的条件。需要温度与压力测量同时测量时，需要进行如下的准备：

① 发动机热机后，将转速升到 2000r/min，并将发动机罩盖严。

② 将空调冷气开关接通。

③ 将风扇速度调节开关置于车外空气导入最大风量。

④ 将空气温度调节开关置于最冷，并将所有的通风口打开至最大挡。

⑤ 打开两前门(或降下前门窗玻璃)。

(2) 温度与压力测量方法。温度与压力的测量方法如下：

用温度计测定中央通风口的温度($T_a$)和外界的温度($T_b$)，同时，测量压缩机高压侧压力(HP)和低压侧压力(BP)，然后根据图 9.13 判断温度和压力正常与否。如果检测的温度和压力不在图示正常区域内,则说明制冷系统有故障存在,应予以检修。

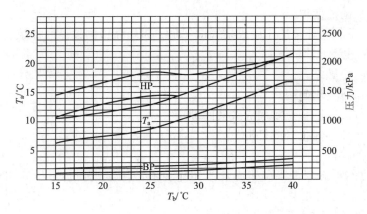

图 9.13 空调制冷温度、压力关系曲线图

4) 制冷系统压力检测

制冷系统温度检测或温度压力检查不正常时,可通过用压力表检测制冷系统高、低压侧压力情况来判断制冷系统的故障。

(1) 制冷系统压力检测条件。需要通过对制冷系统的压力进行检测来判断故障所在时,应做如下准备:

① 发动机转速在 1500r/min。
② 鼓风机转速置于高速状态。
③ 温度控制开关置于最冷位置。

(2) 制冷系统压力检测方法。制冷系统压力检测的压力标准参数如下:

将歧管压力表与制冷系统连接,然后测量制冷系统高、低压侧压力。正常的压力应如下:

① 静态压力:高、低压相等,均为 300~500kPa。
② 动态压力:发动机运转速度为 2500r/min,制冷压缩机工作 5min,低压侧为 130~180kPa;高压侧为 1100~1500kPa。

如果制冷系统高、低压侧压力不正常,则说明制冷系统有故障。可能故障原因及故障排除方法参见第 8 章的表 8-2。

### 9.1.3 雪铁龙车系紧凑型轿车空调系统部件故障维修

1. 压缩机的检修

1) 压缩机常见故障

雪铁龙车系紧凑型轿车空调压缩机的常见故障及故障原因如下:

(1) 压缩机有异常响声。工作时,从压缩机处发出噪声,可能的原因如下:

① 压缩机吸气阀片或排气阀片破损。
② 轴承磨损,其间隙过大。
③ 内部连杆螺栓松动。
④ 带轮轴承损坏。

⑤ 离合器锁紧螺母松动。
⑥ 离合器从动盘变形。
(2) 压缩机不起循环泵的作用或泵气量不足。因压缩机的故障而导致制冷剂不循环或循环流量不足，故障原因如下：
① 阀板密封垫破裂；
② 进气阀或排气阀破裂；
③ 活塞与气缸壁磨损严重而导致其间隙过大；
④ 电磁离合器不能接合或打滑。
2) 压缩机的检修
(1) 压缩机的拆卸。如果确定是压缩机本身有故障，则需拆下压缩机进行检修或更换。压缩机的拆卸方法如下：
① 断开压缩机电磁离合器连接导线。
② 排放制冷剂。
③ 拆下交流发电机，松开传动带。
④ 拆下紧固螺母，从压缩机上断开吸入和排出管路。断开管路后，要立即塞住或盖住管路接口，以避免湿气、灰尘对系统管路内部造成污染。
⑤ 松开紧固螺栓后，卸下压缩机。
⑥ 排放出压缩机内的冷冻机油，用量杯测量其排油量并做记录，检查排出的冷冻机油有无金属颗粒、变色或脏污等。
⑦ 拆下压缩机电磁离合器紧固件，卸下电磁离合器。

压缩机的拆卸与零件图如图 9.14 所示。对铝合金缸体的发动机，压缩机与压缩机支架的安装螺栓孔之间还加有一个隔套。

(2) 检修压缩机。一般的汽车修理厂不拆解压缩机，如果确诊压缩机不起循环泵的作用或空调工作时的噪声是由压缩机本身的故障所造成，则需更换压缩机。雪铁龙车系紧凑型轿车使用的压缩机型号为 SD7H13，冷冻机油的牌号为 SP20，其容量为 $135cm^3$。

(3) 检查压缩机电磁离合器。压缩机电磁离合器的检查方法如下：
① 检查压缩机电磁离合器压盘镀件有无变色、脱皮或其他损坏，若有，则更换离合器组件。
② 用手转动压缩机带轮，检查带轮轴承的间隙和阻滞情况，若转动时有噪声、间隙或阻滞过大，则更换离合器组件。
③ 检测离合器电磁线圈的电阻，压缩机电磁离合器电磁线圈两端应为通路，否则说明有故障，应予以更换。

3) 压缩机的安装
(1) 压缩机安装注意事项。压缩机的安装按拆卸相反的顺序进行。在安装压缩机时应注意：
① 在每个接头部位须更换新的 O 形密封圈，并在安装时涂抹少许冷冻机油，一定要使用与制冷剂相适应的 O 形密封圈。
② 用过的冷冻机油不要倒回容器，以免造成污染，并不可与其他的冷冻机油混合。
(2) 安装后的检查。压缩机安装后，应做如下检查：
① 检查有无泄漏，并加注制冷剂。

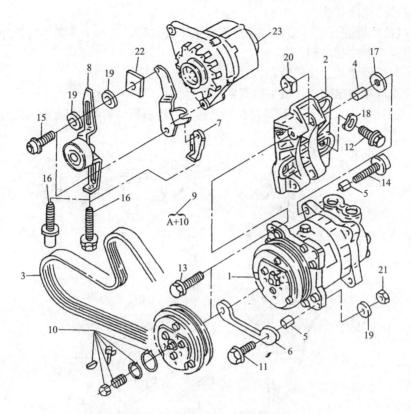

**图 9.14 压缩机的拆卸与零件图**

1—压缩机；2—压缩机支架；3—压缩机皮带；4、5—弹性销；6—压缩机护板；
7—张紧轮调整支架总成；8—张紧轮总成；9—压缩机离合器；10—紧固组件；
11、12、13—六角螺栓；21—六角螺母；14、15、16—螺钉；17、19—平垫圈；
18—垫圈；20—螺母；22—固定片；23—发电机

② 检查压缩机传动带张紧力，用张紧力检测仪检查传动带的张紧力应为 250N·m。如果张紧力不符，予以调整。

③ 检查冷冻机油的油面，从加塞处插入压缩机油尺，如果油尺不能完全插入（油尺插至其弯曲底面与加油口表面平齐），则需转动压缩机电磁离合器驱动盘后再将油尺插入检查油面。

④ 检查压缩机电磁离合器是否正常工作，将电磁离合器加上蓄电池电压，压缩机应工作，电磁离合器一断开电源，压缩机就立刻停止工作。

⑤ 检测空调系统的性能。

**2. 冷凝器的检修**

1) 冷凝器的常见故障

冷凝器出现散热性能差、泄漏或阻塞故障时会使制空调冷系统制冷不足或不制冷，冷凝器的常见故障如下：

(1) 冷凝器散热片脏污、堵塞、变形或破损。

(2) 冷凝器管路连接处有破损、泄漏等。

2）冷凝器的检修方法

（1）冷凝器的拆卸。当冷凝器需要更换或拆下检修时，按如下步骤进行拆卸：

① 排出系统中的制冷剂。

② 拆下与冷凝器相连接的管路，并用布塞住管口。

③ 松开冷凝器固定螺栓，取出冷凝器。

拆卸冷凝器时应小心，不要碰坏冷凝器散热片。冷凝器与管路的拆解图如图9.15所示。

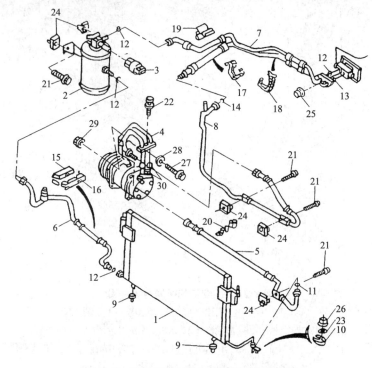

图 9.15　冷凝器与制冷系统管路的拆解图

1—冷凝器；2—储液罐；3—压力开关；4、5、6、7、8—制冷管；9—橡胶缓冲垫；
10—固定夹；11、12、13、14、30—O形密封圈；15、16—塑料支承夹；17—衬套；
18—支架垫片；19—边缘护条；20—卡夹；21—带垫圈螺栓；22—螺钉；23、28—平垫圈；
24—簧片螺母；25—凸缘螺母；26、29—带垫圈螺母；27—六角螺栓

（2）冷凝器的检查与维修。冷凝器的检修方法如下：

① 检查冷凝器散热片表面是否脏污，若有，用软毛刷刷洗。不要用蒸气或高压水枪冲洗，以免损坏冷凝器散热片。

② 仔细检查冷凝器表面有无脱漆、变形、破损和裂纹等。如果有破损、裂纹或变形，会影响冷凝器的密封性及内制冷剂的正常流通，需更换冷凝器。

（3）冷凝器的安装

按与拆卸相反的程序安装冷凝器。安装后应抽真空、补充制冷剂并检查有无泄漏。

3. 蒸发器的检修

1）蒸发器的常见故障

蒸发器出现传热性能差、泄漏或阻塞故障时，也会使空调制冷系统制冷不足或不制

冷，蒸发器的常见故障如下：

（1）蒸发器脏污、堵塞、变形或破损。

（2）蒸发器管路连接处有破损、泄漏等。

2）蒸发器的检修方法

（1）蒸发器的拆卸。当蒸发器需要更换或需拆下检修时，按如下拆卸步骤进行：

① 排放出系统中的制冷剂。

② 将蒸发器的吸入管路和排出管路断开。断开管路后应立刻塞住或盖住管口，以避免湿气和灰尘进入制冷系统。

③ 拆下副驾驶座位侧仪表板处的护罩、护板罩架、杂物箱等。

④ 断开蒸发器温度传感器插头，拆卸有关的自攻螺钉、紧固螺栓和螺母后，再拆卸蒸发器壳体总成。

⑤ 从蒸发器散热片上拉出蒸发器温度传感器。

⑥ 拆下自攻螺钉，小心地分开蒸发器壳体，然后拆下蒸发器。蒸发器的拆卸与分解图如图9.16所示。

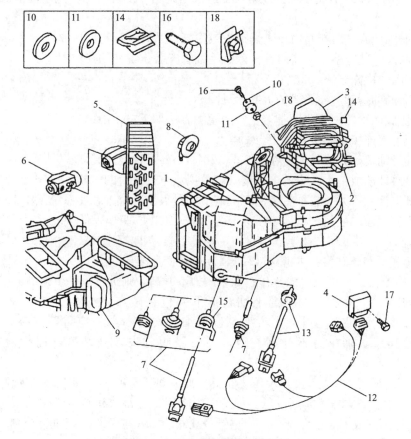

**图 9.16 蒸发器的拆卸与分解图**

1—蒸发器壳体；2—进气壳总成；3—进风道；4—恒温器；5—蒸发器总成；6—膨胀阀总成；
7、13—蒸发器温度传感器；8—排水管；9—暖风机壳体；10—平垫圈；11—密封垫；
12—空调电线束；14—卡夹；15—传感器衬套；16—螺栓；17—六角螺钉；18—簧片螺母

⑦ 如果有必要，拆下膨胀阀。松开膨胀阀螺母时，要用另一个扳手固定住膨胀阀或蒸发器，以免造成损坏。

(2) 蒸发器的检修。蒸发器的检修方法如下：

① 检查蒸发器表面是否脏污，若有，用软毛刷刷洗。

② 仔细检查蒸发器表面有无破损、裂纹和变形等。若有，予以修理或更换。

(3) 蒸发器的安装。按与拆卸相反的程序安装蒸发器，安装后应注意：

① 安装膨胀阀毛细管时，要将毛细管安装到原位，并用绝热胶带将其包好。

② 要将蒸发器温度传感器重新安装到原来的位置。

③ 确认无漏气之处。

④ 若更换新的蒸发器要添加冷冻机油。

⑤ 安装后要确认无泄漏，抽真空，并加注制冷剂和检测空调系统的性能。

4. 膨胀阀的检修

1) 膨胀阀的常见故障

膨胀阀出现阻塞或节流作用失效时，会造成空调制冷系统不制冷或制冷不足，常见的故障如下：

(1) 膨胀阀堵塞，可能是由于干燥剂失效脱落、系统有污物所造成。

(2) 膨胀阀温度敏感元件或膜片失效、毛细管安装位置松动移位。

2) 膨胀阀的检修方法

(1) 膨胀阀的拆卸。膨胀阀的拆卸参见图9.16。

(2) 膨胀阀的检测。膨胀阀是否正常的检测方法如下：

① 将压力表连接到制冷系统中。

② 起动发动机，并使其转速在1000~1200r/min下稳定运转。

③ 在冷凝器前放一大功率的电风扇，以模拟汽车行进时的气流。

④ 打开空调制冷开关，并将控制开关调节到最大制冷位置，使系统工作10~15min。

⑤ 观察压力表的数值，低压表压力应为130~180kPa。如果低压表指示压力过低，进行下一步检测；如果低压表指示压力过高，则进行第⑧步检测。

⑥ 在膨胀阀阀体包裹一层暖布（52℃），查看低压表数值是否升高。如果压力升高，说明系统内有湿气，应进行除湿操作；如果压力不升高，则进行下一步检测。

⑦ 将安装在蒸发器上的感温毛细管拆下并包在暖布中（约52℃），查看低压表数值是否升高。如果压力升高，说明感温毛细管安装不当，应重新安装，并重新对系统进行检测；如果压力不升高，则说明膨胀阀已失效或堵塞，需拆检或更换膨胀阀。

⑧ 如果⑤步检测中低压表指示压力过高，则从蒸发器中拆下感温毛细管并置于冰水中（接近于0℃），查看压力是否降低。如果压力降低到正常或接近于正常值，则可能是感温毛细管绝热不好或安装位置不当，应重新包扎安装，并重新对系统进行检测；如果压力不降低，则说明膨胀阀已失效，需更换膨胀阀。

(3) 膨胀阀的安装。膨胀阀的安装按与拆卸相反的步骤进行，安装完毕要确认无泄漏，抽真空，并加注制冷剂和检测空调系统的性能。

5. 储液干燥器的检修

1) 储液干燥器的常见故障

储液干燥器的常见故障是滤芯脏污堵塞,使制冷剂流通不畅,造成制冷不足或不制冷。

2) 储液干燥器的检修方法

(1) 储液干燥器的拆卸。其方法如下:

① 排放出系统中的制冷剂。

② 拆下储液干燥器上的管路(图 9.15)。

③ 拆下储液干燥器的固定螺钉后,拆下储液干燥器。

(2) 储液干燥器的安装。按与拆卸相反的步骤安装储液干燥器,安装完毕要确认无泄漏,抽真空,并加注制冷剂和检测空调系统的性能。

6. 制冷系统管路的检修

1) 制冷系统管路的常见故障

制冷系统管路出现阻塞或泄漏而使系统制冷不足或不制冷,常见的故障如下:

(1) 管子弯折变形而使制冷剂流通不畅或完全阻塞。

(2) 管子接头处有损伤或松动而导致泄漏。

2) 制冷系统管路的检修方法

(1) 制冷系统管路的拆卸(图 9.5)。拆卸管路时应注意:

① 拧松时,需用两把扳手进行操作,如图 9.17 所示,以免损伤管件。

② 拆下的管子应立即用堵塞或布等将管接头封住,以避免灰尘、湿气等进入管子内部。

(2) 制冷系统管路的检修。制冷系统管路的检修主要内容如下:

① 检查管路接头处有无松动和泄漏,若有松动,予以拧紧;若按规定的拧紧力矩上紧后还有泄漏,则必须更换管子。

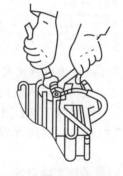

图 9.17 制冷系统管子的拆卸与安装操作

② 检查管路有无凹陷、弯曲变形、破裂、管接头处螺纹损伤等。若有,需更换该管子。

③ 检查管路是否脏污,若是,可用无水酒精冲洗,待充分晾干后再安装。

**注意:** 不要用压缩空气吹的方法清洁管子。

(3) 制冷系统管路的安装。安装制冷系统管路时同样需用两把扳手,按规定的拧紧力矩拧紧。过松容易造成管路密封不严,过紧则容易损坏管子接头螺纹。制冷系统管路各接头的拧紧力矩如图 9.18 和表 9-1 所示。

(4) 制冷管路安装注意事项。制冷系统管路安装时还应注意:

① 要使与之相配的 O 形密封圈,并小心不要让 O 形密封圈掉落和碰伤。

② 安装时,将 O 形密封圈涂上少许冷冻机油。

③ 连接金属管与软管前,在管接头处涂上一些冷冻机油。

④ 安装后的管路应检查管路的布置是否正确,与其他零部件有无刮碰的可能。

⑤ 安装完毕要确认无泄漏,抽真空,并加注制冷剂和检测空调系统的性能。

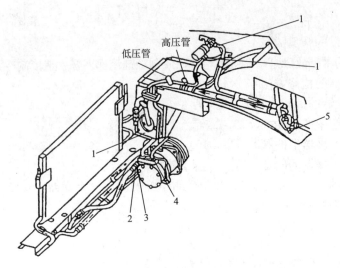

图 9.18 制冷系统管路各拧紧点

1、2、3、4、5—拧紧点

表 9-1 制冷系统管路接头及部件紧固件拧紧力矩

| 拧紧点 | 1 | 2 | 3 | 4 | 5 |
|---|---|---|---|---|---|
| 拧紧力矩/(N·m) | 13 | 25 | 20 | 35 | 10 |

7. 空调采暖系统的检修

空调暖风系统可能出现的故障是不送暖风、暖风量过小或送风温度低等。由于冷暖一体化汽车空调的鼓风机同时用于制冷和暖风系统，因此，鼓风机不工作或运转不良时，除了空调采暖系统有故障外，同时也会造成空调制冷系统不送凉风或风量不足。空调暖风系统本身的故障部位有暖风热交换器、暖风器壳体总成、通风管道及冷却液管路等。

1）暖风系统壳体总成

暖风系统壳体内安装有暖风热交换器，可能出现的故障是壳体破裂、紧固件松动等，造成漏气。当出现暖风量过小等故障时，需检查暖风系统壳体总成，其拆解图如图 9.19 所示。

2）通风管道

通风管道可能出现的故障是破裂、紧固件松动等，造成漏气。当出现暖风量过小等故障时，需检查通风管道，其拆解图如图 9.20 所示。

3）加热器与冷却液管

加热器可能出现的故障是堵塞和表面脏污，冷却液管的可能故障是管子破裂和堵塞等。当出现暖风温度过低时，需检查加热器和冷却液管路，其拆解图如图 9.21 所示。

4）暖风及通风控制开关总成

可能出现的故障是拉线断脱、开关损坏等。其拆解图如图 9.22 所示。

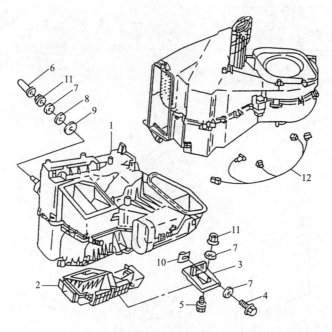

**图 9.19 空调暖风系统壳体总成拆解图**
1—暖风器壳体总成；2—下风道壳体；3—支架；4—六角螺栓；5—螺栓；
6—保持架；7、8—平垫圈；9—密封圈；10—螺母；
11—带垫圈螺母；12—空调线束

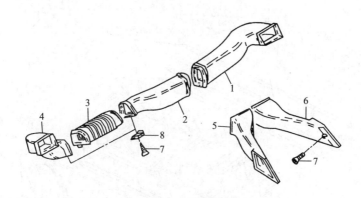

**图 9.20 通风管道拆解图**
1—右风管；2—左风管；3—连接软管；4—左风道；
5—后置左风道（自动变速器车型：左脚部通风管）；
6—后置右风道（自动变速器车型：右脚部通风管）；
7—自攻螺钉；8—簧片螺母

8. 空调控制系统的检修

在对空调控制电气系统进行故障检修时，应观察具体的故障现象，分析可能的故障部位，以避免检修的盲目性。此外，熟悉电路的结构和功能，对准确迅速地排除故障也很重要。

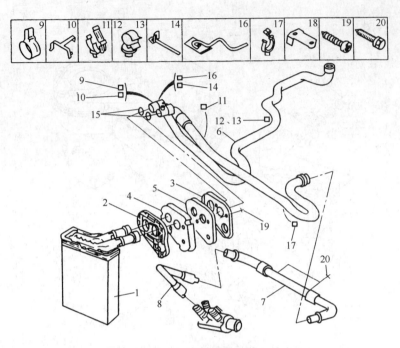

**图 9.21 加热器拆解图**

1—加热器；2、3—管子护板；4、5—加热器密封垫；6、7、8—暖风水管；
9、10、11、12、13、14、17、18—卡夹；
15—橡胶密封圈；16—水管支架；19、20—自攻螺钉

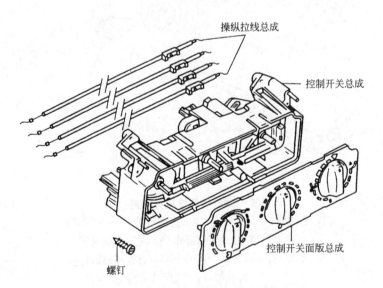

**图 9.22 暖风及通风控制开关总成拆解图**

1) 空调控制系统常见故障现象

空调控制系统的具体故障表现有制冷压缩机不工作、鼓风机不转或运转不正常、冷却风扇不转或运转不正常等，各种故障现象的故障原因见表 9-2。

表 9-2 空调控制系统各故障现象的原因

| 故障现象 | 可能的故障原因 | 故障说明 |
| --- | --- | --- |
| 压缩机不工作 | ① 空调制冷开关接触不良;<br>② 压缩机电磁离合器线圈短路或断路;<br>③ 压力开关触点接触不良;<br>④ 温度控制继电器触点接触不良;<br>⑤ 空调调节控制器有故障;<br>⑥ 冷却液温度控制器有故障;<br>⑦ 蒸发器温度传感器不良;<br>⑧ 发动机 ECU 控制继电器触点接触不良;<br>⑨ 相关的连接线路、插接器有断路、短路或接触不良 | 接通空调制冷开关时,压缩机不转,但接通鼓风机开关后,鼓风机运转 |
| 鼓风机不工作 | ① 鼓风机电动机故障;<br>② 鼓风机电动机控制模块故障;<br>③ 鼓风机开关有故障;<br>④ 相关的线路、插接器有断路、短路或接触不良 | 接通空调制冷开关时,压缩机运转,但接通鼓风机开关后,鼓风机不能运转 |
| 压缩机和鼓风机均不工作 | ① 空调继电器触点接触不良;<br>② 空调继电器线圈断路或短路;<br>③ 相关的线路、插接器有断路、短路或接触不良 | 接通空调制冷开关和鼓风机开关后,压缩机不转,鼓风机也不运转 |
| 两冷却风扇都不能运转 | ① 低速风扇继电器故障;<br>② 两只风扇电动机都有断路故障;<br>③ 冷却风扇转换继电器高、低速触点接触不良;<br>④ 冷却液温度控制器有故障;<br>⑤ 相关的线路、插接器有断路、短路或接触不良 | 发动机工作时,无论何种状态下,两冷却风扇都不转 |
| 冷却风扇不能低速运转 | ① 冷却风扇转换继电器低速触点接触不良;<br>② 相关的线路、插接器有断路、短路或接触不良 | 冷却风扇能高速运转,而在发动机正常工作温度时则不转 |
| 冷却风扇只能高速运转 | ① 冷却液温度控制器有故障;<br>② 冷却液温度传感器不良;<br>③ 相关的线路、插接器有断路、短路或接触不良 | 接通点火开关冷却风扇,高速运转 |
| 冷却风扇不能高速运转 | ① 冷却风扇转换继电器和高速继电器有故障;<br>② 冷却液温度控制器有故障;<br>③ 冷却液温度传感器不良;<br>④ 相关的线路、插接器有断路、短路或接触不良 | 冷却风扇低速运转正常,但接通空调制冷开关后则不能高速运转 |

(续)

| 故障现象 | 可能的故障原因 | 故障说明 |
|---|---|---|
| 只有右边冷却风扇高速运转 | ① 冷却风扇高速继电器有故障；<br>② 左边冷却风扇有故障；<br>③ 冷却风扇低速继电器有故障；<br>④ 冷却液温度控制器有故障；<br>⑤ 相关的线路、插接器有断路、短路或接触不良 | 冷却风扇低速运转正常或不能低速运转，但高速运转时只有右边风扇运转 |
| 只有左边冷却风扇高速运转 | ① 冷却风扇转换继电器高速触点接触不良；<br>② 右边冷却风扇有故障；<br>③ 相关的线路、插接器有断路、短路或接触不良 | 冷却风扇低速运转正常或不能低速运转，但高速运转时只有左边风扇运转 |

2) 冷却液温度控制器各端子的功能

冷却液温度控制器是空调控制系统的核心元件，通过输入的冷却液温度传感器、压力开关及其他有关信号，控制压缩机电磁离合器继电器、鼓风机及冷却风扇继电器等，使空调系统工作在不同的工况。因此，熟悉冷却液温度控制器各端子的连接部件与功能，有助于准确迅速地查找和排除故障。冷却液温度控制器各端子的连接部件与功能见表9-3。

表9-3 冷却液温度控制器各端子的连接部件与功能

| 端子号 | 导线颜色 | 连接部件 | 端子功能 | 说明 |
|---|---|---|---|---|
| 1 | 白 | 风扇低速控制继电器 | 风扇低速继电器控制信号输出 | 当1号端子与8号端子接通时，风扇低速继电器通电，两风扇同时低速运转 |
| 4 | 绿/紫 | 电源盒（发动机罩下熔断器盒） | 延时电源端子 | 当点火开关关闭时，4号端子使冷却液温度控制器有一个延时电源 |
| 5 | 绿/栗 | 空调温度控制继电器 | 空调工作信号输入 | 当5号端子接受空调开关关闭信号时，1号端子与8号端子接通，使两风扇同时低速运转 |
| 6 | 绿/蓝 | 仪表板冷却液温度报警灯 | 冷却液温度报警灯控制信号输出 | 当冷却液温度达到118℃时，6号端子与8号端子通路，冷却液温度报警灯亮起 |
| 7 | 栗/黄 | 冷却液温度传感器1号端子 | 冷却液温度传感器信号输入 | |
| 8 | 灰/栗 | 接地 | 冷却液温度控制器接地 | 冷却液温度控制器各控制端子的接地端子 |
| 10 | 栗/白 | 风扇高速控制、转换控制继电器 | 风扇高速继电器控制信号输出 | 当1号端子与8号端子接通时，再使10号端子与8号端子接通，两风扇同时高速运转 |

(续)

| 端子号 | 导线颜色 | 连接部件 | 端子功能 | 说明 |
|---|---|---|---|---|
| 11 | 蓝 | 空调温度控制继电器 | 空调温度控制继电器控制信号输出 | 当冷却液温度达到112℃时，11号端子与8号端子通路，空调停止工作继电器通电，空调压缩机停止工作 |
| 13 | 栗/白 | 压力开关 | 压力开关信号输入 | 当制冷系统压力达到1700kPa时，13号端子接受电压信号，使两风扇同时高速运转 |
| 14 | 蓝/灰 | 冷却液温度传感器2号端子 | 水温传感器信号输入 | |
| 15 | 黄 | 空调继电器 | 冷却液温度控制器电源 | 当点火开关接通(M位)时，15号端子接通电源 |

3) 电气系统故障检修的先期工作

当空调系统出现故障，需要对电气系统进行检查时，应先检查：

(1) 电源盒中有关的 F2、F3、F4 熔断器是否正常。

(2) 驾驶室内熔断器盒中有关的 F2、F3、F7、F12 熔断器是否正常。

(3) 空调电气系统线束插接器有无松脱。

如果以上检查无问题，或在排除故障后故障依然存在，则需要根据故障现象所分析的故障原因，对可能的故障部件和线路进行检查。

4) 故障检测盒

雪铁龙车系紧凑型轿车空调控制系统故障检测也可用专用的故障检测盒(4109-T)，但其连接线束为4109T-C。用专用的故障检测盒可使故障检查方便迅速，检测冷却液温度控制器各端子的故障检测盒连接如图9.23所示。

5) 冷却液温度控制器的检修

冷却液温度控制器的常见故障是其内部电路电子元件有短路、断路或因潮湿而漏电等，导致其失去正常的控制功能。

(1) 检测冷却液温度控制器各端子电压。通过对冷却液温度控制器各端子电压的检测，判断与温度控制器连接的部件及其线路是否有故障，方法如下：

利用连接线束 4109FC 将冷却液温度控制器与故障检测盒连接，然后用万能表直流电压挡测量各端子对地电压，测量方法与故障判断及检修见表9-4。

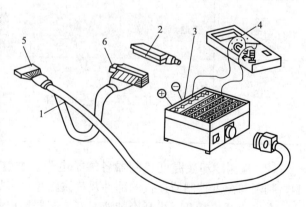

图9.23 用故障检测盒检测空调控制系统故障
1—连接线束(4109T-C)；2—冷却液温度控制器插头；
3—故障检测盒(4109-T)；4—万用表；
5—接温控盒插座；6—接温控盒插头

表9-4 冷却液温度控制器各端子电压的检测与故障检修方法

| 检测端子<br>（连接导线颜色） | 检测条件 | 正常值/V | 电压不正常时需检修的部位 |
| --- | --- | --- | --- |
| 1<br>白 | | 蓄电池电压 | ① 风扇低速控制继电器线圈；<br>② 发动机罩下熔断器盒内熔断器F2；<br>③ 温控器1号端子至低速控制继电器至发动机罩下熔断器盒线路连接、插接器 |
| 4<br>绿/紫 | | 蓄电池电压 | ① 发动机罩下熔断器盒内熔断器F2；<br>② 温控器4号端子至发动机罩下熔断器盒线路连接、插接器 |
| 6<br>绿/湖蓝 | 接通点火开关 | 蓄电池电压 | ① 仪表板冷却液温度报警灯；<br>② 温控器6号端子至仪表板冷却液温度报警灯线路连接、插接器 |
| 8<br>灰/栗 | 接通点火开关 | 0 | ① 温控器10号端子至接地点导线或接地点 |
| 10<br>栗/白 | 接通点火开关 | 蓄电池电压 | ① 风扇高速控制及风扇转换继电器线圈；<br>② 驾驶室内熔断器盒内熔断器F3；<br>③ 温控器10号端子至高速以及转换继电器至驾驶室内熔断器盒再至点火开关线路连接、插接器 |
| 11<br>湖蓝 | 接通点火开关 | 蓄电池电压 | ① 空调温度控制继电器线圈；<br>② 驾驶室内熔断器盒内熔断器F3；<br>③ 温控器11号端子至空调温度控制继电器，至驾驶室内熔断器盒，至点火开关线路连接、插接器 |
| 13<br>栗/白 | 接通点火开关 | 0 | ① 压力开关；<br>② 温控器13号端子至压力开关的线路有短路 |
| 15<br>黄 | 接通点火开关 | 蓄电池电压 | ① 空调继电器触点；<br>② 发动机罩下熔断器盒内熔断器F2；<br>③ 温控器15号端子至空调继电器，至发动机罩下熔断器盒线路连接、插接器 |

(2) 检测冷却液温度控制器各端子电阻。通过对冷却液温度控制器各端子电阻的检测，判断与温度控制器连接的部件及其线路是否有故障，方法如下：

在点火开关断开时拔开冷却液温度控制器插接器的连接，用万能表欧姆挡测量冷却液温度控制器插头（线束侧）有关端子的电阻（如果使用4109T-C故障检测盒，则拔开连接线线束4109T-C与冷却液温度控制器插座的连接后，测量相应检测孔即可）。测量方法与故障判断及检修见表9-5。

表9-5 冷却液温度控制器各端子电阻的检测与故障检修方法

| 检测端子<br>(连接导线颜色) | 检测方法 | 正常值/Ω | 电压不正常时需检修的部位(故障) |
|---|---|---|---|
| 5<br>(绿/栗) | 测量5号端子与地之间的电阻 | 通路<br>(电阻很小) | ① 空调温度控制继电器触点(接触不良);<br>② 压力开关常闭触点(接触不良);<br>③ 压缩机电磁离合器线圈;<br>④ 计算机控制空调继电器触点(接触不良);<br>⑤ 相关的连接线路和插接器(断路或接触不良) |
| 7<br>(栗/黄) | 测量5号端子与地之间的电阻 | ∞ | ① 冷却液温度传感器(对地短路);<br>② 温控器7号端子至冷却液温度传感器,至14号端子之间的线路(对地短路) |
| 8<br>(灰/栗) | 测量8号端子与地之间的电阻 | 0 | ① 温控器8号端子与地之间的线路(断路或接地不良) |
| 14<br>(蓝/灰) | 在不同的温度下,测量14号与7号端子之间的电阻 | 其电阻值与表9-6相符 | ① 冷却液温度传感器;<br>② 温控器7号端子至冷却液温度传感器,至14号端子之间的线路 |

表9-6 温控器冷却液温度传感器电阻参数

| 温度/℃ | 60 | 70 | 80 | 90 | 100 | 110 | 120 |
|---|---|---|---|---|---|---|---|
| 电阻/Ω | 2500 | 2600 | 2780 | 2900 | 3050 | 3200 | 3350 |

(3) 检测冷却液温度控制器功能。通过冷却液温度控制器的控制功能检测,判断其是否正常,方法如下:

① 检测冷却风扇是否低速旋转,将冷却液温度控制器的1号端子(白色导线)直接与地短路,两冷却风扇应低速旋转。如果冷却风扇不转,则检修冷却风扇、风扇速度转换继电器、低速风扇继电器及相关的线路;如果两风扇低速旋转,则进行下一步检测。

② 检测冷却风扇是否高速旋转,在冷却液温度控制器的1号端子接地的同时,再将10号端子(栗/白色导线)与地短接,两冷却风扇应高速旋转。如果冷却风扇不转或两风扇没有同时高速旋转,则需检修风扇高速控制继电器、风扇速度转换继电器以及相关的线路;如果两风扇高速旋转,则进行下一步检测。

③ 检测冷却液温度控制器功能,接通点火开关后,按如下方法检测:

a. 对冷却液温度控制器5号端子直接施加一电压信号,两冷却风扇应同时低速旋转。

b. 对冷却液温度控制器13号端子直接施加12V电压,两冷却风扇应同时高速旋转。

c. 断开冷却液温度传感器,在冷却液温度控制器的7号与14号端子之间连接一可变电阻,将电阻值调节至3250Ω,这时,冷却液温度控制器的11号端子电压应为0。

如果以上a、b、c三项检测中有一项不正常,则说明冷却液温度控制器已经失效。

冷却液温度控制器常常是因为受潮而导致其部分或全部功能失效,因此,当检测冷却液温度控制失效时,可将冷却液温度控制器用电吹风吹干后再进行检测,如果功能不能恢复,则必须更换冷却液温度控制器。

6) 空调调节控制器的检修

空调调节控制器的常见故障是内部电路有断路或短路等而造成制冷压缩机不工作或压缩机工作控制不正常。

(1) 检测空调调节控制器各端子的电压或电阻。拔开空调调节控制器插接器,检测其插头(线束侧)各端子的电压或电阻。测量方法与故障判断及检修见表9-7。

表9-7 空调调节控制器各端子电阻的检测与故障检修方法

| 检测端子<br>(连接导线颜色) | 检测方法/检测参数 | 正常值/Ω | 电压不正常时需检修的部位(故障) |
|---|---|---|---|
| 1<br>(灰) | 测量1号端子与地之间的电阻 | ∞ | ① 蒸发器温度传感器(对地短路或漏电);<br>② 空调调节控制器1号端子至蒸发器温度传感器,至2号端子线路(对地短路或漏电) |
| 2<br>(紫) | 在不同的温度下测量2号端子与1号端子之间的电阻 | 其电阻值与表9-8相符 | ① 蒸发器温度传感器;<br>② 空调调节控制器2号端子至蒸发器温度传感器,至1号端子线路(对地短路或漏电) |
| 6<br>(紫) | 测量6号端子与地之间的电阻 | 0 | 空调调节控制器6号端子与地之间的线路(断路或接地不良) |
| 7<br>(灰) | 接通点火开关和空调制冷开关,测量7号端子对地电压 | 蓄电池电压 | ① 空调制冷开关;<br>② 空调继电器;<br>③ 发动机罩下熔断器盒中的熔断器F2;<br>④ 驾驶室内熔断器盒中的熔断器F2;<br>⑤ 相关的线路连接和插接器 |

表9-8 蒸发器温度传感器电阻参数

| 温度/℃ | 1 | 3 | 10 | 20 | 25 | 30 |
|---|---|---|---|---|---|---|
| 电阻/Ω | 15500 | 14000 | 9250 | 5800 | 4600 | 4000 |

(2) 检测空调调节控制器功能。通过空调调节控制器功能的检查,判断其是否正常,检测方法如下:

① 重新接上空调调节控制器插接器。

② 断开蒸发器温度传感器,空调调节控制器的1号与2号端子之间用一可变电阻替代。

③ 接通点火开关和空调制冷开关。

④ 调节可变电阻值,测量空调调节控制器5号端子对地电压。当电阻值为15500Ω左右时,电压应在12V左右(压缩机电磁离合器为通电状态);当电阻值为14000Ω左右时,电压约为0(压缩机电磁离合器处于断电状态)。如果检测结果为不正常,则更换空调调节控制器。

7) 压力开关的检修

压力开关常见的故障是触点接触不良或压力开关动作失常而造成压缩机不工作或不起正常的压力保护作用。

(1) 检测压力开关的通断性。压力开关通断性的检测方法如下:

① 拔开压力开关的插接器，用万能表欧姆挡测量压力开关的 4M1 与 4M2 端子(导线颜色分别为黄色与黄/蓝)之间的电阻，电阻应为 0。如果电阻不为 0，说明压力开关的常闭触点接触不良，需更换压力开关；如果电阻为 0，则进行下一步检测。

② 用万能表欧姆挡测量压力开关的 4M3 与 4M4 端子(导线颜色分别为绿色与栗/白)之间的电阻，电阻应为∞。如果电阻不为∞，说明压力开关内部有短路，需更换压力开关；如果电阻为∞，则进行压力开关的性能检测。

(2) 检测压力开关的性能。检查压力开关在规定的压力下的动作情况：

① 在系统压力为 250～2400kPa 时，压力开关的 4M1 与 4M2 端子之间应通路(压缩机工作)；系统压力≤250kPa 或≥2400kPa 时，压力开关的 4M1 与 4M2 端子之间应断路(压缩机停止工作)。

② 当系统压力≥1700kPa 时，压力开关的 4M3 与 4M4 端子之间应通路(冷却风扇高速旋转)。如果检测结果不正常，则更换压力开关。

8) 蒸发器温度传感器的检修

蒸发器温度传感器出现断路或失效将使制冷系统的温度得不到正常的控制。

蒸发器温度传感器的感温元件是一个负温度系数的热敏电阻，通过测量其各温度下的电阻是否符合规定值来判断传感器的好坏。将蒸发器温度传感器置入水中，通过向水中加冰以获得较低的水温。

良好的蒸发器温度传感器电阻特性见表 9-8，如果测量值与之不符，则需更换蒸发器温度传感器。

9) 冷却液温度传感器的检修

温控器冷却液温度传感器出现断路或失效将使冷却液的温度和制冷系统的温度得不到正常的控制。

温控器冷却液温度传感器的感温元件是一个正温度系数的热敏电阻，通过测量其各温度下的电阻是否符合规定值来判断传感器的好坏。将温控器冷却液温度传感器置入水中，通过加热以获得不同的水温。

冷却液温度传感器电阻特性参见表 9-6 所示，如果测量值与之不符，则需更换冷却液温度传感器。

10) 鼓风机电动机及控制模块的检修

鼓风机电动机及控制模块的常见故障是电动机损坏、电动机与控制模块之间接触不良及控制模块本身故障、鼓风机开关不良而造成鼓风机不转或不能高速旋转。鼓风机不转或转动太慢的检修方法如下：

(1) 检测鼓风机电动机。鼓风机电动机检测方法如下：

① 拆卸并分解鼓风机，如图 9.24 所示。

② 鼓风机电动机两端直接施加蓄电池电压，查看鼓风机是否高速旋转。如果鼓风机不转或转速很低，则说明鼓风机电动机有故障，需更换；如果鼓风机能高速旋转，则鼓风机电动机正常。

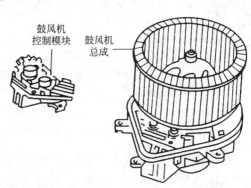

图 9.24　鼓风机电动机与控制模块的分解

（2）检查鼓风机电动机与控制模块之间的连接。如果检查结果为接触不良，应予以修理；如果接触良好，则检查鼓风机开关及线路，若均良好，鼓风机电动机检查也为正常，则需更换鼓风机控制模块。

## 9.2 广州本田雅阁轿车空调系统

### 9.2.1 广州本田雅阁轿车空调系统的组成

和目前轿车上装备的自动空调系统一样，广州本田雅阁轿车装备的也是微处理器控制的自动空调系统，具有温度自动控制功能及故障自诊断功能。

1. 采暖通风系统的组成

广州本田雅阁轿车采暖通风系统主要由鼓风机、导风管、加热器、风道、冷暖空气混合控制电动机、送风方式控制电动机、再循环控制电动机及控制机构等组成。其空调采暖系统的组成如图9.25所示。

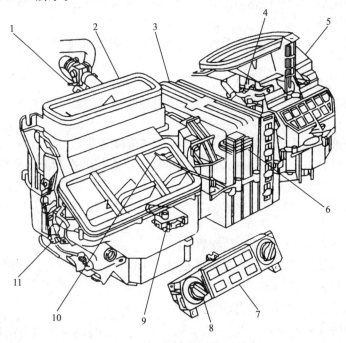

图9.25 空调采暖系统的部件位置

1—加热器拉线；2—加热器；3—蒸发器；4—再循环风门驱动电动机；5—鼓风机；
6—鼓风机电阻；7—空调控制面板；8—鼓风机风扇开关；
9—冷暖空气混合风门驱动电动机；10—蒸发器温度传感器；11—送风方式风门驱动电动机

暖风机将发动机的冷却液引入其内部的加热器，通过加热器的热交换作用将冷却液的热量传递给周围的空气，再由鼓风机将热空气送到车厢内或风窗玻璃，用以提高车厢内的温度或除霜。加热器控制板通过控制冷暖空气混合控制电动机、送风方式控制电动机实现温度和风向的调节。广州本田雅阁轿车采暖系统电路如图 9.26 所示。

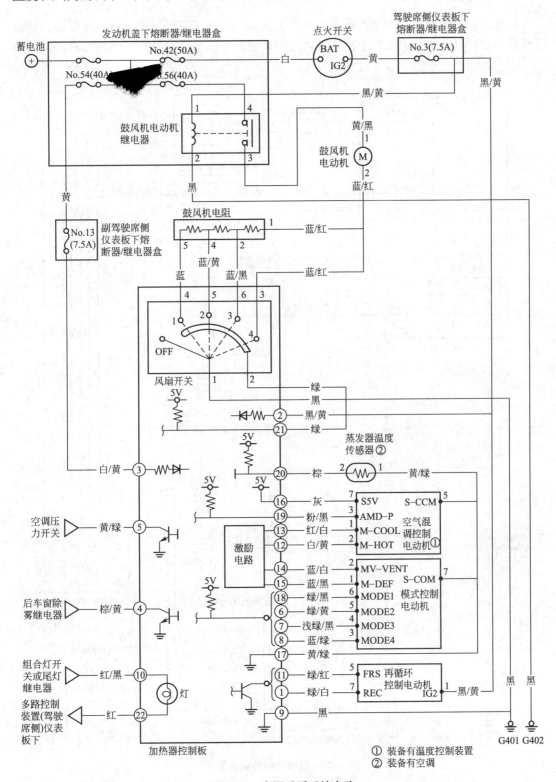

图 9.26 空调采暖系统电路

2. 空调制冷系统的组成

广州本田雅阁轿车空调制冷系统的基本组成部件包括压缩机、蒸发器、冷凝器、储液干燥器、膨胀阀等,带有散热器控制模块的空调制冷系统电路如图 9.27 所示。

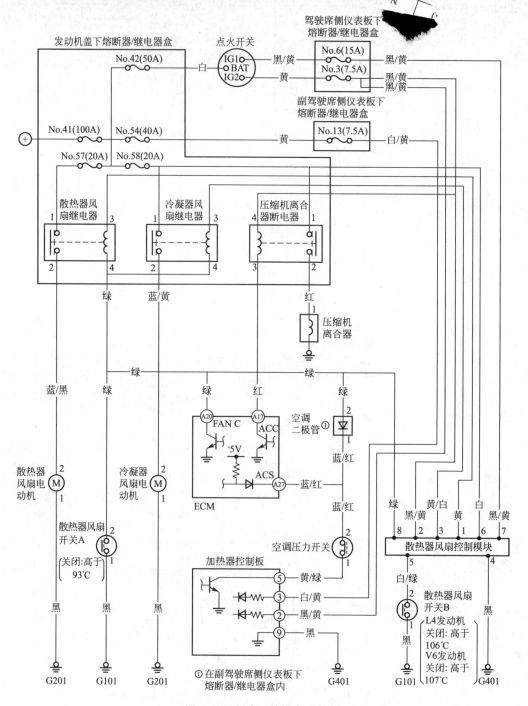

图 9.27 制冷系统的电路原理

3. 空调温度自动控制系统的组成

空调温度自动控制系统主要由车内温度传感器、车外空气温度传感器、阳光传感器、蒸发器温度传感器、加热器和冷凝器风扇、各风门驱动电动机、车内温度控制装置及相应的控制电路组成，如图 9.28 所示。

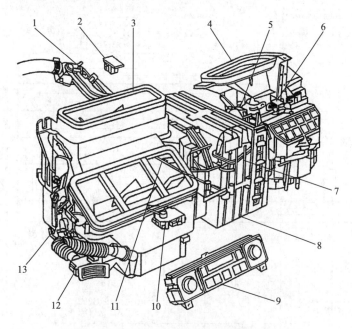

**图 9.28　温度自动控制系统的组成部件及布置**
1—加热器拉线；2—阳光传感器；3—加热器；4—鼓风机；5—再循环风门驱动电动机；
6—鼓风机高速电动机继电器；7—功率晶体管；8—蒸发器；9—车内温度控制装置；
10—冷暖空气混合风门驱动电动机；11—蒸发器温度传感器；
12—车内温度传感器；13—送风模式风门驱动电动机

温度自动控制装置通过各传感器输入的信号判断车内车外的温度、蒸发器温度、发动机冷却液的温度以及其他有关的开关的状态，并根据设定的程序输出控制信号，控制散热器风扇、冷凝器风扇、压缩机电磁离合器、鼓风机电动机及各风门驱动电动机的工作状态，实现车内温度的自动控制。广州本田雅阁轿车温度自动控制系统的控制电路如图 9.29 所示。

## 9.2.2　广州本田雅阁轿车空调系统故障自诊断

1. 采暖通风系统故障自诊断

广州本田雅阁轿车空调采暖通风系统的加热器控制板内有一控制模块，该控制模块设有故障自诊断功能，其故障自诊断操作方法与步骤如下：

（1）接通点火开关。

（2）关闭风扇开关后将再循环控制开关设置在 Recirculate（再循环）位置，这时再循环指示灯应亮，再循环指示灯的位置如图 9.30 所示。

（3）按下再循环控制开关，使再循环指示灯熄灭，即再循环控制开关在Fresh（新鲜空气）位置，继续按下再循环控制开关不动，待再循环指示灯再亮起2s后，接下来便闪示故障码，以闪烁的次数表示，如图9.31所示。

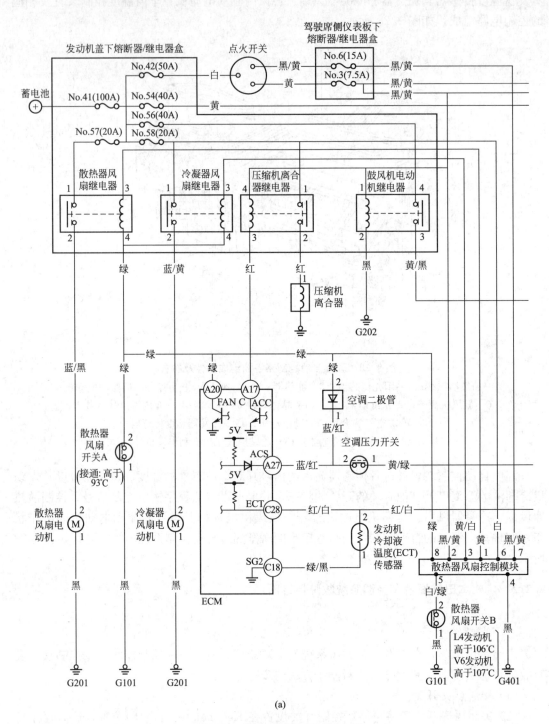

(a)

图9.29 温度自动控制系统电路

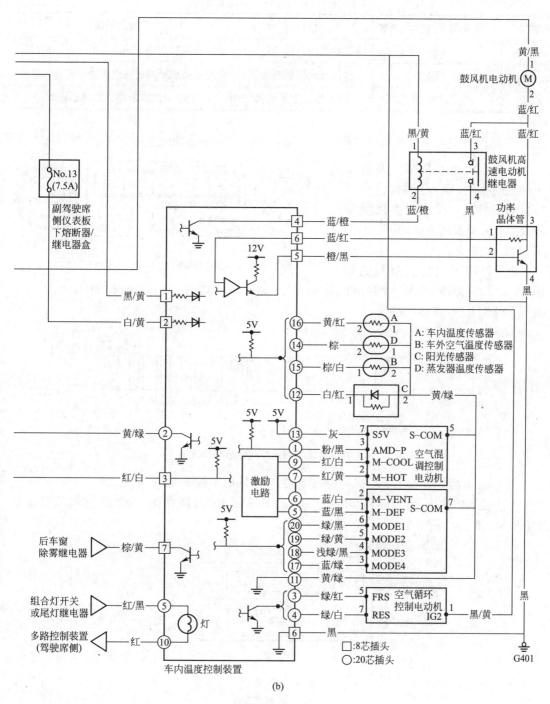

图 9.29 温度自动控制系统电路(续)

故障码及其表示的故障信息见表 9-9。

**说明:** 如果一次出现了两个或两个以上的故障,则只能闪示数码最小的那个故障码。故障码的消除,只要将点火开关关闭,故障码即会被清除。

表 9-9 空调采暖系统故障码说明

| 故障码 | 再循环指示灯闪烁次数 | 故障部位 | 可能的原因 |
| --- | --- | --- | --- |
| 1 | 1次 | 冷暖空气混合控制电动机 | 电路短路或断路、通道阻塞、电动机故障 |
| 2 | 2次 | 送风方式控制电动机 | 电路短路或断路、通道阻塞、电动机故障 |
| 3 | 3次 | 蒸发器温度传感器 | 电路短路或断路、传感器故障 |

**2. 温度自动控制系统故障自诊断**

广州本田雅阁轿车空调温度电子控制模块（ECM）同样设有故障自诊断功能，车内温度控制装置故障自诊断操作方法如下：

(1) 接通点火关。

(2) 将温度控制旋钮先旋至 MAX COOL（最冷）位置，然后再旋至 MAXHOT（最热）位置。

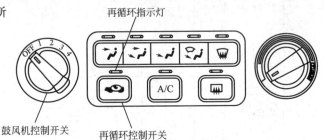

图 9.30 再循环控制开关及指示灯

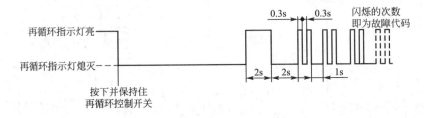

图 9.31 再循环指示灯闪示故障码方式

(3) 1min 后，在按下 AUTO 开关（不松开）的同时，按下 OFF 开关。

(4) 在同时按下 AUTO 和 OFF 开关时，如果系统有故障存在，就会通过温度显示器（图 9.32）指示相应的故障。

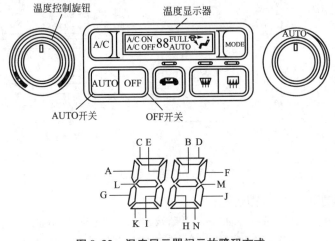

图 9.32 温度显示器闪示故障码方式

不同的故障以温度显示器"88"各段中某一段闪亮来指示。温度显示器各段所指示的故障见表9-10。如果同时出现多个故障，则有关的指示段(灯)会同时闪亮。

表9-10 温度显示器各段所闪示的故障说明

| 温度显示器闪亮段 | 指示故障的部位 | 可能的故障原因 |
| --- | --- | --- |
| A | 车内温度传感器 | 电路断路、传感器故障 |
| B | 车内温度传感器 | 电路短路、传感器故障 |
| C | 车外空气温度传感器 | 电路断路、传感器故障 |
| D | 车外空气温度传感器 | 电路短路、传感器故障 |
| E | 阳光传感器 | 电路断路、传感器故障 |
| F | 阳光传感器 | 电路短路、传感器故障 |
| G | 蒸发器温度传感器 | 电路断路、传感器故障 |
| H | 蒸发器温度传感器 | 电路短路、传感器故障 |
| I | 冷暖空气混合控制电动机 | 电路断路 |
| J | 冷暖空气混合控制电动机 | 电路短路 |
| K | 冷暖空气混合控制电动机 | 通道阻塞、电动机故障 |
| L | 送风方式控制电动机 | 电路断路或短路 |
| M | 送风方式控制电动机 | 通道阻塞、电动机故障 |
| N | 鼓风机电动机 | 电路断路或短路、电动机故障 |
| A、C、E、G、I、L | 传感器公共导线 | 电路断路 |

关闭点火开关，自诊断功能即会消除。

### 9.2.3 广州本田雅阁轿车空调系统故障检修

在空调系统检修时，如果有故障码，则可根据故障码所指示的故障信息检修故障部件和线路；如果无故障码时，则需根据故障现象进行故障分析，针对故障可能的原因进行故障检修。

**1. 采暖通风系统的故障检修**

在进行采暖通风系统故障检修前，应先做如下的基础检查工作：
(1) 检查发动机冷却液的液面高度，并检查发动机能否上升至正常的温度。
(2) 检查发动机盖下熔断器/继电器盒内的56号(40A)熔断器、驾驶座位侧仪表板下熔断器/继电器盒内的3号(7.5A)熔断器、副驾驶座位侧仪表板下熔断器/继电器盒内的13号(7.5A)熔断器是否都正常。
(3) 检查接地点No.G202、G401连接是否良好。
(4) 检查有关的线路插接器是否有松脱和锈蚀等。
1) 冷暖空气混合控制电动机及其电路的故障检修
冷暖空气混合控制电动机由加热器控制板输出控制信号控制其工作，用以调节冷暖空

气的混合状态。再循环指示灯闪示故障码1,表示冷暖空气混合控制电动机及电路有故障,故障检修的项目与方法如下:

（1）检查冷暖空气混合控制电动机。方法与步骤如下:

① 断开冷暖空气混合控制电动机的7芯插头。

② 检测冷暖空气混合控制电动机(检测方法见后文的"8)冷暖空气混合控制电动机的检测")。如果检测结果正常,进行下一步检查。

（2）检查导线有无对地短路。方法与步骤如下:

① 断开加热器控制板的22芯插头。

② 用欧姆表分别检查加热器控制板插头的12号、13号、16号、17号和19号端子与地之间的通路情况,如图9.33所示。

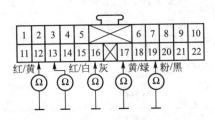

图9.33 检查加热器控制板与冷暖空气混合电动机之间线路有无对地短路

如果通路,需检修加热器控制板与冷暖空气混合控制电动机之间导线的对地短路故障;如果不通路,则进行下一步检查。

（3）检查导线对电源有无短路。检查方法如下:

用直流电压表分别检查加热器控制板插头的12号、13号、16号、17号和19号端子与地之间的电压。

如果有电压,说明加热器控制板与冷暖空气混合控制电动机之间线路有对电源短路,需修理线路对电源的短路故障;如果无电压,则进行下一步检查。

（4）检查导线有无断路。检查方法如下:

用欧姆表检查加热器控制板的22芯插头与冷暖空气混合控制电动机7芯插头各对应端子之间的通路情况,如图9.34所示。

如果不通,需检修加热器控制板与冷暖空气混合控制电动机之间导线的断路故障;如果通路,则检查加热器控制板的22芯插接器和冷暖空气混合控制电动机的7芯插接器连接有无松动或接触不良,若连接无问题,则需更换加热器控制板再试。

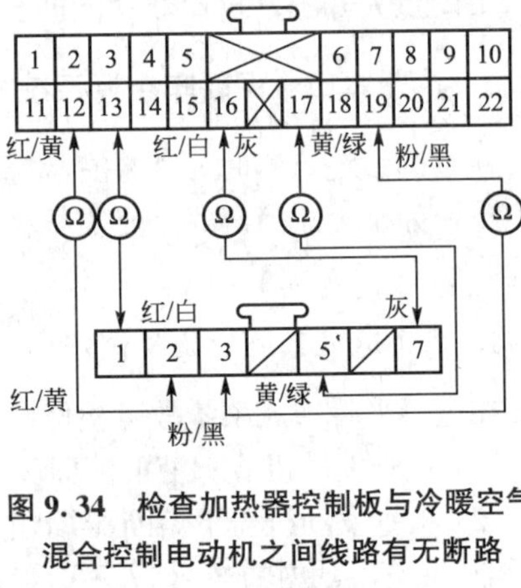

2)送风方式控制电动机及其电路的故障检修

送风方式控制电动机根据加热器控制板的输出信号动作,调节出风口空气的流向。再循环指示灯闪示故障码2,表示送风方式控制电动机及其电路有故障,故障的检修项目与方法如下:

（1）检查送风方式控制电动机。方法与步骤如下:

① 断开送风方式控制电动机的7芯插头。

② 检测送风方式控制电动机(检测方法见后文的"9)送风方式控制电动机的检测")。如果检测结果正常,进行下一步检查。

（2）检查导线有无对地短路。方法与步骤如下:

① 断开加热器控制板的22芯插头。

图9.34 检查加热器控制板与冷暖空气混合控制电动机之间线路有无断路

② 用欧姆表分别检查加热器控制板插头的 6 号、7 号、8 号、14 号、15 号、17 号和 18 号端子与地之间的通路情况(加热器控制板插头端子的排列见图 9.33)。

如果通路，说明加热器控制板与送风方式控制电动机之间的导线有对地短路故障，需予以修理；如果不通路，则进行下一步检查。

(3) 检查导线对电源有无短路。方法与步骤如下：

用电压表分别检查加热器控制板插头的 6 号、7 号、8 号、14 号、15 号、17 号和 18 号端子与地之间的电压。

如果有电压，说明加热器控制板与送风方式控制电动机之间线路有对电源短路，需检修线路对电源的短路故障；如果无电压，则进行下一步检查。

(4) 检查导线有无断路。检查方法如下：

用欧姆表检查加热器控制板的 22 芯插头与送风方式控制电动机 7 芯插头各对应端子之间的通路情况，如图 9.35 所示。

如果不通，需检修加热器控制板与送风方式控制电动机之间导线的断路故障；如果通路，则检查加热器控制板的 22 芯插接器和送风方式控制电动机的 7 芯插接器连接有无松动或接触，若连接无问题，则需更换加热器控制板再试。

3) 蒸发器温度传感器及其电路的故障检修

蒸发器温度传感器用于检测蒸发器出口处的温度，其温度特性如图 9.36 所示。再循环指示灯闪示故障码 3，表示蒸发器温度传感器或其电路有故障。故障检修的项目与方法如下：

(1) 检查蒸发器温度传感器。检查方法如下：

断开蒸发器温度传感器 2 芯插头，测量传感器两端子之间的电阻，查看是否与图 9.36 所示的曲线相符。

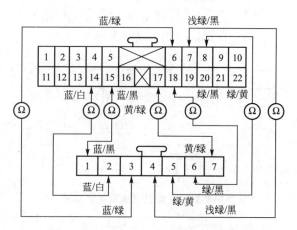

图 9.35 检查加热器控制板与送风方式控制电动机之间线路有无断路

如果不符，更换蒸发器温度传感器；如果基本相符，则进行下一步检查。

(2) 检查蒸发器温度传感器导线有无对地短路。检查方法如下：

断开加热器控制板 22 芯插头，检查加热器控制板插头 20 号端子(端子的排列见图 9.37)与地之间的通路情况。

如果通路，需检修加热器控制板与蒸发器温度传感器之间线路的短路故障；如果不通路，则进行下一步检查。

(3) 检查蒸发器温度传感器导线有无断路。检

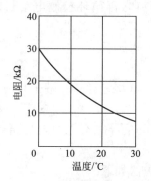

图 9.36 蒸发器温度传感器温度特性曲线

方法如下：

检查加热器控制板 22 芯插头的 17 号、20 号端子分别与蒸发器温度传感器插头的 2 号、1 号端子之间的通路情况，如图 9.37 所示。

如果不通路，需检修蒸发器温度传感器与加热器控制板之间线路的断路故障；如果通路，则检查温度传感器插接器有无连接不良或导线松动，若无，则需更换加热器控制板再试。

4) 再循环控制电动机及其电路故障的检修

当再循环控制门不能在 Fresh（新鲜空气）与 Recirculate（再循环）之间转换时，按如下的项目与方法检修故障。

（1）检查熔断器。检查方法如下：

查看驾驶座位侧仪表板下的熔断器/继电器盒中的 3 号（7.5A）熔断器熔丝是否烧断。如果是，更换熔断器；如果不是，则进行下一步检查。

（2）检查再循环控制电动机导线有无断路。方法与步骤如下：

① 断开再循环控制电动机 7 芯插头（端子排列见图 9.38）。

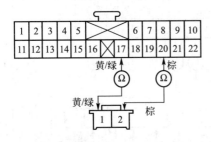

图 9.37 检查蒸发器温度传感器线路有无断路

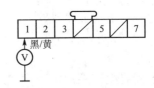

图 9.38 检查再循环控制电动机导线有无断路

② 接通点火开关。

③ 测量再循环控制电动机插头 1 号端子（接黑/黄线）对地电压，查看是否为蓄电池电压。

如果无蓄电池电压，需检修驾驶座位侧仪表板下的熔断器/继电器盒中的 3 号熔断器与再循环控制电动机之间导线的断路故障；如果电压正常，则进行下一步检查。

（3）检查再循环控制电动机。检查方法如下：

关闭点火开关，检测再循环控制电动机（检测方法见"10) 再循环控制电动机的检测"）。如果检测结果正常，则进行下一步检查。

（4）检查再循环控制电动机导线有无对地短路。方法与步骤如下：

① 断开加热器控制板的 22 芯插头。

② 分别检查加热器控制板插头的 1 号（接绿/白线）、11 号（接绿/红线）端子与地之间的通路情况。

如果通路，需检修加热器控制板与再循环控制电动机之间的导线有无对地短路故障；如果不通路，则进行下一步检查。

（5）检查再循环控制电动机导线对电源有无短路。检查方法如下：

用电压表分别检查加热器控制板插头的 1 号、11 号端子与地之间的电压。如果有电压，需检修加热器控制板与再循环控制电动机之间线路对电源短路故障；如果无电压，则进行下一步检查。

(6) 检查再循环控制电动机与加热器控制板之间导线有无断路。检查方法如下：

用欧姆表检查加热器控制板的 22 芯插头的 1、11 号端子与送风方式控制电动机 7 芯插头的 7 号、5 号端子之间的通路情况。

如果不通，需检修加热器控制板与再循环控制电动机之间导线的断路故障；如果通路，则检查加热器控制板的 22 芯插接器和再循环控制电动机的 7 芯插接器连接有无松动和接触不良，若连接无问题，则需更换加热器控制板再试。

5) 鼓风机电路故障的检修

鼓风机在某一种或几种转速下不运转，其故障的检查项目与方法如下：

(1) 检查鼓风机电动机导线是否短路或断路。检查方法如下：

在确认加热器风扇开关已关闭的情况下接通点火开关，查看鼓风机是否运转。如果不运转，转至(3)，检查鼓风机电阻器；如果运转，则进行下一步检查。

(2) 检查鼓风机电动机导线是否对地短路。方法与步骤如下：

① 关闭点火开关，然后断开鼓风机电动机 2 芯插头和鼓风机电阻器 5 芯插头。

② 断开加热器风扇开关 7 芯插头。

③ 分别检查加热器风扇开关在各个位置时，其 7 芯插座的 3、4、5、6 号端子与地之间通路情况如图 9.39 所示。

如果不通路，更换加热器风扇开关；如果通路，则需检修鼓风机电动机、鼓风机电阻器与加热器风扇开关之间导线对地短路故障。

(3) 检查鼓风机电阻器。方法与步骤如下：

① 关闭点火开关，断开鼓风机电阻器 5 芯插头。

② 测量鼓风机电阻器插座 1 号与 5 号端子之间的电阻(图 9.40)，查看电阻是否约在 3~3.5Ω 之间。

如果不是，更换鼓风机电阻器；如果电阻值正常，则进行下一步检查。

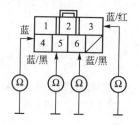

图 9.39　检查鼓风机电机线路有无对地短路

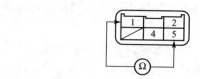

图 9.40　检查鼓风机电阻器电阻

(4) 检查鼓风机电动机导线是否断路。检查方法如下：

① 断开鼓风机电阻器 5 芯插头。

② 断开加热器风扇开关 7 芯插头。

③ 接通点火开关，依次用导线分别将加热器风扇开关插头的 4 号(接蓝线)、5 号(接蓝/黄线)、6 号(接蓝/黑线)和 3 号(接蓝/红线)端子接地，查看鼓风机是否高速运转。

如果鼓风机高速运转，需更换加热器风扇开关；如果不是高速运转，则需检修鼓风机电阻器与加热器风扇开关之间导线的断路或接触不良故障。

6) 鼓风机电动机及电路故障的检修

鼓风机电动机完全不运转，其故障检修的项目和方法如下：

(1) 检查熔断器。方法与步骤如下：

查看发动机盖下熔断器/继电器盒中的 56 号(40A)熔断器以及驾驶座位侧仪表板下的熔断器/继电器盒中的 3 号(7.5A)熔断器有无断路。

如果熔断器熔丝已烧断，更换熔断器，并再次检查；如果熔断器正常，则进行下一步检查。

(2) 检查鼓风机电动机的输入/输出电路。方法如下：

用一导线将鼓风机电动机 2 芯插头的 2 号端子(接蓝/红线)与地短接，然后接通点火开关，查看鼓风机电动机是否运转。

如果运转，转至(8)，检查鼓风机电动机的加热器风扇开关侧线路是否断路；如果不运转，则进行下一步检查。

(3) 检查鼓风机电动机电源侧导线是否断路。检查方法如下：

断开鼓风机电动机 2 芯插头，测量鼓风机电动机插头 1 号端子(接黄/黑线)对地电压，查看是否为蓄电池电压。

如果是蓄电池电压，说明鼓风机电动机电源侧导线无断路故障，需更换鼓风机电动机；如果不是蓄电池电压，则进行下一步检查。

(4) 检查鼓风机继电器。检查方法如下：

关闭点火开关，从发动机盖下熔断器/继电器盒中拆下鼓风机电动机继电器，并对其进行检测(参见"12)鼓风机电动机继电器的检测")，查看继电器是否正常。如果正常，则进行下一步检查。

(5) 检查发动机盖下熔断器/继电器盒。检查方法如下：

测量鼓风机电动机继电器 4 芯插座 4 号端子与地的电压(图 9.41)，查看是否为蓄电池电压。

如果不是，更换发动机盖下熔断器/继电器盒；如果是，则进行下一步检查。

(6) 检查继电器线圈电源侧导线是否断路。检查方法如下：

接通点火开关后测量鼓风机电动机继电器插座的 1 号端子对地电压(图 9.42)，看是否为蓄电池电压。

如果不是，需检修鼓风机电动机继电器与驾驶座位侧仪表板下熔断器/继电器盒内 3 号熔断器之间导线的断路故障；如果是蓄电池电压，则进行下一步检查。

(7) 检查继电器线圈接地侧导线是否断路。检查方法如下：

关闭点火开关后检查鼓风机电动机继电器 4 芯插座 2 号端子(接黑线)与地之间通路情况。如果不通路，需检查鼓风机电动机继电器与车身之间的导线是否断路。

如果导线无断路，则需检查 G202 处接地是否良好；如果通路，则需检修鼓风机电动机继电器与鼓风机电动机之间的导线断路故障。

(8) 检查鼓风机电动机加热器风扇开关侧导线是否断路。检查方法与步骤如下：

① 关闭点火开关，并断开短接的导线。

② 断开加热器风扇开关 7 芯插头。

③ 接通点火开关，测量加热器风扇开关插头 3 号端子对地电压(图 9.43)，查看是否为蓄电池电压。

如果不是，需检修鼓风机电动机与加热器风扇开关之间的导线断路故障；如果是，则进行下一步检查。

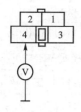 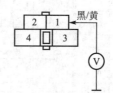 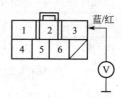

图 9.41　检查发动机盖下　　图 9.42　检查继电器线圈　　图 9.43　检查鼓风机电动机加热器
　　熔断器/继电器盒　　　　　电源侧导线是否断路　　　　风扇开关侧导线是否断路

（9）检查加热器风扇开关接地导线是否断路。检查方法如下：

关闭点火开关，检查加热器风扇开关插头的 1 号端子（接黑色线）与地之间的通路情况。

如果通路，更换加热器风扇开关；如果不通路，则需检查加热器风扇开关与车身之间导线是否断路，若导线无断路，则检查在 G401 处接地是否良好。

7）加热器控制板及其电路的检修

采暖通风与制冷都不工作，其故障检修项目与方法如下：

（1）检查熔断器。检查方法如下：

检查驾驶座位侧仪表板下的熔断器/继电器盒内的 3 号(7.5A)熔断器、副驾驶座位侧仪表板下的熔断器/继电器盒内的 13 号(7.5A)熔断器，查看是否有断路。

如果熔断器熔丝有烧断，更换熔断器，并再次检查；如果熔断器正常，则进行下一步检查。

（2）检查加热器控制板接点火开关的导线是否断路。检查方法与步骤如下：

① 断开加热器控制板 22 芯插头。

② 接通点火开关，测量加热器控制板插头的 2 号端子（接黑/黄线）对地电压，看是否为蓄电池电压。

如果不是蓄电池电压，需检修加热器控制板与驾驶座位侧仪表板下熔断器/继电器盒内 3 号熔断器之间导线的断路故障；如果是蓄电池电压，则进行下一步检查。

（3）检查加热器控制板接电源的导线是否断路。检查方法如下：

关闭点火开关后，测量加热器控制板插头的 3 号端子（接白/黄线）对地电压，看是否为蓄电池电压。

如果不是蓄电池电压，需检修加热器控制板与副驾驶座位侧仪表板下熔断器/继电器盒内 13 号熔断器之间导线的断路故障；如果是蓄电池电压，则进行下一步检查。

（4）检查加热器控制板接地的导线是否断路。检查方法如下：

检查加热器控制板插头的 9 号端子（接黑色线）与地之间的通路情况。

如果不通，需检查加热器控制板与车身之间导线是否断路，若导线无断路，则需检查 G401 处的接地是否良好；如果通路，检查加热器控制板的 22 芯插接器插脚和导线有无松动或连接不良，若插接器连接良好，则需更换加热器控制板后再试。

加热器控制板各端子的连接导线及信号说明见表 9-11。

表 9-11　加热器控制板各端子的连接导线及信号说明

| 端子号 | 导线颜色 | 信号说明 | | 端子号 | 导线颜色 | 信号说明 | |
|---|---|---|---|---|---|---|---|
| 1 | 绿/白 | 再循环空气 | 输入 | 12 | 红/黄 | 热风混调 | 输出 |
| 2 | 黑/黄 | 电源(IG2) | 输入 | 13 | 红/白 | 冷风混调 | 输出 |
| 3 | 白/黄 | 电源(B+) | 输入 | 14 | 蓝/白 | 模式 VENT | 输出 |
| 4 | 棕/黄 | 后车窗除雾继电器 | 输入 | 15 | 蓝/黑 | 模式 DEF+ | 输出 |
| 5 | 黄/绿 | 空调压力开关 | 输出 | 16 | 灰 | 冷暖空气混合电位+5V | 输出 |
| 6 | 蓝/绿 | 模式 4 | 输出 | 17 | 黄/绿 | 传感器地线 | 输入 |
| 7 | 浅绿/黑 | 模式 3 | 输出 | 18 | 绿/黑 | 模式 1 | 输出 |
| 8 | 绿/黄 | 模式 2 | 输出 | 19 | 粉/黑 | 冷暖空气混合电位 | 输出 |
| 9 | 黑 | 接地 | 输出 | 20 | 棕 | 蒸发器温度传感器 | 输出 |
| 10 | 红/黑 | 组合灯开关或尾灯继电器 | 输入 | 21 | 绿 | 风扇开关 | 输出 |
| 11 | 绿/红 | 新鲜空气 | 输入 | 22 | 红 | 多路控制装置(驾驶座位侧) | 输出 |

8) 冷暖空气混合控制电动机的检测

冷暖空气混合控制电动机的检测项目与方法如下：

(1) 检测冷暖空气混合控制电动机电阻。检查方法如下：

拔开冷暖空气混合控制电动机的 7 芯插头，测量冷暖空气混合控制电动机插座有关端子之间的电阻(各端子的排列如图 9.44 所示)，正常的电阻值如下：

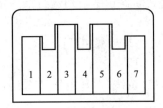

图 9.44　冷暖空气混合控制电动机端子排列

5 号与 7 号端子之间的电阻为 4.2～7.8kΩ；

3 号与 5 号端子之间的电阻在最大制冷(MAX COOL)时为 0.59～1.10 kΩ，在最大送暖(MAX HOT)时为 3.53～6.55 kΩ。

如果电阻值不在正常范围之内，需更换冷暖空气混合控制电动机。

(2) 检查冷暖空气混合控制电动机的动作。检查方法如下：

将冷暖空气混合控制电动机的 1 号端子与蓄电池"+"相连，2 号端子与地连接，查看冷暖空气混合控制电动机能否转动，并转至最大制冷(MAX COOL)时停转。如果不转动，将两端子的连接更换后，查看冷暖空气混合控制电动机能否运转，并转至最大送暖(MAX HOT)时停转。

如果冷暖空气混合控制电动机正常转动，说明冷暖空气混合控制电动机及其连接装置等均无故障；如果不转动，则需拆下电动机，检查冷暖空气混合控制电动机连接装置和风门能否平滑移动，如果能转动，则更换冷暖空气混合控制电动机。

9) 送风方式控制电动机的检测

(1) 检测方法。送风方式控制电动机的检测方法与步骤如下：

① 拔开送风方式控制电动机的 7 芯插头，其端子排列与冷暖空气混合控制电动机一样(图 9.44)。

② 将送风方式控制电动机的 2 号端子与蓄电池"+"相连,1 号端子与地连接,查看送风方式控制电动机能否平稳转动,并转至 Vent(通风)方式下停转。若不转动,将两端子的连接更换后,查看送风方式控制电动机能否平稳运转,并转至 Defrost(除霜)时停转。

如果送风方式控制电动机正常转动,说明送风方式控制电动机及其连接装置等均无故障;如果不能转动,则需拆下电动机,检查送风方式控制电动机连接装置和风门能否平滑移动,若能,则更换送风方式控制电动机。

(2)注意事项。检测电动机时应注意,当送风方式控制电动机停止转动时,应立即断开蓄电池电源,否则,在电动机无故障的情况下,容易烧坏电动机。

10)再循环控制电动机的检测

(1)检测方法。再循环控制电动机的检测方法与步骤如下:

① 拔开再循环控制电动机的 7 芯插头,其端子排列与冷暖空气混合控制电动机一样(图 9.44)。

② 将再循环控制电动机的 1 号端子与蓄电池"+"相连,5 号及 7 号端子与地连接,查看再循环控制电动机能否平稳转动,若能,断开 5 号及 7 号的接地线,查看再循环电动机是否在 Fresh(新鲜空气)或 Recirculate(再循环)方式下停止运转。

如果再循环控制电动机正常转动,说明再循环控制电动机及其连接装置等均无故障;如果不能转动,则需拆下电动机,检查再循环控制电动机连接装置和风门能否平滑移动,若能,则更换再循环控制电动机。

(2)注意事项。检测电动机时应注意,连接蓄电池电源时不能将电源极性接反,否则会烧坏再循环控制电动机。

11)加热器风扇开关的检测

加热器风扇开关的端子排列和各端子之间的通路情况如图 9.45 所示。将加热器风扇开关拨至各个位置,检查各端子的通路情况。如果检查加热器风扇开关在各个位置时端子之间的通路情况不正常,则需更换加热器风扇开关。

12)鼓风机电动机继电器的检测

鼓风机电动机继电器端子排列和端子连接的内部电路如图 9.46 所示。检测方法如下:

(1)检查鼓风机电动机继电器的 3 号与 4 号端子之间的通路情况,应该不通。

(2)用蓄电池电压加在继电器的 1 号与 2 号端子之间,检查鼓风机电动机继电器的 3 号与 4 号端子之间的通路情况,应该通路。

如果检查结果不是这样,更换鼓风机电动机继电器。

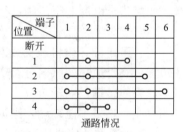

图 9.45 加热器风扇开关端子排列和各端子通路情况

2. 空调制冷系统电气线路的故障检修

制冷系统电气线路故障检修前应先做如下基础检查:

(1)检查发动机冷却液的液面高度,并检查发动机能否上升至正常的温度。

(2)检查发动机盖下熔断器/继电器盒内的 57 号(20A)熔断器和 58 号(20A)熔断器、

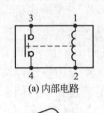

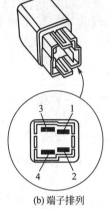

图 9.46　鼓风机电动机继电器
端子排列和内部电路

驾驶座位侧仪表板下熔断器/继电器盒内的 3 号(7.5A)熔断器、副驾驶座位侧仪表板下熔断器/继电器盒内的 13 号 (7.5A)熔断器是否都正常。

(3) 检查接地线 No.G202、G401 连接是否良好。

(4) 检查有关的线路插接器是否有松脱和锈蚀。

1) 散热器风扇电动机及其电路故障检修

散热器风扇完全不转，而冷凝器风扇只是在空调接通时能运转，其故障的检修项目与方法如下：

(1) 检查熔断器。方法如下：

查看发动机盖下熔断器/继电器盒内的 57 号熔断器 (20A)和驾驶座位侧仪表板下熔断器/继电器盒内的 3 号 (7.5A)熔断器是否正常。

如果有断路，更换熔断器，并重新检查；如果熔断器均正常，则进行下一步检查。

(2) 检查散热器风扇继电器。方法如下：

从发动机盖下熔断器/继电器盒中拆下散热器风扇继电器，并对其进行检测，看其是否正常，检测方法参见后文 "8)继电器的检测"。

如果不正常，更换继电器；如果正常，则进行下一步检查。

(3) 检查发动机盖下熔断器/继电器盒。方法如下：

测量散热器风扇继电器 4 芯插座 1 号端子对地电压(图 9.47)，查看是否为蓄电池电压。

如果不是蓄电池电压，更换发动机盖下熔断器/继电器盒；如果是蓄电池电压，则进行下一步检查。

(4) 检查散热器风扇继电器的输出电路。方法如下：

用一条跨接导线将散热器风扇继电器的 1 号与 2 号端子短接，查看散热器风扇是否转动。

如果能转动，则转至(7)，检查散热风扇继电器 3 号端子的电压；如果不能转动，则进行下一步检查。

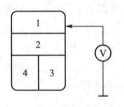

图 9.47　检查发动机盖下
熔丝/继电器盒

(5) 检查散热器风扇继电器与散热器风扇电动机之间导线是否断路。方法与步骤如下：

① 断开跨接的导线。

② 断开散热器风扇电动机 2 芯插头。

③ 检查散热器风扇继电器插头的 2 号端子与散热器风扇电动机插头的 2 号端子之间的通路情况(图 9.48)。

如果不通，需检修散热器风扇继电器与散热器风扇电动机之间导线的断路故障；如果通路，则进行下一步检查。

(6) 检查散热器风扇电动机与地线之间导线是否断路。方法如下：

测量散热器风扇电动机插头的 1 号端子与地之间的电阻，查看是否通路。

如果通路，需更换散热器风扇电动机；如果不通，则检查散热器风扇电动机与车身之间的导线是否断路，若导线无问题，则需检查接地点 G201 处是否接触不良。

(7) 检查散热器风扇继电器 3 号端子的电压。方法与步骤如下：

① 断开跨接导线，并接通点火开关。

② 测量散热器风扇继电器 4 芯插头 3 号端子(接黄色线)对地电压，查看是否为蓄电池电压。如果是蓄电池电压，需更换发动机盖下的熔断器/继电器盒再进行检查；如果无蓄电池电压，则进行下一步检查。

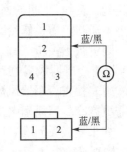

图 9.48　检查散热器风扇继电器与电动机之间导线有无断路

(8) 检查继电器与散热器风扇控制模块之间导线是否断路。方法如下：

测量散热器风扇控制模块 8 芯插接器 1 号端子(接黄色线)对地电压，查看是否为蓄电池电压。如果不是，需参照后文的"7)散热器风扇控制模块的检测"进行散热器风扇控制模块输入检查；如果是蓄电池电压，则需排除散热器风扇继电器与散热器风扇控制模块之间导线的断路故障。

2) 冷凝器风扇电动机及其控制电路故障检修

冷凝器风扇完全不转，但在空调接通时，散热器风扇能够运转，故障检修项目与方法如下：

(1) 检查熔断器。方法如下：

查看发动机盖下熔断器/继电器盒内的 58 号(20A)熔断器和驾驶座位侧仪表板下熔断器/继电器盒内的 3 号(7.5A)熔断器是否正常。

如果有断路，更换熔断器，并重新检查；如果熔断器均正常，则进行下一步检查。

(2) 检查冷凝器风扇继电器。方法如下：

从发动机盖下熔断器/继电器盒中拆下冷凝器风扇继电器，并对其进行检测，查看其是否正常，检测方法参见后文"8)冷凝器风扇继电器的检测"。如果正常，则进行下一步检查。

(3) 检查发动机盖下熔断器/继电器盒。方法如下：

测量冷凝器风扇继电器 4 芯插座 1 号端子(端子排列参见图 9.47)对地电压，查看是否为蓄电池电压。

如果不是蓄电池电压，需更换发动机盖下熔断器/继电器盒；如果是蓄电池电压，则进行下一步检查。

(4) 检查冷凝器风扇继电器的输出电路。方法如下：

用一条跨接导线将冷凝器风扇继电器的 1 号与 2 号端子短接，查看冷凝器风扇是否转动。如果能转动，需转至(7)检查冷凝风扇继电器 3 号端子的电压；如果不能转动，则进行下一步检查。

(5) 检查继电器与冷凝器风扇电动机之间导线是否断路。方法与步骤如下：

① 断开跨接的导线。

② 断开冷凝器风扇电动机 2 芯插头。

③ 检查冷凝器风扇继电器插头的 2 号端子(接蓝/黄线)与冷凝器风扇电动机插头的 2

号端子(接蓝/黄线)之间的通路情况。

如果不通路,需检修冷凝器风扇继电器与冷凝器风扇电动机之间导线的断路故障;如果通路,则进行下一步检查。

(6) 检查冷凝器风扇电动机与地之间导线是否断路。方法如下:

用欧姆表检查冷凝器风扇电动机插头的 1 号端子与地之间的电阻,看是否通路。如果通路,需更换冷凝器风扇电动机;如果不通,则检查冷凝器风扇电动机与地之间的导线是否断路,如果导线无问题,则需检查接地点 G201 处是否接触不良。

(7) 检查冷凝器风扇继电器 3 号端子的电压。方法与步骤如下:

① 断开跨接导线,并接通点火开关。

② 测量冷凝器风扇继电器 4 芯插头 3 号端子(接黄/白线)对地电压,查看是否为蓄电池电压。

如果是蓄电池电压,需更换发动机盖下的熔断器/继电器盒再进行检查;如果无蓄电池电压,则进行下一步检查。

(8) 检查继电器与冷凝器风扇控制模块之间导线是否断路。方法如下:

测量冷凝器风扇控制模块 8 芯插接器 3 号端子(接黄/白线)对地电压,查看是否为蓄电池电压。

如果不是,需参照后文的"7)散热器风扇控制模块的检测"进行冷凝器风扇控制模块的输入检查;如果是蓄电池电压,则需排除冷凝器风扇继电器与冷凝器风扇控制模块之间导线的断路故障。

3) 散热器风扇开关及其电路故障的检修

散热器和冷凝器风扇只是在空调接通时运转,而在平时则不能转动,其故障检修项目与方法如下:

(1) 检查散热器风扇开关电源侧导线是否断路。方法与步骤如下:

① 断开散热器风扇开关 2 芯插头。

② 接通点火开关,测量散热器风扇开关插头 2 号端子(接绿色线)对地电压,查看是否为蓄电池电压。

如果不是,需检修散热器及冷凝器风扇继电器与散热器风扇开关之间导线的断路故障;如果是蓄电池电压,则进行下一步检查。

(2) 检查散热器风扇开关接地侧导线是否断路。方法如下:

关闭点火开关后,检查散热器风扇开关插头 1 号端子(接黑色线)与地之间的通路情况。

如果不通路,需检查散热器风扇开关与车身之间的导线是否断路,若导线正常则检查在 G101 处的接地是否良好;如果通路,则进行下一步检查。

(3) 检查冷却系统。方法如下:

按"发动机冷却系统检查"方法检查发动机冷却系统,查看是否正常。

如果冷却系统有故障,需排除发动机冷却系统故障;如果发动机冷却系统正常,则需更换散热器风扇开关。

4) 散热器与冷凝器风扇电动机及其控制电路故障检修

在空调开关接通时,散热器与冷凝器风扇都不转动,其故障检修项目与方法如下:

(1) 检查熔断器。方法如下:

检查驾驶座位侧仪表板下熔断器/继电器盒中的3号熔断器(7.5A),查看是否断路。

如果熔断器断路,则更换熔断器;如果熔断器正常,则进行下一步检查。

(2) 检查散热器风扇控制模块2号端子电压。方法如下:

接通点火开关后,测量散热器控制模块8芯插接器2号端子(接黑/黄线)对地电压,查看是否为蓄电池电压。

如果不是,需检修驾驶座位侧仪表板下熔断器/继电器盒中的3号熔断器与散热器风扇控制模块之间导线的断路故障;如果是,则进行下一步检查。

(3) 检查散热器风扇控制模块4号端子电压。方法如下:

测量散热器控制模块8芯插接器4号端子(接黑色线)对地电压,查看电压是否低于1V。

如果不是,需检查散热器风扇控制模块与车身之间的导线是否断路,如果导线正常,则检查在G101处的接地是否良好;如果通路,则进行下一步检查。

(4) 检查散热器风扇控制模块1号和3号端子电压。方法如下:

分别测量散热器控制模块8芯插接器1号端子(接黄色线)和3号端子(接黄/白线)对地电压,查看是否为蓄电池电压。

如果不是,检修散热器风扇控制模块;如果是,则转至(6)"检查空调二极管"。

(5) 检查散热器风扇继电器3号端子电压。方法与步骤如下:

① 从发动机盖下熔断器/继电器盒中拆下散热器风扇继电器。

② 接通点火开关,测量散热器风扇继电器插座3号端子(接黑/黄线)对地电压,看是否为蓄电池电压。

如果不是蓄电池电压,需检修驾驶座位侧仪表板下熔断器/继电器盒中的3号熔断器与散热器风扇继电器之间导线的断路故障;如果是,则进行下一步检查。

(6) 检查空调二极管。方法与步骤如下:

① 关闭点火开关。

② 从副驾驶座位侧仪表板下的熔断器/继电器盒中拆下空调二极管。

③ 检查二极管的A、B两端子(图9.49)之间的电阻,查看是否是单向导通。如果不是,需更换空调二极管;如果是,则进行下一步检查。

(7) 检查二极管连接导线的断路处。方法如下:

接通点火开关后,测量空调二极管插头2号端子对地电压(图9.50),查看是否为蓄电池电压。

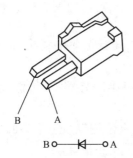

图9.49 空调二极管的端子排列与极性

图9.50 检查空调二极管插头2号端子电压

如果是蓄电池电压,需检修二极管与空调压力开关之间导线(蓝/红)的断路故障;如果不是蓄电池电压,则为散热器风扇继电器、冷凝器风扇继电器以及空调二极管相互之间的导线有断路故障。

5) 压缩机电磁离合器及其控制电路故障检修

接通空调时,压缩机电磁离合器不能接合,其故障的检修项目与方法如下:

(1) 检查熔断器。方法如下:

查看发动机盖下熔断器/继电器盒中的58号(20A)熔断器以及驾驶座位侧仪表板下熔断器/继电器盒中的3号(7.5A)熔断器是否断路。

如果熔断器断路,更换熔断器,并检查故障是否消失;如果熔断器正常,则进行下一步检查。

(2) 检查压缩机电磁离合器继电器。方法如下:

从发动机盖下熔断器/继电器盒中拆下压缩机电磁离合器继电器,并对其进行检查,检查方法参见"8)压缩机电磁离合器继电器的检修"。

如果检查结果不正常,更换压缩机电磁离合器继电器;如果正常,则进行下一步检查。

(3) 检查发动机盖下熔断器/继电器盒。方法如下:

测量压缩机电磁离合器继电器4芯插座1号端子对地电压(图9.51),查看是否为蓄电池电压。

如果不是,需更换发动机盖下熔断器/继电器盒;如果是,则进行下一步检查。

(4) 检查压缩机电磁离合器继电器触点两端子的连接线路。方法如下:

用导线将压缩机电磁离合器继电器4芯插座的1号端子与2号端子短接,查看压缩机电磁离合器是否接合。

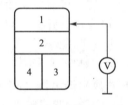

图9.51 检查压缩机电磁离合器继电器1号端子对地电压

如果能接合,需转至第(6)步检查;如果不能接合,则进行下一步检查。

(5) 检查压缩机电磁离合器连接线路。方法与步骤如下:

① 断开短接导线。

② 断开压缩机电磁离合器1芯插头。

③ 检查压缩机电磁离合器继电器插座的2号端子与压缩机电磁离合器插头端子之间的通路情况。

如果通路,需检修压缩机电磁离合器;如果不通路,则需修理压缩机电磁离合器与压缩机电磁离合器继电器之间导线的断路故障。

(6) 检查压缩机电磁离合器继电器线圈连接线路。方法与步骤如下:

① 断开短接导线。

② 接通点火开关,测量压缩机电磁离合器继电器插座4号端子(接黑/黄线)对地电压,查看是否为蓄电池电压。

如果不是,需检修压缩机电磁离合器继电器与驾驶座位侧仪表板下熔断器/继电器盒中的3号熔断器之间导线的断路故障;如果是,则进行下一步检查。

(7) 检查ECM插接器A17端子对地电压。方法与步骤如下:

① 关闭点火开关,并重新装上压缩机电磁离合器继电器。

② 确认空调开关已关闭后,接通点火开关。

③ 测量 ECM 插接器 A17 端子对地电压,如图 9.52 所示,查看是否为蓄电池电压。

如果不是,需检修压缩机电磁离合器继电器与 ECM 之间导线的断路故障;如果是,则进行下一步检查。

(8) 检查 ECM 与空调压力开关之间导线有无断路。方法如下:

接通空调与加热器风扇开关,测量 ECM 插接器 A27 端子对地电压(图 9.53),查看是否低于 1V。

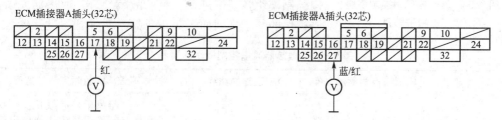

图 9.52　检查 ECM 插接器 A17 端子对地电压　　图 9.53　检查 ECM 插接器 A27 端子对地电压

如果不是,则需检修 ECM 与空调压力开关之间导线的断路故障;如果是,则检查 ECM 插接器的 A 插头上连接导线有无松动或接触不良,若无问题,则需更换一个 ECM 再试。

6) 空调制冷控制电路故障的检修

接通空调后,空调制冷系统(压缩机和两个风扇)不工作,其故障的检修项目与方法如下:

(1) 检查熔断器。方法如下:

查看驾驶座位侧仪表板下熔断器/继电器盒内的 3 号(7.5A)熔断器,查看是否断路。如果熔断器断路,更换熔断器;如果熔断器正常,则进行下一步检查。

(2) 检查空调压力开关连接导线是否断路。方法与步骤如下:

① 断开空调压力开关 2 芯插头。

② 接通点火开关,测量空调压力开关插头的 2 号端子(接蓝/红线)对地电压,查看是否为蓄电池电压。

如果不是,需检修空调二极管、ECM 与空调压力开关相互之间导线的断路故障;如果是蓄电池电压,则进行下一步检查。

(3) 检查空调压力开关。方法如下:

关闭点火开关后,检查空调压力开关两端子之间的通路情况。如果通路,需转至第(5)步骤检查;如果不通,则进行下一步检查。

(4) 检查空调制冷系统的压力。方法如下:

用歧管压力表检查制冷系统的压力,查看是否符合规定值。如果压力不正常,需检修造成空调压力不正常的故障;如果压力正常,则需更换空调压力开关。

(5) 检查加热器控制板插头 5 号端子对地电压。方法与步骤如下:

① 接通空调压力开关插头。

② 断开加热器控制板 22 芯插头。

③ 接通点火开关,测量加热器控制板插头 5 号端子(接黄/绿线)对地电压,查看是否为蓄电池电压。

如果不是，需检修空调压力开关与加热器控制板之间导线的断路故障；如果是蓄电池电压，则需检查加热器控制板插接器及空调压力开关插接器连接导线是否松动或接触不良，若无，则需更换加热器控制板再试。

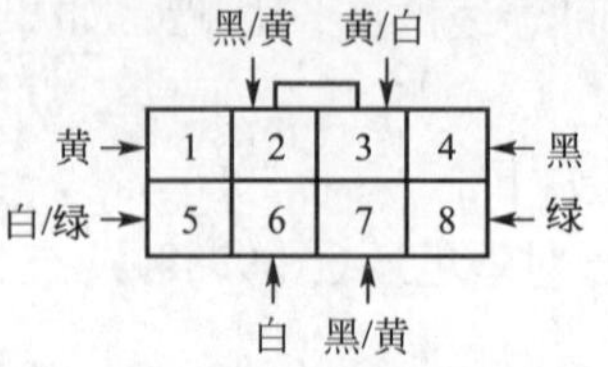

7) 散热器风扇控制模块的检测

检修故障过程中要判断散热器风扇控制模块是否正常时，需要通过如下的方法对其进行检测。

关闭空调开关，按表 9-12 的检测方法对散热器风扇控制模块各端子进行检测和故障处理，散热器风扇控制模块的端子排列如图 9.54 所示。

图 9.54 散热器风扇控制模块插接器端子排列

表 9-12 散热器风扇控制模块的检测

| 端子号 | 导线颜色 | 检测项目与检测条件 | 检测正常的结果 | 检测不正常的故障判断与处理 |
| --- | --- | --- | --- | --- |
| 1 | 黄 | 测电压，检查模块输出是否正常 | 应为蓄电池电压 | 更换散热器风扇控制模块，在换上新模块前，需断开散热器风扇继电器后检查黄色导线对地是否短路，如果无短路，才能接上新模块 |
| 2 | 黑/黄 | 测电压，接通点火开关，检查模块接电源(IG2)线路通断情况 | 应为蓄电池电压 | 检查驾驶座位侧仪表板下熔断器/继电器盒中 3 号(7.5A)熔断器；如果熔断器正常，则排除黑/黄色导线断路故障 |
| 3 | 黄/白 | 测电压，检查模块输出是否正常 | 应为蓄电池电压 | 更换散热器风扇控制模块，在换上新模块前，需断开冷凝器风扇继电器后检查黄/白色导线对地是否短路，如果无短路，才能接上新模块 |
| 4 | 黑 | 测电压，检查模块对地的通路情况 | 电压低于 1V | 排除模块与车身之间导线的断路或接触不良故障 |
| 5 | 白/绿 | 测电压，检查散热器风扇压力开关 B、模块及线路 | 大约 11V(L4/V6 发动机冷却液温度低于 106℃/107℃时) | 检查散热器风扇开关 B 和其对地导线是否断路，如果正常，更换散热器风扇控制模块 |
| 6 | 白 | 测电压，检查模块接电源线路通断情况 | 应为蓄电池电压 | 检查发动机盖下熔断器/继电器盒中 58 号(20A)熔断器；如果熔断器正常，则排除白色导线断路故障 |
| 7 | 黑/黄 | 测电压，接通点火开关，检查模块接电源(IG1)线路通断情况 | 应为蓄电池电压 | 检查驾驶座位侧仪表板下熔断器/继电器盒中 6 号(15A)熔断器；如果熔断器正常，则排除黑/黄色导线断路故障 |
| 8 | 绿 | 检查冷凝器与散热器风扇运转情况，将 8 号端子接地 | 冷凝器与散热器风扇应该运转 | 检查模块与冷凝器与散热器风扇继电器之间绿色导线是否断路，如果正常，检查冷凝器与散热器风扇继电器 |

8) 继电器的检测

散热器风扇继电器、冷凝器风扇继电器及压缩机电磁离合器继电器的端子排列和端子

连接的内部电路相同,如图 9.55 所示。检测方法如下:

① 检查鼓风机电动机继电器的 1 号与 2 号端子之间的通路情况,应该不通。

② 用蓄电池电压加在继电器的 3 号与 4 号端子之间,检查鼓风机电动机继电器的 1 号与 2 号端子之间的通路情况,应该通路。

如果检查结果不是这样,更换继电器。

3. 空调制冷系统部件的故障检修

1) 空调制冷系统的性能检测

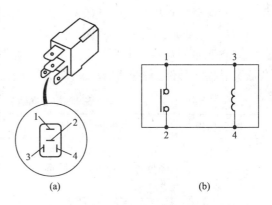

图 9.55 继电器端子排列和内部电路

广州本田雅阁轿车空调系统通过性能检测以确定其是否符合规定的技术要求,判断系统是否有故障存在。检测时,避免阳光直射,车内无驾驶员和乘客。检测方法如下:

(1) 连接歧管压力表,并在通风出口中央位置放入温度计,以检测相对湿度和空气温度。

(2) 打开发动机盖及前车门。

(3) 将有关的空调控制开关置于适当的位置:温度控制置于 MAX COOL(最大制冷)位置;模式控制开关置于 VENT(通风)状态;空气再循环开关置于 RECIR CULATE(空气再循环)状态。

(4) 起动发动机,并以 1500r/min 的转速运转。

(5) 将空调开关及风扇开关旋至 MAX(最大)位置,并使其运行 10min 后,从仪表板通风口的温度计读取送风温度,从空调检测仪读取高压及低压系统压力。

如果送风温度、高压及低压系统压力不在图 9.56 所示的范围之内,则说明空调制冷系统性能不良,需进行检修。

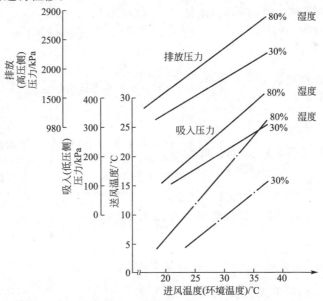

图 9.56 空调制冷系统性能检测的正常范围曲线

空调制冷系统高压或低压不正常的故障原因及处理见表 9-13。

2）空调制冷系统拧紧扭矩技术规格

空调系统管路接头及部件连接螺栓和螺母应拧紧至规定的扭矩，过松易造成泄漏，过紧又易损坏部件。各拧紧点及拧紧力矩见表 9-14 和表 9-15。

表 9-13　空调制冷系统压力故障诊断表

| 检测情况 | 相关的检查症状 | 故障原因 | 故障处理 |
| --- | --- | --- | --- |
| 排放（高压侧）压力过高 | 停止压缩后，压力迅速降至约 200kPa，然后逐渐下降 | 系统中有空气 | 对系统进行排放、抽空并加注规定数量的制冷剂 |
| | 当冷凝器水冷时，观察玻璃上无气泡显示 | 系统中制冷剂过量 | 对系统进行排放、抽空并加注规定数量的制冷剂 |
| | 流过冷凝器的气流减小或无气流流过 | ① 冷凝器或散热器片阻塞；② 冷凝器或散热器风扇运转不正常 | ① 进行清洁处理；② 检查电压及风扇转速；③ 检查风扇方位 |
| | 到冷凝器的管路过热 | 系统中制冷剂流动受阻 | 检查制冷系统管路 |
| 排放压力过低 | 观察玻璃上气泡过量；冷凝器不热 | 系统中制冷剂不足 | 检查是否泄漏，并给系统加注制冷剂 |
| | 停止压缩后，高低压迅速平衡，低压侧高于正常值 | ① 压缩机排放阀故障；② 压缩机密封件故障 | 更换压缩机 |
| | 膨胀阀出口无霜冻，低压表指示真空 | ① 膨胀阀故障；② 系统中有湿气 | ① 更换膨胀阀；② 对系统进行排放、抽空并加注规定数量的制冷剂 |
| 吸入（低压）压力过低 | 观察玻璃上气泡过量，冷凝器不热 | 系统中制冷剂不足 | ① 检查并排除泄漏故障；② 对系统进行排放、抽空并加注规定数量的制冷剂；③ 按需要加注制冷剂 |
| | 膨胀阀无霜冻，低压管路不冷，低压表指示真空 | ① 膨胀阀冻结（系统中有湿气）；② 膨胀阀故障 | ① 对系统进行排放、抽空并加注规定数量的制冷剂；② 更换膨胀阀 |
| | 排放温度低，通风气流受阻 | 蒸发器冻结 | 在压缩机关闭的条件下运转风扇，然后检查蒸发器温度传感器 |
| | 膨胀阀霜冻 | 膨胀阀阻塞 | 清洁或更换膨胀阀 |
| | 储液罐/干燥瓶出口冷而进口热（在运行时应当热） | 储液罐/干燥瓶阻塞 | 更换储液罐/干燥瓶阻塞 |

(续)

| 检测情况 | 相关的检查症状 | 故障原因 | 故障处理 |
|---|---|---|---|
| 吸入压力过高 | 低压软管和检测点比蒸发器周围温度低 | ① 膨胀阀开启时间过长；<br>② 膨胀阀毛细管松动 | 修理或更换膨胀阀 |
| | 当冷凝器水冷时，吸入压力降低 | 系统中制冷剂过量 | 对系统进行排放、抽空并加注规定数量的制冷剂 |
| | 压缩机停止工作后，高低压迅速平衡，在运行时，高低压指示均摇摆不定 | ① 密封垫损坏；<br>② 高压阀故障；<br>③ 异物粘附在高压阀中 | 更换压缩机 |
| 吸入和排放压力过高 | 冷凝器流过的气流减小 | ① 冷凝器或散热器片阻塞；<br>② 冷凝器或散热器风扇工作不良 | ① 清洁处理；<br>② 检查电压或风扇转速；<br>③ 检查风扇方位 |
| | 当冷凝器水冷时，观察玻璃上无气泡显示 | 系统中制冷剂过量 | 对系统进行排放、抽空并加注规定数量的制冷剂 |
| 吸入和排放压力过低 | 低压软管及金属端部比蒸发器凉 | 低压软管部件阻塞或纽结 | 修理或更换 |
| | 膨胀阀周围的温度过低（与储液罐/干燥瓶周围温度比） | 高压管路阻塞 | 修理或更换 |

表9-14 L4(直立四缸)发动机空调制冷系统各部件拧紧力矩

| 序号 | 拧紧点 | 尺寸规格/mm | 拧紧力矩/(N·m) |
|---|---|---|---|
| 1 | 压缩机至排放软管 | 6×1.0 | 9.8 |
| 2 | 冷凝器至排放软管 | 6×1.0 | 9.8 |
| 3 | 冷凝器至冷凝器管路 | 6×1.0 | 9.8 |
| 4 | 储液罐/干燥瓶至冷凝器管路 | | 9.8 |
| 5 | 储液罐/干燥瓶至储液罐管路 | | 9.8 |
| 6 | 蒸发器至储液罐管路 | | 13 |
| 7 | 蒸发器至吸入软管 | | 31 |
| 8 | 压缩机至吸入软管 | 6×1.0 | 9.8 |
| 9 | 压缩机支架至压缩机 | 8×1.25 | 22 |
| 10 | 缸体至压缩机支架 | 10×1.25 | 44 |

表 9-15 V6 发动机空调制冷系统各部件拧紧力矩

| 序号 | 拧紧点 | 尺寸规格/mm | 拧紧力矩/(N·m) |
|---|---|---|---|
| 1 | 压缩机至排放软管 | 6×1.0 | 9.8 |
| 2 | 冷凝器至排放软管 | 6×1.0 | 9.8 |
| 3 | 冷凝器至冷凝器管路 | 6×1.0 | 9.8 |
| 4 | 储液罐/干燥瓶至冷凝器管路 |  | 9.8 |
| 5 | 储液罐/干燥瓶至储液罐管路 |  | 9.8 |
| 6 | 蒸发器至储液罐管路 |  | 13 |
| 7 | 蒸发器至吸入软管 |  | 31 |
| 8 | 压缩机至吸入软管 | 6×1.0 | 9.8 |
| 9 | 压缩机支架至压缩机 | 8×1.25 | 22 |
| 10 | 缸体至压缩机支架 | 10×1.25 | 49 |

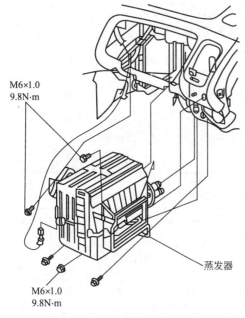

图 9.57 蒸发器总成的拆卸

3) 蒸发器的拆修与更换

(1) 蒸发器总成的拆卸。方法与步骤如下：

① 排放出制冷剂，并将蒸发器的吸入管路和排出管路断开。断开管路后应立刻塞住或盖住管口，以避免湿气和灰尘污染系统。

② 拆下副驾驶座位侧仪表板下盖和杂物箱。

③ 卸下螺栓、螺钉和杂物箱架，拆下自攻螺钉、螺栓等。

④ 断开蒸发器温度传感器插头，卸下自攻螺钉、紧固螺栓和螺母后，卸下蒸发器总成（图 9.57）。

(2) 蒸发器的分解。方法与步骤如下：

① 拆下滤清器盖，然后拉出空调滤清器总成。

② 从蒸发器散热片上拉出蒸发器温度传感器。

③ 拆下自攻螺钉，小心地分开上下壳体，然后拆下蒸发器（图 9.58）。

④ 如果有必要，拆下膨胀阀。松开膨胀阀螺母时，要用另一个扳手固定住膨胀阀或蒸发器，以免造成损坏。

(3) 蒸发器的组装。按照与分解相反的顺序进行组装，组装时应注意：

① 安装膨胀阀毛细管时，要使毛细管直接接触到出风口管路，并用绝缘胶带将其包好。

② 将蒸发器温度传感器重新安装到原来的位置。

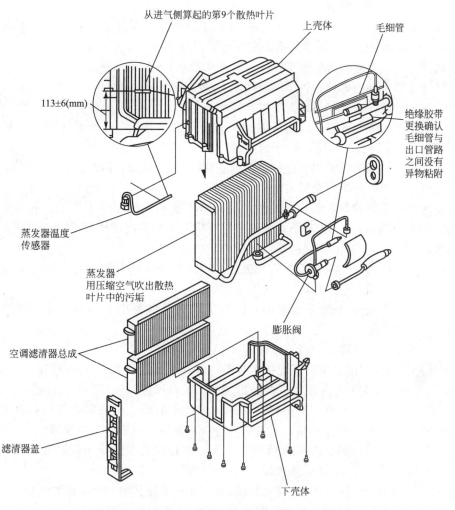

图 9.58 蒸发器总成的分解

③ 确认无漏气之处。

(4) 蒸发器总成的安装。按照拆卸相反的顺序进行安装，安装时应注意：

① 更换新的蒸发器要添加冷冻机油。

② 各接头部位的 O 形密封圈都必须更换新件，并在安装时涂抹少许冷冻机油，一定要使用适合于 HFC-134a 的 O 形密封圈。

③ 安装后要确认无泄漏，并加注制冷剂、检测空调系统的性能。

4) 压缩机的拆修与更换

L4 发动机与 V6 发动机压缩机的安装位置有些不同，其拆卸与安装方法也稍有不同。

(1) L4 发动机压缩机的拆卸。L4 发动机压缩机的拆卸方法与步骤如下：

① 如果压缩机能勉强工作，则使发动机怠速运转，并让制冷系统工作数分后，再关闭发动机。

② 记录收音机的防盗密码和无线电台预置钮的频率后，断开蓄电池负极电缆。

③ 排放制冷剂。

④ 松开空调压缩机皮带。

⑤ 拆下紧固螺母，从压缩机上断开吸入和排出管路，断开管路后，要立即塞住或盖住管路接口，以避免湿气、灰尘对系统造成污染。

⑥ 断开压缩机电磁离合器插头，松开紧固螺栓后，卸下压缩机。

⑦ 从压缩机上卸下螺栓，拆下维修阀及 O 形密封圈。

(2) V6 发动机压缩机的拆卸。方法与步骤如下：

① 如果压缩机能勉强工作，则使发动机怠速运转，并让制冷系统工作数分钟后，再关闭发动机。

② 记录收音机的防盗密码和无线电台预置钮的频率后，断开蓄电池负极电缆。

③ 排放制冷剂，并拆下交流发电机。

④ 从冷凝器风扇护罩下断开压缩机电磁离合器插头和拆下线束夹子，从卡子上拆下定速巡航控制动作器拉线，松动下端紧固螺栓后拆下上端紧固螺栓和冷凝器风扇护罩。拆下冷凝器风扇护罩时，小心不要碰坏散热器的散热片。

⑤ 拆下紧固螺母，从压缩机上断开吸入和排出管路，断开管路后，要立即塞住或盖住管路接口，以避免湿气、灰尘对系统造成污染。

⑥ 松开紧固螺栓后，卸下压缩机。拆下压缩机时也要小心，不要碰坏散热器的散热片。

⑦ 从压缩机上卸下螺栓，拆下维修阀及 O 形密封圈。

(3) 压缩机中部件的分解。压缩机本身不拆解，压缩机中部件的分解如图 9.59 所示。

(4) 压缩机的安装。压缩机的安装按拆卸相反的顺序进行。安装时应注意：

① 如果换上新的压缩机，需将被换下的压缩机中的冷冻机油完全排出，并测出其排油量，从 160mL 中减去该排油量，其差值应等于从新压缩机中排出的油量。

② 在每个接头部位需更换新的 O 形密封圈，并在安装时涂抹少许冷冻机油，一定要使用适合于 HFC-134a 的 O 形密封圈。

③ 用过的油不要倒回容器，以免造成污染，并不可与其他的冷冻机油混合。

④ 安装后要确认无泄漏，并加注制冷剂，检测空调系统的性能。

5) 压缩机电磁离合器的检查与调整

(1) 压缩机电磁离合器的检查。方法与步骤如下：

① 检查压缩机电磁离合器压盘镀件有无变色、脱皮或其他损坏，若有，则更换离合器组件。

② 用手转动带轮，检查带轮轴承的间隙和阻滞情况。如果转动时有噪声、间隙或阻滞过大，则更换离合器组件。

③ 检查带轮与压盘之间的间隙，L4 发动机和 V6 发动机检查的方法不同。

L4 发动机是用塞尺检查带轮与压盘之间的间隙(图 9.60)；V6 发动机则是用百分表检查，检查时先将百分表调零，然后将电磁离合器加上蓄电池电压，与此同时，从百分表上读出压盘的位移(图 9.61)。

带轮与压盘之间的正常的间隙范围为 0.35~0.65mm，如果间隙不在此范围之内，则需拆开离合器通过加减垫片来加以调整。垫片有 0.1mm、0.3mm、0.5mm 三种厚度。

④ 检测离合器电磁线圈的电阻(图 9.62)。正常电阻为 $3.4 \sim 3.8 \Omega (20℃)$。如果电阻不在正常的范围之内，则更换电磁线圈。

## 典型汽车空调的结构与检修 第9章

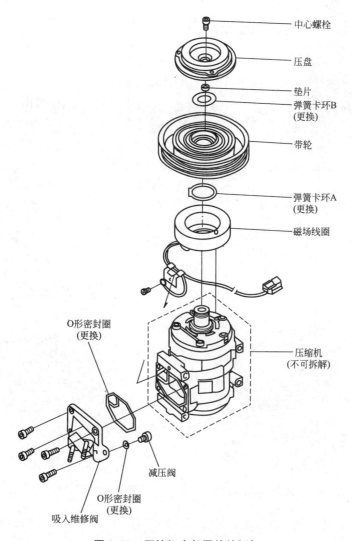

图9.59 压缩机中部零件的拆卸

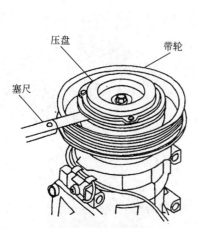

图9.60 检查压缩机离合器带轮与压盘之间的间隙(L4发动机)

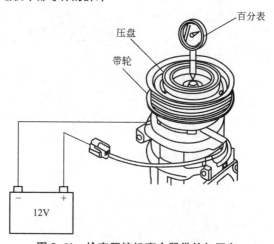

图9.61 检查压缩机离合器带轮与压盘之间的间隙(V6发动机)

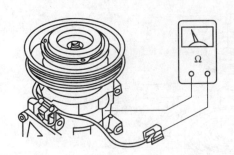

图9.62 检查压缩机离合器电磁线圈的电阻

(2) 压缩机电磁离合器的分解。方法与步骤如下：

① 用空调离合器夹持器夹住压盘，拧下中心螺栓（图9.63）。

② 拆下压盘及垫片（图9.64），注意不要将垫片丢失。

③ 用弹簧卡环钳拆下卡环B，然后拆下带轮。注意不要损坏带轮和压缩机。

④ 卸下离合器电磁线圈地线端子螺钉，用弹簧卡环钳拆下弹簧卡环A，然后取下电磁线圈。

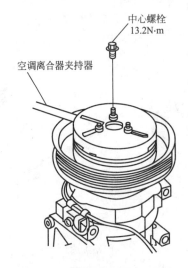

图9.63 拆卸离合器中心螺栓

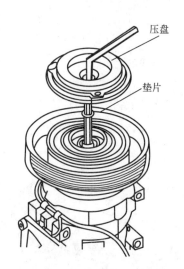

图9.64 拆卸离合器压盘和垫片

(3) 压缩机电磁离合器的组装。按分解相反的顺序进行，应注意如下事项：

① 安装离合器电磁线圈时，要使其带导线侧向下，并将线圈的突起部分与压缩机孔对正。

② 不要用汽油或含汽油的溶剂清洁带轮及压缩机滑动表面。

③ 需要更换新的弹性卡环，并确认卡环完全卡入槽中。

④ 安装好后要重新检查带轮转动是否平滑。

⑤ 将电磁线圈的导线理好夹紧，以避免被带轮擦破。

6) 压缩机减压阀的更换

压缩机减压阀的安装位置如图9.65所示，其拆卸与安装顺序如下：

① 排出系统中的冷冻机油。

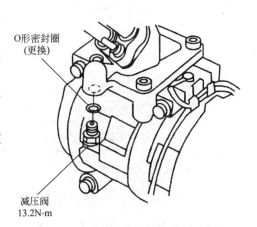

图9.65 压缩机减压阀的拆卸与安装

② 卸下减压阀及 O 形密封圈。
③ 对配合表面进行清洁处理。
④ 更换减压阀和 O 形密封圈。
⑤ 安装并紧固减压阀。
⑥ 对制冷系统加注制冷剂，并进行性能检测。

7) 冷凝器的更换

(1) 冷凝器的拆卸。方法与步骤如下：
① 排出系统的制冷剂。
② 拆下冷却液储液罐，但不要拆开储液罐软管。
③ 拧下螺栓，然后从散热器上拆下固定支架。
④ 卸下全部螺栓，然后将排放管路和冷凝器管路从冷凝器上断开，并在断开管路后，塞住或盖住管路接口，以避免湿气和灰尘侵入。
⑤ 在卸下螺栓及其上固定支架后，向上提拉取出冷凝器。在提取出冷凝器时，注意不要碰损散热器及冷凝器片。

(2) 冷凝器的安装。按拆卸相反的顺序进行。安装时应注意：
① 更换新的冷凝器需要添加冷冻机油。
② 一定要将冷凝器下端固定垫片牢固地装入凹孔之中。
③ 在每个接头部位必须更换新的 O 形密封圈，并在安装时涂抹少许冷冻机油，一定要使用适合于 HFC-134a 的 O 形密封圈。
④ 安装后要确认无泄漏，并加注制冷剂，检测空调系统的性能。

4. 温度控制系统的故障检修

在检修温度自动控制系统前，应先做如下检查：

(1) 检查发动机冷却液的液面高度，并检查发动机能否上升至正常的温度。

(2) 检查发动机盖下熔断器/继电器盒内的 56 号(40A)熔断器、57 号(20A)和 58 号(20A)熔断器、驾驶座位侧仪表板下熔断器/继电器盒内的 3 号(7.5A)熔断器、副驾驶座位侧仪表板下熔断器/继电器盒内的 13 号(7.5A)熔断器是否都正常。

(3) 检查接地线，如 No. G101、G201、G401 等连接是否良好。

1) 车内温度传感器及其电路断路故障的检修

温度控制系统自诊断指示灯 A 亮，表示车内温度传感器或其电路有断路故障，其故障检修项目与方法如下：

(1) 检查车内温度传感器。方法与步骤如下：
① 拆下车内温度传感器。
② 测量车内温度传感器两端子之间的电阻，测量时，用电吹风加热传感器或冷却传感器，查看其电阻值是否有变化，且与图 9.66 所示的特性曲线相符合。

如果电阻值不符，更换车内温度传感器；如果电阻值相符，则进行下一步检查。

(2) 检查车内温度传感器 2 号端子与车内温度控

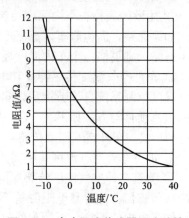

图 9.66 车内温度传感器温度特性

制装置之间导线是否断路。方法与步骤如下：

① 断开车内温度控制装置20芯插头。

② 检查车内温度传感器插头的2号端子与车内温度控制装置插头的16号端子之间的通路情况如图9.67所示。

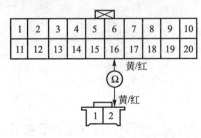

图9.67 检查车内温度传感器2号端子侧导线断路故障

如果不通，需检修车内温度传感器2号端子与车内温度控制装置之间导线的断路故障；如果通路，则进行下一步检查。

(3) 检查车内温度传感器1号端子与车内温度控制装置之间导线是否断路。方法如下：

用欧姆表检查车内温度传感器1号端子与车内温度控制装置插头的11号端子之间（接黄/绿线）的通路情况。

如果不通，需检修车内温度传感器1号端子与车内温度控制装置之间导线的断路故障；如果通路，检查车内温度传感器2芯插接器和车内温度控制装置20芯插接器有无连接松动或接触不良，若无，则需更换一个车内温度控制装置再试。

2) 车内温度传感器及其电路短路故障的检修

温度控制系统自诊断指示灯B亮，表示车内温度传感器或其电路有短路故障，其故障检修项目与方法如下：

(1) 检查车内温度传感器。方法与步骤如下：

① 拆下车内温度传感器。

② 测量车内温度传感器两端子之间的电阻，测量时，用电吹风加热传感器，然后冷却传感器，查看其电阻值是否有变化，且与图9.66所示的特性曲线相符合。

如果电阻值不符，需更换车内温度传感器；如果电阻值基本相符，则进行下一步检查。

(2) 检查车内温度传感器与车内温度控制装置之间的导线是否对地短路。方法与步骤如下：

① 断开车内温度控制装置20芯插头。

② 用欧姆表检查车内温度控制装置插头的16号端子（接黄/红线）与地之间的通路情况。如果通路，需检修车内温度传感器与车内温度控制装置之间导线的对地短路故障；如果不通路，则更换一个车内温度控制装置再试。

3) 车外空气温度传感器及其电路断路故障的检修

温度控制系统自诊断指示灯C亮，表示车外空气温度传感器或其电路有断路故障，其故障检修项目与方法如下：

(1) 检查车外空气温度传感器。方法与步骤如下：

① 拆下车外空气温度传感器。

② 测量车外空气温度传感器两端子之间的电阻，测量时，用电吹风加热传感器，然后冷却传感器，查看其电阻值是否有变化，且与图9.68所示的特性曲线相符合。

如果电阻值不符，更换车外空气温度传感器；如果电阻值相符，则进行下一步检查。

(2) 检查车外空气温度传感器2号端子与车内温度控制装置之间导线是否断路。方法与步骤如下：

① 断开车内温度控制装置20芯插头。

② 检查车外空气温度传感器插头的1号端子与车内温度控制装置插头的15号端子之间的通路情况(图9.69)。

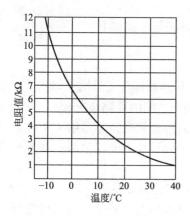

图9.68 车外空气温度传感器温度特性

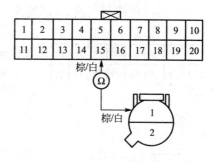

图9.69 检查车外空气温度传感器1号端子侧导线断路故障

如果不通，需检修车外空气温度传感器1号端子与车内温度控制装置之间导线的断路故障；如果通路，则进行下一步检查。

(3) 检查车外空气温度传感器2号端子与车内温度控制装置之间导线是否断路。方法如下：

用欧姆表检查车外空气温度传感器2号端子与车内温度控制装置插头的11号端子之间(接黄/绿线)的通路情况。

如果不通，需检修车外空气温度传感器2号端子与车内温度控制装置之间导线的断路故障；如果通路，检查车外空气温度传感器2芯插接器和车内温度控制装置20芯插接器有无连接松动或接触不良，若无，则需更换一个车内温度控制装置再试。

4) 车外空气温度传感器及其电路短路故障的检修

温度控制系统自诊断指示灯D亮，表示车外空气温度传感器或其电路有短路故障，其故障检修项目与方法如下：

(1) 检查车外空气温度传感器。方法与步骤如下：

① 拆下车外空气温度传感器。

② 测量车外空气温度传感器两端子之间的电阻，测量时，用电吹风加热传感器或冷却传感器，查看其电阻值是否有变化，且与图9.68所示的特性曲线相符合。

如果电阻值不符，需更换车外空气温度传感器；如果电阻值相符，则进行下一步检查。

(2) 检查车外空气温度传感器与车内温度控制装置之间导线是否对地短路。方法与步骤如下：

① 断开车内温度控制装置20芯插头。

② 检查车内温度控制装置插头的15号端子(接棕/白线)与地之间的通路情况。

如果通路，需检修车外空气温度传感器与车内温度控制装置之间导线的对地短路故障;如果不通路,则更换一个车内温度控制装置再试。

5) 阳光传感器及其电路断路故障的检修

阳光传感器是个光敏可变电阻二极管,随阳光的增强,其电阻也增加。当车内温度控制系统的自诊断指示灯 E 亮时,则表示阳光传感器或其电路有断路故障,故障检修项目与方法如下:

(1) 检查阳光传感器 1 号端子侧导线是否断路。方法与步骤如下:

① 断开阳光传感器 2 芯插头。

② 断开车内温度控制装置 20 芯插头。

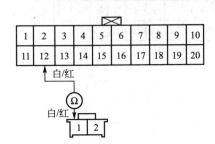

图 9.70　检查阳光传感器 1 号端子侧导线断路故障

③ 检查阳光传感器插头 1 号端子与车内温度控制装置插头 12 号端子之间的通路情况(图 9.70)。

如果不通,需检修阳光传感器插头 1 号端子与车内温度控制装置之间导线的断路故障;如果通路,则进行下一步检查。

(2) 检查阳光传感器 2 号端子侧导线是否断路。

检查阳光传感器插头 2 号端子与温度控制装置插头 11 号端子之间(接黄/绿线)的通路情况。如果不通,需检修阳光传感器 2 号端子与车内温度控制装置之间导线的断路故障;如果通路,则进行下一步检查。

(3) 检查阳光传感器。方法与步骤如下:

重新接上阳光传感器插头,检查阳光传感器是否正常(参见"阳光传感器的检测")。

如果阳光传感器不正常,则将其更换;如果阳光传感器正常,检查阳光传感器和车内温度控制装置插接器连接有无松动和接触不良,若无,则更换一个车内温度控制装置再试。

6) 阳光传感器及其电路短路故障的检修

车内温度控制系统的自诊断指示灯 F 亮,表示阳光传感器或其电路有短路故障,故障检修项目与方法如下:

(1) 检查阳光传感器与车内温度控制装置之间导线是否短路。方法与步骤如下:

① 断开阳光传感器 2 芯插头。

② 断开车内温度控制装置 20 芯插头。

③ 检查车内温度控制装置插头 12 号端子(接白/红线)与地之间的通路情况。

如果通路,需检修阳光传感器与车内温度控制装置之间导线的对地短路故障;如果不通路,则进行下一步检查。

(2) 检查阳光传感器。方法与步骤如下:

重新接上阳光传感器插头,检查阳光传感器是否正常(参见"阳光传感器的检测")。

如果阳光传感器不正常,需更换阳光传感器;如果阳光传感器正常,则更换一个车内温度控制装置再试。

7) 蒸发器温度传感器及其电路断路故障的检修

车内温度控制系统自诊断指示灯 G 亮,表示蒸发器温度传感器及其电路有断路故障,故障检修项目与方法如下:

(1) 检查蒸发器温度传感器。方法与步骤如下：

① 断开蒸发器温度传感器 2 芯插头。

② 测量蒸发器两端子之间的电阻，查看其电阻值是否与其温度特性曲线(图 9.36)相符合。

如果不相符，更换蒸发器温度传感器；如果相符，则进行下一步检查。

(2) 检查蒸发器温度传感器 2 号端子与车内温度控制装置之间导线是否断路。方法与步骤如下：

① 断开车内温度控制装置 20 芯插头。

② 检查蒸发器温度传感器插头的 2 号端子与车内温度控制装置插头的 14 号端子之间的通路情况(图 9.71)。

如果不通，需检修蒸发器温度传感器 2 号端子与车内温度控制装置之间导线的断路故障；如果通路，则进行下一步检查。

(3) 检查蒸发器温度传感器 1 号端子与车内温度控制装置之间导线是否断路。方法如下：

用欧姆表检查蒸发器温度传感器 1 号端子与车内温度控制装置插头的 11 号端子之间(接黄/绿线)的通路情况。

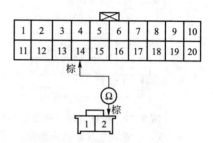

图 9.71 检查蒸发器温度传感器 2 号端子侧导线断路故障

如果不通，需检修蒸发器温度传感器 1 号端子与车内温度控制装置之间导线的断路故障；如果通路，检查蒸发器温度传感器 2 芯插接器和车内温度控制装置 20 芯插接器有无连接松动或接触不良，若无，则需更换一个蒸发器温度控制装置再试。

8) 蒸发器温度传感器及其电路短路故障的检修

温度控制系统自诊断指示灯 H 亮，表示蒸发器温度传感器或其电路有短路故障，其故障检修项目与方法如下：

(1) 检查蒸发器温度传感器。方法与步骤如下：

① 拆下蒸发器温度传感器 2 芯插头。

② 测量蒸发器温度传感器两端子之间的电阻，查看其电阻值是否与其温度特性曲线(图 9.36)相符。

如果不相符，更换蒸发器温度传感器；如果相符，则进行下一步检查。

(2) 检查蒸发器温度传感器与车内温度控制装置之间导线是否对地短路。方法与步骤如下：

① 断开车内温度控制装置 20 芯插头。

② 检查车内温度控制装置插头的 14 号端子(接棕色线)与地之间的通路情况。

如果通路，需检修蒸发器温度传感器与车内温度控制装置之间导线对地短路故障；如果不通路，则更换一个车内温度控制装置再试。

9) 冷暖空气混合控制电动机及其电路断路的故障检修

车内温度控制系统自诊断指示灯 I 亮，表示冷暖空气混合控制电动机或其电路有断路故障，故障检修项目与方法如下：

(1) 检查冷暖空气混合控制电动机。方法参见"1. 采暖通风系统的故障检修"中的

"8)冷暖空气混合控制电动机的检测"。如果检测结果正常,则进行下一步检查。

(2) 检查导线有无断路。方法如下:

断开车内温度控制装置的20芯插头,检查20芯插头与冷暖空气混合控制电动机7芯插头各对应端子之间的通路情况(图9.72)。

如果不通,需检修车内温度控制装置与冷暖空气混合控制电动机之间导线的断路故障;如果通路,则检查车内温度控制装置的20芯插接器和冷暖空气混合控制电动机的7芯插接器连接有无问题,若连接无问题,则需更换车内温度控制装置再试。

10) 冷暖空气混合控制电动机及其电路短路故障的检修

车内温度控制系统自诊断指示灯J亮,表示冷暖空气混合控制电动机或其电路有短路故障,故障检修项目与方法如下:

(1) 检查冷暖空气混合控制电动机。方法参见"1.采暖通风系统的故障检修"中的"8)冷暖空气混合控制电动机的检测"。如果检测结果正常,则进行下一步检查。

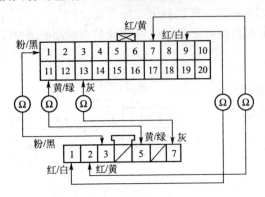

图9.72 检查冷暖空气混合控制电动机线路有无断路

(2) 检查导线有无对地短路。方法与步骤如下:

① 断开车内温度控制装置20芯插头。

② 用欧姆表分别检查车内温度控制装置插头的1号、7号、9号、11号和13号端子(端子排列见图9.72)与地之间的通路情况。

如果通路,需检修车内温度控制装置与冷暖空气混合控制电动机之间导线对地短路故障;如果不通路,则进行下一步检查。

(3) 检查导线对电源有无短路。方法如下:

用直流电压表分别检查车内温度控制装置插头的1号、7号、9号、11号和13号端子(端子排列见图9.72)与地之间的电压。

如果有电压,需检修车内温度控制装置与冷暖空气混合控制电动机之间线路对电源短路故障;如果无电压,则需更换车内温度控制装置再试。

11) 冷暖空气混合控制连接装置、风门、电动机及其电路故障的检修。

车内温度控制系统自诊断指示灯K亮,表示冷暖空气混合控制连接装置、电动机或其电路有故障,故障检修项目与方法如下:

(1) 检查冷暖空气混合控制电动机。方法参见"1.采暖通风系统的故障检修"中的"8)冷暖空气混合控制电动机的检测"。如果检测结果正常,则进行下一步检查。

(2) 检查导线有无对地短路。方法与步骤如下:

① 断开车内温度控制装置20芯插头。

② 用欧姆表分别检查车内温度控制装置插头的7号(接红/黄线)、9号端子(接红/白线)与地之间的通路情况。

如果通路,需检修车内温度控制装置与冷暖空气混合控制电动机之间导线对地短路故障;如果不通路,则进行下一步检查。

(3) 检查导线有无断路。检查车内温度控制装置 20 芯插头与冷暖空气混合控制电动机 7 芯插头各对应端子之间的通路情况(图 9.73)。

如果不通,需检修车内温度控制装置与冷暖空气混合控制电动机之间导线的断路故障;如果通路,则检查车内温度控制装置的 20 芯插接器和冷暖空气混合控制电动机的 7 芯插接器连接有无问题,若连接无问题,则需更换车内温度控制装置再试。

12) 送风方式控制电动机及其电路故障的检修

车内温度控制系统自诊断指示灯 L 亮,表示送风方式控制电动机或其电路有故障,故障检修项目与方法如下:

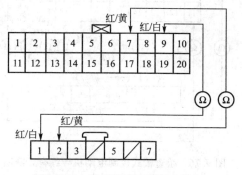

图 9.73 检查冷暖空气混合控制电动机线路通路情况

(1) 检查送风方式控制电动机。方法与步骤如下:
① 断开送风方式控制电动机的 7 芯插头。
② 检测送风方式控制电动机,检测方法参见"1. 采暖通风系统的故障检修"中"9) 送风方式控制电动机的检测"。如果检测结果正常,则进行下一步检查。

(2) 检查导线有无对地短路。方法与步骤如下:
① 断开车内温度控制装置的 20 芯插头。
② 用欧姆表分别检查车内温度控制装置插头的 5 号、6 号、11 号、17 号、18 号、19 号和 20 号端子与地之间的通路情况(图 9.74)。

如果通路,需检修车内温度控制装置与送风方式控制电动机之间导线的对地短路故障;如果不通路,则进行下一步检查。

(3) 检查导线对电源有无短路。用直流电压表分别检查车内温度控制装置插头的 5 号、6 号、11 号、17 号、18 号、19 号和 20 号端子与地之间的电压(图 9.75)。

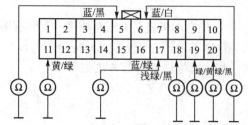

图 9.74 检查模式电动机线路有无对地短路

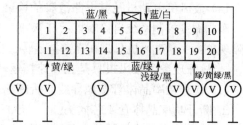

图 9.75 检查模式控制电动机导线对电源有无短路

如果有电压,说明车内温度控制装置与送风方式控制电动机之间线路有对电源短路,需检修线路对电源的短路故障;如果无电压,则进行下一步检查。

(4) 检查导线有无断路。用欧姆表检查车内温度控制装置的 20 芯插头与送风方式控制电动机 7 芯插头各对应端子之间的通路情况(图 9.76)。

如果不通,需检修车内温度控制装置与送风方式控制电动机之间导线的断路故障;如果通路,则检查车内温度控制装置 20 芯插接器和送风方式控制电动机的 7 芯插接器连接有无问题,若连接无问题,则需更换车内温度控制装置再试。

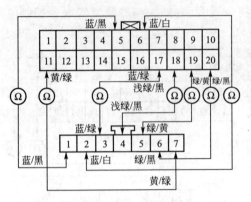

图 9.76 检查模式控制电动机导线有无断路

② 分别检查车内温度控制装置插头的 5 号(接蓝/黑线)、6 号端子(接蓝/白线)与地之间的通路情况。

如果通路,需检修车内温度控制装置与送风方式控制电动机之间导线的对地短路故障;如果不通路,则进行下一步检查。

(3) 检查导线有无断路。检查车内温度控制装置 20 芯插头与送风方式控制电动机 7 芯插头各对应端子之间的通路情况(图 9.77)。

如果不通,需检修车内温度控制装置与送风方式控制电动机之间导线的断路故障;如果通路,则检查车内温度控制装置的 20 芯插接器和送风方式控制电动机的 7 芯插接器连接有无问题,若连接无问题,则需更换车内温度控制装置再试。

14) 鼓风机电动机及其电路故障的检修

车内温度控制系统自诊断指示灯 N 亮,表示鼓风机电动机或其电路有故障,可能有两种故障现象:一是鼓风机只是在高速挡运转,在其他挡则不运转;二是鼓风机完全不运转。

当故障现象为鼓风机只是在高速挡运转时,其故障检修项目与方法如下:

(1) 检查功率晶体管接地导线是否断路。方法与步骤如下:

① 断开功率晶体管 4 芯插头。

② 检查功率晶体管插头 4 号端子与地之间的通路情况,如图 9.78 所示。

如果不通,需检查功率晶体管与车身之间导线是否断路,若导线无断路,则检查 G401 处是否接触不良;如果通路,则进行下一步检查。

13) 模式控制连接装置、风门、电动机及其电路故障的检修

车内温度控制系统自诊断指示灯 M 亮,表示模式控制连接装置、风门、电动机或其电路有故障,故障检修项目与方法如下:

(1) 检查送风方式控制电动机。方法参见"1. 采暖通风系统的故障检修"中"9)送风方式控制电动机的检测"。如果检测结果正常,则进行下一步检查。

(2) 检查导线有无对地短路。方法与步骤如下:

① 断开车内温度控制装置 20 芯插头。

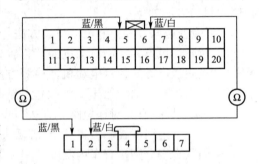

图 9.77 检查冷暖空气混合控制电动机线路有无断路

图 9.78 检查功率晶体管对地线路有无断路

(2) 检查功率晶体管与鼓风机电动机之间导线是否断路。方法与步骤如下:

① 用一根导线将功率晶体管的 3 号和 4 号端子短接。

② 接通点火开关,查看鼓风机电动机是否在高速下运转。

如果不运转,需检修功率晶体管与鼓风机电动机之间导线的断路故障;如果运转,则进行下一步检查。

(3) 检查功率晶体管与车内温度控制装置之间导线是否断路。方法与步骤如下：
① 关闭点火开关，并断开功率晶体管插头上的跨接导线。
② 断开车内温度控制装置的 8 芯插头。
③ 检查车内温度控制装置 8 芯插头 5 号、6 号端子分别与功率晶体管插头 2 号、1 号端子之间的通路情况，如图 9.79 所示。

如果不通，检修功率晶体管与车内温度控制装置之间导线的断路故障；如果通路，则进行下一步检查。

(4) 检查功率晶体管与车内温度控制装置之间导线是否短路。用欧姆表检查车内温度控制装置 8 芯插头 5 号端子与地之间的通路情况，如图 9.80 所示。

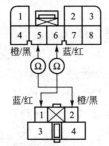

图 9.79 检查功率晶体管与车内温度控制装置之间导线是否断路

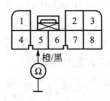

图 9.80 检查功率晶体管与车内温度控制装置之间导线是否短路

如果通路，需检修功率晶体管与车内温度控制装置之间导线对地短路故障；如果不通，则进行下一步检查。

(5) 检查功率晶体管。关闭点火开关后，重新接上车内温度控制装置的 8 芯插头，检测功率晶体管。

如果功率晶体管不正常，更换功率晶体管；如果功率晶体管正常，则检查车内温度控制装置的 8 芯插接器和功率晶体管的 4 芯插接器连接是否有松动或接触不良，若插接器连接良好，则需更换车内温度控制装置再试。

当故障现象为鼓风机电动机完全不运转时，其故障的检修项目与方法如下：
(1) 检查熔断器。查看发动机盖下熔断器/继电器盒中的 56 号(40A)熔断器以及驾驶座位侧仪表板下的熔断器/继电器盒中的 3 号(7.5A)熔断器有无断路。

如果熔断器已烧断，更换熔断器，并再次检查；如果熔断器正常，则进行下一步检查。

(2) 检查鼓风机电动机的输入/输出电路。方法与步骤如下：
① 用一根导线将鼓风机电动机 2 芯插头的 2 号端子(接蓝/红线)与地短接。
② 接通点火开关，查看鼓风机电动机是否运转。如果不运转，转至(8)检查鼓风机电动机电源侧导线；如果运转，则进行下一步检查。

(3) 检查鼓风机继电器。关闭点火开关，拆下鼓风机高速电动机继电器，并对其进行检测(见"1.采暖通风系统的故障检修"中的"12)鼓风机电动机继电器的检测")，查看继电器是否正常。

如果不正常，更换鼓风机高速电动机继电器；如果正常，则进行下一步检查。

(4) 检查鼓风机高速电动机继电器 3 号端子与鼓风机高速电动机之间导线是否断路。

方法与步骤如下：

① 用一根导线将鼓风机高速电动机继电器插头的 3 号端子（接蓝/红线）直接与地短接。

② 接通点火开关，查看鼓风机电压是否运转。

如果不运转，需检修除鼓风机电动机与鼓风机高速电动机继电器之间导线的断路故障；如果运转，则进行下一步检查。

(5) 检查继电器线圈电源侧导线是否断路。方法与步骤如下：

① 关闭点火开关，并断开短接导线。

② 接通点火开关后，测量鼓风机高速电动机继电器插头的 1 号端子（接黑/黄线）对地电压，查看是否为蓄电池电压。

如果不是，需检修鼓风机高速电动机继电器与驾驶座位侧仪表板下熔断器/继电器盒内 3 号熔断器之间导线的断路故障；如果是蓄电池电压，则进行下一步检查。

(6) 检查鼓风机高速电动机继电器触点接地侧导线是否断路。关闭点火开关后，检查鼓风机高速电动机继电器插座的 4 号端子（接黑色线）与地之间的通路情况。

如果不通路，检查鼓风机电动机继电器与车身之间的导线是否断路，若导线无断路，需检查 G401 处接地是否有接触不良；如果通路，则进行下一步检查。

(7) 检查鼓风机高速电动机继电器与车内温度控制装置之间导线是否断路。方法与步骤如下：

① 断开车内温度控制装置 8 芯插头。

② 检查车内温度控制装置插头 4 号端子与鼓风机高速电动机继电器 4 芯插头 2 号端子之间的通路情况（图 9.81）。

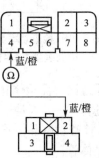

图 9.81　检查鼓风机高速电动机继电器线圈控制侧导线有无断路

如果不通，需检修车内温度控制装置 4 号端子与鼓风机高速电动机继电器 2 号端子之间的导线断路故障；如果通路，则检查车内温度控制装置插接器和鼓风机高速电动机继电器插接器的连接是否有松动或接触不良，若无，则需更换一个车内温度控制装置再试。

(8) 检查鼓风机电动机电源侧导线是否断路。断开鼓风机电动机 2 芯插头，测量鼓风机电动机插头 1 号端子（接黄/黑线）对地电压，查看是否为蓄电池电压。

如果是蓄电池电压，说明鼓风机电动机电源侧导线无断路故障，需更换鼓风机电动机；如果不是蓄电池电压，则进行下一步检查。

(9) 检查鼓风机电动机继电器。关闭点火开关后，从发动机盖下熔断器/继电器盒拆下鼓风机继电器，并对其进行检测，检测方法见"1. 采暖通风系统的故障检修"中的"12) 鼓风机继电器的检测"。

如果鼓风机电动机继电器不正常，更换继电器；如果正常，则进行下一步检查。

(10) 检查发动机盖下熔断器/继电器盒。测量鼓风机电动机继电器插座 4 号端子对地电压（图 9.82），查看是否为蓄电池电压。

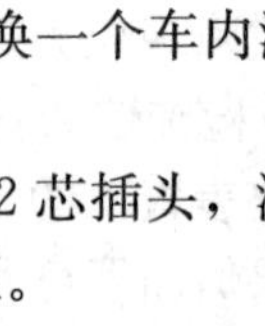

图 9.82　检查发动机盖下熔断器/继电器盒

如果不是蓄电池电压，需更换发动机盖下熔断器/继电器盒；如果是蓄电池电压，则进行下一步检查。

（11）检查鼓风机电动机继电器线圈电源侧导线是否断路。接通点火开关后，测量鼓风机电动机继电器插座 1 号端子对地电压（图 9.83），查看是否为蓄电池电压。

如果无蓄电池电压，需排除鼓风机电动机继电器与驾驶座位侧仪表板下熔断器/继电器盒中 3 号熔断器之间导线的断路故障；如果是蓄电池电压，则进行下一步检查。

（12）检查鼓风机电动机继电器线圈接地侧导线是否断路。关闭点火开关后，检查鼓风机电动机继电器插座 2 号端子与地之间的通路情况（图 9.84）。

如果通路，需排除鼓风机电动机继电器与鼓风机电动机之间导线（黄/黑）的断路故障；如果不通，则需检查鼓风机电动机继电器与车身之间导线是否断路，若导线无断路，则检查 G202 处的接地是否不良。

图 9.83　检查鼓风机电动机继电器　　　图 9.84　检查鼓风机电动机继电器
　　　　线圈电源侧导线是否断路　　　　　　　　线圈接地侧导线是否断路

## 本 章 小 结

本章以典型的手动和自动汽车空调为例，系统介绍手动和自动汽车空调的结构特点、控制电路原理、系统故障诊断方法、部件故障检修方法等。读者在阅读本章过程中，既是对前面几章学习内容的系统复习，又可起汽车空调故障检修的实践指导作用。本章内容虽针对的是雪铁龙车系紧凑型轿车和广州本田雅阁轿车，但故障分析与诊断的思路、电路和部件故障检测的方法具有普遍指导作用。因此，在前 8 章学习的基础上，阅读本章将会有更大的收获。

## 思 考 题

1. 雪铁龙车系紧凑型轿车所装备的空调系统属于什么类型的汽车空调？结构上有什么特点？
2. 雪铁龙车系紧凑型轿车空调系统的温度控制系统有哪些组成部件？如何实现温度控制？
3. 雪铁龙车系紧凑型轿车空调系统设置了哪些保护？这些保护控制是如何实现的？
4. 雪铁龙车系紧凑型轿车空调制冷系统的性能与故障检测方法有哪些？
5. 雪铁龙车系紧凑型轿车空调系统中冷却液温度控制器起何作用？如何通过它检查空调系统电路的故障？如何检测冷却温度控制器的故障？

6. 雪铁龙车系紧凑型轿车空调系统中的空调调节控制器起何作用？如何检测其故障与否？

7. 雪铁龙车系紧凑型轿车空调电气系统部件如何检修？

8. 广州本田雅阁轿车所装备的空调系统属于什么类型的汽车空调？结构上有什么特点？

9. 广州本田雅阁轿车空调温度自动控制系统有哪些组成部分？如何实现温度自动控制？

10. 广州本田雅阁轿车空调故障自诊断系统有何特点？故障信息如何获取？

11. 广州本田雅阁轿车自动空调系统常见的故障有哪些？各种故障的可能原因有哪些？

12. 广州本田雅阁轿车自动空调系统各控制执行器(电动机、继电器等)如何检修？

# 参 考 文 献

[1] 刘占峰，宋力，赵丹平. 汽车空调 [M]. 北京：北京大学出版社，2011.
[2] 关志伟. 汽车空调 [M]. 北京：人民交通出版社，2009.
[3] 曾壮. 汽车空调结构与维修 [M]. 济南：山东科学技术出版社，2007.
[4] 林钢. 汽车空调 [M]. 北京：机械工业出版社，2007.
[5] 邵恩坡，李明. 汽车空调的使用与维修 [M]. 北京：中国电力出版社，2004.
[6] 王若平. 汽车空调 [M]. 北京：机械工业出版社，2007.
[7] 张西振，毛峰. 轿车空调系统检修培训教程 [M]. 北京：机械工业出版社，2004.
[8] 张新德，等. 汽车电器与空调维修技术 [M]. 北京：机械工业出版社，2008.
[9] 郝军. 汽车空调 [M]. 北京：机械工业出版社，2004.
[10] 栾琪文. 卡罗拉/花冠/威驰轿车快修精修手册 [M]. 北京：机械工业出版社，2010.
[11] 马华祥，朱建风. 自动空调系统 [M]. 福州：福建科学技术出版社，2001.
[12] 方贵银，李辉. 汽车空调技术 [M]. 北京：机械工业出版社，2002.
[13] 李良洪. 汽车空调系统的结构与维修 [M]. 北京：国防工业出版社，1998.
[14] 王长生，童明辉. 汽车空调的使用与维修 [M]. 北京：人民邮电出版社，2003.
[15] 夏云铧. 汽车空调 [M]. 沈阳：辽宁科学技术出版社，2002.
[16] 黄湘豪. 汽车空调 [M]. 长春：吉林科学技术出版社，1995.
[17] 宋森，宋雨荫，孙文英. 汽车空调维修实例 [M]. 北京：机械工业出版社，2002.
[18] 徐森，等. 现代汽车自动空调系统原理与检修 [M]. 北京：电子工业出版社，2000.
[19] 王运明. 实用汽车空调技术 [M]. 广州：广东科学技术出版社，1995.
[20] [美] 汤姆·伯奇. 汽车供暖与空调系统 [M]. 刘振楼，等译. 北京：中国劳动社会保障出版社，2007.
[21] 于春朋. 空调系统 [M]. 北京：化学工业出版社，2005.
[22] 付百学，徐松南，殷浩. 国产汽车空调维修手册 [M]. 哈尔滨：黑龙江科学技术出版社，2001.

# 北京大学出版社汽车类教材书目

| 序号 | 书 名 | 标准书号 | 著作者 | 定价 | 出版日期 |
|---|---|---|---|---|---|
| 1 | 汽车构造(第2版) | 978-7-301-19907-7 | 肖生发,赵树朋 | 56 | 2014.1 |
| 2 | 汽车构造学习指导与习题详解 | 978-7-301-22066-5 | 肖生发 | 26 | 2014.1 |
| 3 | 汽车发动机原理(第2版) | 978-7-301-21012-3 | 韩同群 | 42 | 2013.5 |
| 4 | 汽车设计 | 978-7-301-12369-0 | 刘涛 | 45 | 2008.1 |
| 5 | 汽车运用基础 | 978-7-301-13118-3 | 凌永成,李雪飞 | 26 | 2008.1 |
| 6 | 现代汽车系统控制技术 | 978-7-301-12363-8 | 崔胜民 | 36 | 2008.1 |
| 7 | 汽车电气设备实验与实习 | 978-7-301-12356-0 | 谢在玉 | 29 | 2008.2 |
| 8 | 汽车试验测试技术 | 978-7-301-12362-1 | 王丰元 | 26 | 2013.6 |
| 9 | 汽车运用工程基础(第2版) | 978-7-301-21925-6 | 姜立标 | 34 | 2013.1 |
| 10 | 汽车制造工艺(第2版) | 978-7-301-22348-2 | 赵桂范,杨娜 | 40 | 2013.4 |
| 11 | 汽车工程概论 | 978-7-301-12364-5 | 张京明,江浩斌 | 36 | 2008.6 |
| 12 | 汽车运行材料(第2版) | 978-7-301-22525-7 | 凌永成 | 45 | 2013.7 |
| 13 | 汽车试验学 | 978-7-301-12358-4 | 赵立军,白欣 | 28 | 2013.5 |
| 14 | 内燃机构造 | 978-7-301-12366-9 | 林波,李兴虎 | 26 | 2011.12 |
| 15 | 汽车故障诊断与检测技术 | 978-7-301-13634-8 | 刘占峰,林丽华 | 34 | 2013.8 |
| 16 | 汽车维修技术与设备 | 978-7-301-13914-1 | 凌永成,赵海波 | 30 | 2013.5 |
| 17 | 热工基础 | 978-7-301-12399-7 | 于秋红 | 34 | 2009.2 |
| 18 | 汽车检测与诊断技术 | 978-7-301-12361-4 | 罗念宁,张京明 | 30 | 2009.1 |
| 19 | 汽车评估 | 978-7-301-14452-7 | 鲁植雄 | 25 | 2012.5 |
| 20 | 汽车车身设计基础 | 978-7-301-15619-3 | 王宏雁,陈君毅 | 28 | 2009.9 |
| 21 | 汽车车身轻量化结构与轻质材料 | 978-7-301-15620-9 | 王宏雁,陈君毅 | 25 | 2009.9 |
| 22 | 车辆自动变速器构造原理与设计方法 | 978-7-301-15609-4 | 田晋跃 | 30 | 2009.9 |
| 23 | 新能源汽车技术(第2版) | 978-7-301-23700-7 | 崔胜民 | 39 | 2014.2 |
| 24 | 工程流体力学 | 978-7-301-12365-2 | 杨建国,张兆营等 | 35 | 2011.12 |
| 25 | 高等工程热力学 | 978-7-301-16077-0 | 曹建明,李跟宝 | 30 | 2010.1 |
| 26 | 汽车电气设备(第2版) | 978-7-301-16916-2 | 凌永成,李淑英 | 38 | 2014.1 |
| 27 | 现代汽车发动机原理 | 978-7-301-17203-2 | 赵丹平,吴双群 | 35 | 2013.8 |
| 28 | 现代汽车新技术概论 | 978-7-301-17340-4 | 田晋跃 | 35 | 2013.5 |
| 29 | 现代汽车排放控制技术 | 978-7-301-17231-5 | 周庆辉 | 32 | 2012.6 |
| 30 | 汽车服务工程 | 978-7-301-16743-4 | 鲁植雄 | 36 | 2013.1 |
| 31 | 汽车使用与管理 | 978-7-301-18761-6 | 郭宏亮,张铁军 | 39 | 2013.6 |
| 32 | 汽车数字开发技术 | 978-7-301-17598-9 | 姜立标 | 40 | 2010.8 |
| 33 | 汽车人机工程学 | 978-7-301-17562-0 | 任金东 | 35 | 2013.5 |
| 34 | 专用汽车结构与设计 | 978-7-301-17744-0 | 乔维高 | 45 | 2010.9 |
| 35 | 汽车空调 | 978-7-301-18066-2 | 刘占峰,宋力等 | 28 | 2013.8 |
| 36 | 汽车空调技术 | 978-7-301-23996-4 | 麻友良 | 36 | 2014.4 |
| 37 | 汽车CAD技术及Pro/E应用 | 978-7-301-18113-3 | 石沛林,李玉善 | 32 | 2014.1 |
| 38 | 汽车振动分析与测试 | 978-7-301-18524-7 | 周长城,周金宝等 | 40 | 2011.3 |
| 39 | 新能源汽车概论 | 978-7-301-18804-0 | 崔胜民,韩家军 | 30 | 2013.6 |
| 40 | 汽车空气动力学数值模拟技术 | 978-7-301-16742-7 | 张英朝 | 45 | 2011.6 |
| 41 | 汽车电子控制技术(第2版) | 978-7-301-19225-2 | 凌永成,于京诺 | 40 | 2014.1 |
| 42 | 车辆液压传动与控制技术 | 978-7-301-19293-1 | 田晋跃 | 28 | 2011.8 |
| 43 | 车辆悬架设计及理论 | 978-7-301-19298-6 | 周长城 | 48 | 2011.8 |
| 44 | 汽车电器及电子控制技术 | 978-7-301-17538-5 | 司景萍,高志鹰 | 58 | 2012.1 |
| 45 | 汽车车身计算机辅助设计 | 978-7-301-19889-6 | 徐家川,王翠萍 | 35 | 2012.1 |
| 46 | 现代汽车新技术 | 978-7-301-20100-8 | 姜立标 | 49 | 2013.7 |
| 47 | 电动汽车测试与评价 | 978-7-301-20603-4 | 赵立军 | 35 | 2012.7 |
| 48 | 电动汽车结构与原理 | 978-7-301-20820-5 | 赵立军,佟钦智 | 35 | 2012.7 |
| 49 | 二手车鉴定与评估 | 978-7-301-21291-2 | 卢伟,韩平 | 36 | 2012.8 |
| 50 | 汽车微控制器结构原理与应用 | 978-7-301-22347-5 | 蓝志坤 | 45 | 2013.4 |
| 51 | 汽车振动学基础及其应用 | 978-7-301-22583-7 | 潘公宇 | 29 | 2013.6 |
| 52 | 车辆优化设计理论与实践 | 978-7-301-22675-9 | 潘公宇,商高高 | 32 | 2013.7 |
| 53 | 汽车专业英语 | 978-7-301-23187-6 | 姚嘉,马丽丽 | 36 | 2013.8 |
| 54 | 车辆底盘建模与分析 | 978-7-301-23332-0 | 顾林,朱跃 | 30 | 2014.1 |
| 55 | 汽车安全辅助驾驶技术 | 978-7-301-23545-4 | 郭烈,葛平淑等 | 43 | 2014.1 |
| 56 | 汽车安全 | 978-7-301-23794-6 | 郑安文 | 45 | 2014.3 |

相关教学资源如电子课件、电子教材、习题答案等可以登录 www.pup6.com 下载或在线阅读。

扑六知识网(www.pup6.com)有海量的相关教学资源和电子教材供阅读及下载(包括北京大学出版社第六事业部的相关资源),同时欢迎您将教学课件、视频、教案、素材、习题、试卷、辅导材料、课改成果、设计作品、论文等教学资源上传到 pup6.com,与全国高校师生分享您的教学成就与经验,并可自由设定价格,知识也能创造财富。具体情况请登录网站查询。

如您需要免费纸质样书用于教学,欢迎登陆第六事业部门户网(www.pup6.com)填表申请,并欢迎在线登记选题以北京大学出版社来出版您的大作,也可下载相关表格填写后发到我们的邮箱,我们将及时与您取得联系并做好全方位的服务。

扑六知识网将打造成全国最大的教育资源共享平台,欢迎您的加入——让知识有价值,让教学无界限,让学习更轻松。

联系方式:010-62750667,童编辑,13426433315@163.com,pup_6@163.com,欢迎来电来信咨询。